AF440022

宪政中国的当代叙事

第三卷

Constitutional Narratives in Contemporary China

Volume 3

张千帆

Qianfan Zhang

博登书屋
Bouden House
New York

【当代华语世界思想者文库】

学术顾问：黎安友
主　　编：荣　伟
副 主 编：罗慰年
Academic Adviser: Andrew J. Nathan
Chief Editor:　　　David Rong
Deputy Editor:　　　William Luo

Published by Bouden House, New York

宪政中国的当代叙事　第三卷
Constitutional Narratives in Contemporary China (*Volume 3*)

作者：张千帆（Qianfan Zhang）

出版：博登书屋·纽约（Bouden House·New York）
邮箱：boudenhouse@gmail.com
发行：谷歌图书（电子版）、亚马逊（纸质版）
版次：2024 年 1 月　第一版　第一次印刷
字数：248 千字
定价：$38.00 美元

总　序

如果说八十年代总体上是中国改革的"黄金年代"，1982 年颁布的现行宪法本身就是这个年代的产物，那么从 2003 年孙志刚事件到 2012 年十八大这十年可以说是中国式维权的"黄金年代"。在这期间，由邓小平九二"南巡"开启的"中国模式"已经产生了足够严重和普遍的社会后果，社会矛盾急速积聚，而相对宽松的舆论环境尤其是互联网的发展为不满情绪提供了出气孔。也就在此之前，我刚好从南大转来北大任教，因为宪法职业使然也不由自主加入到"公知"行列。2004—13 年间，我在国内官方媒体上发表了约 300 篇针砭时弊的评论，内容全部是拿八二宪法说事儿。当然，如果舆论环境更为宽松，我可以比此高产得多，但这些已足够让人看到现行宪法和日常生活的联系。作为一个坚定的改良主义者，我一直认为宪法不能落地不代表宪法"无用"。在宪政民主实现之前，宪法固然用处不大，但正如我在一篇反驳"革命派"的评论中所说，一旦自动放弃宪法，我们将真的"一无所有"。宪政中国当下和未来的第一要务是踏踏实实地行宪，不论多么艰难乃至徒劳，而不是好高骛远的"制宪"。事实上，官方对拿宪法说事儿的恐惧本身即足以说明宪法的力量。

中共十八大之后，舆论空间逐步收紧，官媒上发评论越来越难，更多的文章转向《华尔街日报》中文版、FT 中文网等当时还没有"被墙"的境外媒体。即便如此，直到 2016 年，言路尚未被完全堵死。那一年，我在北大做完了最后一届"世界宪政暑期班"；连续八年，再也坚持不下去了。那一整年，官媒上我只在腾讯《大家》《南都观察》、凤凰网"大学问"发了三篇评论，但那时仍然有"三剑客""剑客会""知识分子—思考者"这样影响较大的自媒体。后来这些思想类自媒体也被封了，境外媒体则悉数被墙。如今，八二宪法已入"不惑之年"，而宪政中国的前路却变得越来越迷惑，以至于"宪政"竟成了不可言说的"敏感词"。

尽管如此，我仍然认为宪政中国的可见前景仍然是落实现行宪法，无论它具有何种缺陷——事实上，只要落实紧挨着的宪法第34条（选举权）、第35条（言论自由）、第36条（宗教信仰自由）即足以让中国走上宪政的康庄大道，至多加上第33条（人权保障、法律平等），而所有这些条款的落实最终都要靠公民自己。因此，宪法那些事还得说下去。虽然普通人往往认为"宪法不管用""宪法很遥远"，宪法其实和日常现实生活很相关。恰恰是因为宪法规定没有发挥应该发挥的作用，因而我们现实中的宪法事件尤其之多，几乎天天都有。如果你是一个有心人，每天都会发现新的值得书写的宪法素材。

事实上，素材如此之多，以至于即便在出版空间严重受限的情况下，并不高产的我近年来积累的时政评论也汇集成这里的四卷本——本来想编一套上中下就齐活，没想到竟超出了三卷本的篇幅。这样也好，言论限制毕竟只是一时的，在不远的未来肯定还有针砭时弊的机会，到时候第五卷、第六卷……再继续出下去。目前的四卷本收集了我近二十年来发表在报刊或电子媒体的数百篇评论或演讲，其宗旨只有一个，那就是从日常生活中看似不起眼的小事，探索中国宪政艰难前行的足迹。八二宪法目前还不可能在司法等制度层面上得到有效实施，但这并不等于宪法和现实生活无关；恰好相反，正是因为宪法未能彰显出正式的国家法律权威，学者才尤其需要挖掘并发扬光大宪政本身的固有精神，至少在遇到具体事件的时候替宪法说话，告诉人们宪法要求怎么做。而即便今天环境恶劣、空间逼仄，公民也没有放弃自己的宪法权利。公民为自己的基本权利抗争的事例比比皆是，2022年末的"白纸运动"就是最有力的证明。赋予宪法生命的不是干枯抽象的条文或了无生气的程序，而是具体生动的公民行动。这部由公民行动叙写的中国宪法是值得学者言说的。

宪政中国的当代叙事至少有双重意义。一是防止健忘。因为无法依靠成型的宪政民主及时化解社会矛盾，当代中国的社会问题尤其之多，几乎每周都有大事发生。发生伊始，社会震动很大，但焦点很快转移到接踵而至的下一个公共事件；原先那件事并没有解决，却很快淡出公共视野，甚至被彻底遗忘。譬如，现在还有多少人记得 2009 年底震撼全国的唐福珍自焚事件？一个健忘的民族是没有前途的，因为它不会有长进。回顾、梳理、分析近年发生的重要宪法事件，有助于汲取教训、亡羊补牢。

二是书写当代中国的民间宪政史。2003 年"孙志刚事件"的时候，我曾提出中国宪政存在官方与民间两条路径。如今"宪政"已成敏感词，宪政的官方路径已被彻底堵死，只剩下民间路径，虽然困顿难行，却是当下中国惟一值得书写的宪政材料。四卷本所涵盖的所有宪法事例都表明，宪政不是理论家画饼充饥建起的空中楼阁，而是普通公民在行使权利的一步一个脚印中走过的荆棘路。公民的每一次亲身参与都是在为中国的宪政大厦添砖加瓦，也是宪政精神的灵光闪耀。在这个意义上，挖掘中国宪政精神的根本力量与其说是学者，不如说是公民自己。学者只是一个见证者和诠释者，一部真正的宪法是由公民用自己的维权行动写就的。

四卷本按时间顺序记述 2009—21 年前后的宪法事件及其评论，中国宪政晴雨表恰如经历了春夏秋冬四个季节。如今已然进入冬季，下一个春天也就不远了。

第三卷　序

　　本卷汇集了 2012—15 年之间关于宪政改革的方向与前景、中国法治与律师成长、劳教废止与人身自由、地域平等与异地高考、思想与言论自由以及对域外宪政的经验教训之反思等方面的评论。

　　首先，随迁子女"异地高考"受京沪"土著"既得利益阻击，改革一波三折，甚至一度出现胎死腹中的征兆。在此期间，我接受了大量采访，甚至曾和一"土著"网红直接 PK。其实，包括我在内，许多为"异地高考"发声的学者都是北京户籍，自己并无利益在其中。有时家里人甚至调侃，你们这么做是"自断后路""自毁前程"，因为家里孩子长大高考的时候会面临更大的非京籍竞争压力。当然，"土著"们会想，你们属于有资源的精英阶层，可以把孩子送出国，所以"站着说话不腰疼"。不论如何，呼吁这件事情确实是出于道义，和我们的直接利益无关。我认为，精英的自愿改革对于一个国家的良性改革非常重要，千万不能陷入特权阶层死抱住既得利益不放、边缘底层为分一杯羹不择手段的困局。到 2012 年下半年，在全国舆论压力下，教育部改革方案终于出台，但只是规定了大原则，细则仍由地方决定，结果是不那么需要改革的地方都改得不错，许多省份接受了我们的方案，但最需要改革的北上广却力度很有限，甚至在有限开放的同时收紧了中考、小升初的口子，随迁子女留下读高中更难了。

　　2012 年 2 月，正当重庆"唱红打黑"高歌猛进的时候，薄都督的"一巴掌"引来"王提督夜逃美领馆"，中国政治生态顿生变数。我仍然记得炎黄春秋杂志社的新春茶话会上，张思之大律师乐颠颠奔走相告的样子。重庆一地倒退并不那么可怕，贺卫方教授仍然能发表长文警醒当地身在"中国法学摇篮"的同事们。虽然李庄案受到法律界声讨，薄熙来的倒台并未改善中国法治生态。事实上，"重庆模式"的全国化已经发生，而一旦完成，国内连发声都已不可能。次年薄熙来受审，兴趣点已经转移。及至 2014 年底，曾经的"政法王"周永康落马，法律界已经没有多少乐观情绪了。讽刺的是，薄熙来在重庆制造冤假错案，自己受审时却要求"公正审判"。

2013 年是中国改革的转折点。11 月召开十八届三中全会，全会决议很好，还把废除劳教当作一个改革亮点。不过，我个人却很难乐观。当时正好在访问日本"北大"——北海道大学。记忆犹新的是，正在开会过程中，我上课回来，惊讶地发现自己和企业家王瑛、历史学者章立凡一起被"全网封杀"。其实早在当年 5 月，人民大学左派杨晓青就发表了讨伐宪政的文章。如同北大聂元梓的"第一张马列主义大字报"吹响"文革"号角，这篇文章掀起了一股反宪政逆流，预示了之后十年乃至更长时间的方向。好在当时还能说说话，《人民论坛》居然组织了一次商榷，只是把我文章的题目改了。过了一年，我去布拉格参加"2000 系列论坛"，在飞机场等行李的时候打开手机，吃惊地发现我的书和茅老、梁文道、九把刀等八人一起"下架"。

劳教制度和收容遣送的违法性质一样，十年前就应该废除的。大环境在走下坡路，废除劳教这一件事并不能让中国法治有起色。被薄熙来劳教的重庆大学生任建宇出来了，他的律师浦志强却进去了。事实上，浦律师一年之前就实名举报政法委书记周永康，现在他俩一前一后几乎同时进去了。现实就是这么讽刺。浦志强案可算作 709 事件的先声，但当时也还能说几句。《法学》月刊还发表了我的文章，主题是刑法上的"寻衅滋事"罪不能损害宪法上的言论自由。但是之后，这个趋势不仅没有改变，而且变本加厉甚至变得习以为常了。

2013 年也是以刑事手段整治网络大 V 的开始，其标志性事件是薛蛮子"嫖娼"被抓并上央视"认罪"。前些年颇受欢迎的"公知"这个称号也开始带上负面色彩。2014 年，许志永因组织家长集会抗议和举牌要求官员公示财产，而以"扰乱公共秩序"的罪名被判处4年徒刑。只是这些事件本身当时还可以说说，之后就越来越难了。

2015年是二战结束、反法西斯胜利七十周年，中国也举行了盛大庆典。我发表了一篇评论，介绍了国际关系学奉为通说的"民主和平论"，受到被某前记者称为"带刀侍卫"的胡锡进攻击。其实，二战原因特别值得分析，任何一个民族都不在"和平崛起"的保险箱里。德国、日本的崛起都不和平，不是因为当时的德国人、日本人"坏"，现在变"好"了，而是在于1930年代这两个国家施行的极权制度，尤其是国家对新闻的管控。2014年即将从日本回国之际，幸运地在东京的岩波书店淘到前坂俊之教授的《太平洋战争与日本新闻》，立即组织翻译并顺利在译林出版社出版。之后，又找人翻译出版了赫夫教授的《德意志公敌——二战时期的纳粹宣传与大屠杀》。这两本书很好诠释了纳粹与军国主义政体是如何成功发动大屠杀与侵华战争，可谓前车之鉴。

壹、"宪政"是什么？

2012 年，"胡温新政"进入最后一年，恰好也是八二宪法颁布三十周年，中国宪法学界多少有点兴奋。但是自 2008 年举办奥运之后，大国气势如虹、自信爆棚，各种"中国模式"话语层出不穷，言论环境已开始呈现恶化态势，宪法学界的研究方向也在变化。其实和法理学相比，宪法学的表现还是可以的，至少没有太多令人恶心的"奇论"，但也有自己的问题。老一代宪法学者偏左，新一代宪法学者则"精致"。在 2022 年被抹掉"副会长"之前，我基本上每年都参加宪法学年会并"开炮"。是年的主题是"挑战和机遇"，批评了中青年宪法学者避重就轻、回避社会现实问题、偏爱"理论""方法"的鸵鸟倾向。

随着胡温团队谢幕，中国进入了"新常态"。虽然习近平在 12 月 4 日"法制日"的宪法纪念讲话强调"宪法的生命在于实施"，半年之后人大杨晓青的一篇文章开始了反宪政逆流，澄清"宪政是什么"更成了当务之急。虽然宪政或立宪主义(constitutionalism)带着"主义"的后缀，中文语境下的"宪政"主要不是一种意识形态，而是宪法得到有效实施的状态。宪政不是什么神秘的东西，甚至说不上高尚。从宪法到宪政就和从法律条文到法治，不过是简单的说话算话而已。反宪政所反的就是这个基本底线，所以说它是反人类并不夸张。

当然，我还是低估了这股逆流的凶猛程度和持久性。好在倒车开得越远，普通国民的基本利益受损越大，觉醒者也越多。到了某个临界点，变革即可能发生。

宪法能为你做什么

读者朋友，你希望生活在一个什么样的国家？先让我猜一猜你的答案：

你一定想生活在一个安全的国家，你的基本人身和财产安全不仅不会受到政府的随意侵犯，而且在受到其他私人威胁的时候可以指望政府的保护，政府既不会动不动就来征你家住房下面的那片地，更不会雇用地痞流氓来拆你的房子；

你一定想生活在一个健康的国家，你不用担心自己吃的粮食经过有毒的处理、吃的猪肉注射过"瘦肉精"、吃的蔬菜喷洒过量的农药、喝的牛奶掺杂过三聚氰胺；如果不幸大病一场，你不用担心医药费过高，因为政府提供了可以承受的医疗保险，大病小病都能免费报销；

你一定想生活在一个富足的国家，不仅衣食无忧、安居乐业，而且可以没有后顾之忧地满足合理的消费需求；你一定想生活在一个美丽的国家，这里的山河依旧适合人类的生存，清新的空气没有太多灰尘，纯净的水没有经过化工污染；

你一定想生活在一个自由的国家，你可以在不损害他人的前提下自由地追求自己的幸福和理想，可以说自己想说的话、做自己想做的事，去自己想去的地方，在网上批评或调侃一下自己看不顺眼的领导，而用不着担心自己经受不必要的干涉甚至"跨省追捕"的恐惧；

你一定想生活在一个比较平等的国家，政府的法律规章不会因为你的户籍、族群、性别、年龄、身高、相貌、政治面貌或不相关的健康状况歧视你，也不会允许其他人、企业或机构歧视你，你在农村也能接受和城里孩子大致相同的基础教育，你能上哪所大学全凭你自己的能力和成绩，而和你父母的户籍在哪个省无关；

你一定还想生活在一个秩序井然的法治国家，什么事情都在公开的规则里说得清清楚楚，办事不需要看官员的脸色，子女上学不需要托人情、走后门，即使和官府发生争执也完全可以在独立公正的法庭上公堂对簿，而完全用不着通过跳楼、自焚等极端手段吸引公众注意，最后贪官污吏得到惩治，社会正义得到伸张。

……

要求确实不少，不过平心而论，这些都不算过分。归根结底，我们作为人都想活得有尊严，你也只是想过一种有尊严、值得过的生活而已。一个有尊严的人做事光明磊落，通过公平竞争用自己的能力和努力换取社会的承认，而不需要在任何人面前唯唯诺诺；一个有尊严的人不会无缘无故地歧视别人，也不会允许自己受到无缘无故、莫名其妙的歧视；一个有尊严的人不会胡说八道、造谣中伤，但是也决不会战战兢兢、畏首畏尾、噤若寒蝉；一个有尊严的人会认真自觉、努力工作，但是不会像奴隶一样为了还贷做牛做马，在污浊的生活和工作环境下过着朝不保夕的生活，要讨回自己的工资还得面临老板的呵斥乃至驱打……

然而，所有这一切虽然不算奢侈，但并不纯粹取决于你的个人努力。你可以洁身自好、独善其身，这是个人尊严的起步，但是仅此未必就能活得有尊严。两千多年前的孔子和亚里士多德都说过，人类是群居动物；群居的需要与能力可以成就人类，也可以毁灭人类。在很大程度上，我们的境遇、我们的财富、我们的生活质量乃至我们的人格尊严都部分取决于别人的作为。你想生活在一个美丽、清洁、健康的环境，他却偏偏把一吨吨工业污水排入经过你家的那条河里，工厂烟囱整天冒着大把黑烟，你的梦想能实现吗？你想吃新鲜水果蔬菜，但是农民偏偏为了增加收成在庄稼上面打上大量农药，外表还装饰得很好看，其实都是通过对健康不利的处理，你能维持健康吗？如果没有一套法治规范的市场秩序，人人相侵、尔虞我诈、假冒伪劣产品满天飞，在这样的社会里生活能有多少尊严吗？事实上，如果人和人之间不能诚实合作，市场和社会分工都不存在，我们每个人都只有回到自食其力、茹毛饮血的洪荒时代。在这样的世界，你连一个人走路都不安全，不知道哪里闪出一个强盗把你杀了，夺了你的猎物；再强壮的人也不安全，因为一群人可以联合起来趁其熟睡不备之时结果了他的性命。一旦人类沦落到霍布斯所说的"孤独、贫困、龌龊、野蛮与短命"的自然状态，人人各自为战，连基本生存和安全都保不住，哪里还谈得上什么"尊严"！

为了让每个人都安分守己，我们需要一个政府。所谓"政府"，就是我们授权让它为大家做事的机构或"国家机器"；我们每个人都通过纳税等渠道为这台"机器"输血，让它招兵买马、研制武器，目的是保护我们不受其它民族的侵犯，同时也禁止和惩罚国内那些伤害他人的行为。当然，这台"机器"不能自说自话、自行其是，而是要受我们控制的；禁止什么、允许什么，都有法律的明确规定。这样一来，暴徒不敢杀人了，否则《刑法》会治他的罪；工厂不敢冒黑烟、排污水了，因为政府会依照《环境保护法》的规定罚款，使其得不偿失；农民不敢以违规的方式喷农药或在奶粉里掺加三聚氰胺，因为一旦被发现就得承担《食品安全法》规定的法律责任，轻则罚款、重则坐牢甚至掉脑袋；制造、销售假冒伪劣的奸商收摊了，否则要按照《消费者保护法》为出了问题的产品买单……市场诚信建立起来了，你我就安居乐业了，至少能达到"衣食足、知荣辱"的境界。

这下该有尊严了吧？且慢，你我享受的这等生活全都是靠政府才得到保证的，但"政府"是谁呢？它就真的那么好吗？它为什么要全心全意"为人民服务"呢？一旦问起这些问题，就牵扯出一大套学问来；正如美国先哲麦迪逊(James Madison)所说，人类统治的最大难题是如何以人统治人。原来"政府"不是什么神秘的"机器"，就是你我这类有血有肉的凡人而已；政府机构就是由你我这些凡人填塞的实体，即便国家领导人也不过是你我凡人而已。他们靠我们养着，帮我们做事，但是为什么我们凡人会杀人放火、会假冒伪劣、会污染空气、会三聚氰胺，他们却只会依法办事、为人民服务呢？这似乎没有道理。

确实，政府应该但是未必只做好事、不做坏事。我们之因而创建并供养这个政府，还给它那么大的权力，本来是要政府这群人为我们做好事的，但是他们也完全可以用这些权力去做坏事。警察本来是要抓坏人、放好人，但是他们为了完成上面交给的任务，可以捏造证据把一个好人抓起来刑讯逼供、屈打成招，甚至错判死刑、滥杀无辜；政府的基本义务本来是保护人民的财产，但是如果可以利用手中的权力攫取人民的财产，又何乐而不为？如果可以强征农民的土地、强拆城市的房屋，征收补偿很低而收取开发商的土地出让金很高，征地拆迁岂不成了政府无本万利的生财机器？政府本来应该检查食品安全、惩治环境污染、取缔假冒伪劣，但是如果肇事者偷偷给执法人员塞钱请其"高抬贵手"，他自己可以继续违法牟利，执法人员则牺牲执法换取外快，"天知、地知、你知、我知"，他俩"双赢"了，你我的食品安全、环境卫生、产品质量还能得到保证吗？无论是《刑法》还是《食品安全法》《环境保护法》《消费者保护法》，如果不能执行就是一张废纸。

政府办事本来是要依法的，但是这个"法"是由谁制定的呢？法也是由政府制定的，你我私人不能为国家立法。但是你想过没有，政府为什么要为了我们大家的利益而不是为了自己的利益立法呢？果不其然，法律不一定为了大多数人的"公共利益"服务，而完全可能为了保护少数私人利益服务。如果一个国家的法律和政策把构成人口大多数的农民捆绑在农村土地上，强迫他们生活在贫困之中为城市提供廉价的粮食、蔬菜、水果；只要他们敢进城来，就把他们强行"收容遣送"回去；即便允许他们到城里务工，也不让他们享受城市居民的同等待遇，他们的子女不能和父母在一起受教育、考大学，这样的法律或政策就是为少数城里人而不是多数乡下人服务的。你要批评政府制定的政策、反映政策给人民造成的问题，但是报刊杂志都不敢刊登，害怕会受到政府的惩罚；你批评当地领导贪污腐败、滥用权力，领导却动用公检法判你犯了诽谤罪，如果你在外地网上发帖的话还可以对你进行"跨省追捕"……这个时候，政府用来保护人民的武器就成了危害人民的凶器，打击盗贼的人自己就是盗贼，而且是打着为了"人民"的旗号，侵犯了人民的利益还不让人民表达自己的声音。

因此，要保护自己的基本尊严，我们既不能指望过着看似逍遥自在的无政府生活，也不能建起和供养一个政府就丢下不管，因为你不管它，它迟早会来"管"你。一个不受政府统治的民族是野蛮民族，一个乖乖接受政府统治的民族是奴隶民族；无论是奴隶还是野蛮人，都算不上有尊严的人。要生活得有尊严，我们不仅要维持一个政府，而且还要建立一套制度或规则，让政府为我们大家而不是为自己服务。这套制度和规则就是宪法。

如何让政府做它该做的事、不做不该做的事呢？想想政府怎么治你的吧，如果你能以其道还治其人之身就可以了。在法治社会，假如你犯了法，政府会按照法律给你定罪，让你坐牢，因而你不敢犯法了。现在政府职员自己犯了法，如果我们有办法治他的罪、让他坐牢，那么他不也不敢轻易犯法了吗？如果某个法本身就是侵犯我们大家利益的恶法，而我们有办法把它废掉，或一开始制定的时候就有办法防止恶法出台，那么统治我们的法不就都是对大家有利的良法了吗？如果我们管不了政府，那么就别指望政府会以理性的方式来管我们，那样也就无法保障我们自己的尊严；要活得有尊严，我们就得有办法控制统治我们的政府。

在本质上，宪法就是一部让人民控制政府的法。它规定政府结构、规范政府权力、保障人民权利；它告诉政府可以立什么法、不能立什么法；它规定立法机关的构成，以及人民选举立法者的程序；它规定执行法律的行政和司法机构的构成和权限，以及不同机构之间的权力关系；当然，它还规定宪法自身的解释机构和实施机制，目的是保证政府权力在宪法铺设的轨道上运行。

　　还是让睿智的麦迪逊为我们总结吧：假如我们都是神，那就不需要政府了，但可惜我们都是凡人，因而需要政府来统治我们，需要法律来约束我们；假如政府是神，那就不需要约束政府了，但可惜统治我们的政府也只能是凡人，因而也需要约束，宪法就是专门约束政府、保护人民的基本法。总之，人民和政府都是会犯错的凡人，因而人民需要政府统治、法律约束，但是反过来，政府也需要人民统治、宪法约束；而且因为人民是天生的，政府是后天创造出来为人民服务的，因而政府对人民的统治在本质上应该是人民通过政府对自己的统治。

　　宪法的用途正在于维持一个尊重人民的政府，让每个人都能过上有尊严的生活。

宪法实施重在实质

　　1982 年颁布的宪法终于到了而立之年，宪法实施自然也就成为一个众人议论的话题。关于这个问题，中国宪法学界存在截然不同的两种说法。一种观点认为宪法得到了有效的实施，理由是目前所有的政府机构都是按照宪法规定设立的，政府的立法、行政、司法等职能都是按照宪法程序履行的；譬如说三十年来，全国人大依宪制定了三百多部法律，即可被认为是宪法实施的结果。另一种观点则认为，宪法第 67 条规定了全国人大常委会"解释宪法，监督宪法的实施"职能，但三十年来，常委会却从来没有对宪法作出任何解释，而现实中却存在着大量涉嫌违宪的现象，譬如 2003 年废除的收容遣送条例、2011 年修改的城市拆迁条例、目前正在计划修改的劳教制度等。这些现象的表明，宪法规定似乎并不"管用"。

　　以上两种观点其实并不矛盾，因为"实施"存在着程序和实体两种定义。简言之，程序性实施就是国家机构都按照宪法规定的程序办事：各级人大按照宪法程序立法和监督，国务院等行政机构按宪法规定的权限制定法规或作出决定，法院与检察院按宪法规定办案，如此等等。实体性实施则是对宪法实体条款的具体展开，主要形式包括对宪法特定条款的立法（如针对宪法第三章第三节制定的《国务院组织法》）、职能机构（如全国人大常委会）对宪法特定条款的解释、司法机构依据宪法对有关立法或行政行为作出的个案判决等。现行宪法的"实施"主要限于程序性实施，实体性实施严重不足。即便依据宪法特定条款制定了若干部组织法，但这种实体实施只是浅层的，基本停留于细化国家机构的组织结构和工作程序。

　　现行宪法之所以给人造成实施不力的印象，根本在于程序性实施不足以保证宪法实体规定得到有效的贯彻落实。假如依宪立法就是对宪法的"实施"，那么哪个国家都可以说自己有效实施了宪法，但现实是许多国家都难免存在侵犯公民宪法权利的法律规范。程序正义固然重要，但仅此并不能保证实质正义；如果宪法程序只是"走过场"，那就更不能防止其产生不正义的法律或决定。当年的收容遣送条例除了违反《立法法》第 8 条的权限规定之外，并不违反任何宪法程序，但正是这部条例授权地方警察剥夺公民的人身自由，并早在孙志刚事件之前就已造成多名被收容者死亡。依宪依法的制定程序本身尚不能保证国务院的条例充分尊重宪法保障的人身自由等基本权利，地方各政府部门规定的合宪性就更无从保证了。

事实上，即便各级政府高度尊重宪法与公民基本权利，严格按照宪法规定的程序和实体原则办事，如果缺乏有效的行宪机制，那么也很容易造成宪法搁置不用的普遍印象。相反，如果国家制度允许公民依据宪法挑战法律、法规、规章以及各种"红头文件"等一切有约束力的规范，且有关国家机构依据宪法审查有关法律规范，以此正面回应公民的挑战和质疑，那么不仅将有助于保护公民的宪法权利，而且将极大提高宪法和法律在公民心目中的地位。也许某次审查认定某项规定违宪会让制定者下不了台，但是这个结果至少表明宪法解释和审查机制是有效的，而其它没有被否定的法律规范则将被假定是合宪的。

由此看来，建立更加有效的宪法解释与审查机制是于国于民都有利的改革措施。不可否认的是，全国人大常委会是极为繁忙的立法机构，很难兼顾宪法在具体事件中的解释与监督，更不用说个案解释本身是一项司法性质的工作，未必和立法工作相兼容。这说明只有改革目前的常委会释宪体制，才能让宪法实施进入实质层次。事实上，这种改革并非难事。在现阶段，我们并不需要模仿美国的普通法院审查制、德国的宪政法院审查制或法国的宪政院制度，只需要在全国人大常委会之下设立一个"宪法委员会"的工作机构，专门负责依据宪法审查法律以下的规范性文件，并对全国人大即常委会负责，就足以实质性地启动中国宪法的实施进程。

中国宪法学的挑战和机遇

1982 年颁布以来，中国宪法实在不容易，因为一直没有得到很好的实施，有点像三十岁没嫁出去的"剩女"或没娶媳妇的"剩男"。这个比喻也许不恰当，但是我们不必否认这个事实，尤其是宪法学者不能否认，否则法学同行会对我们这个职业有看法。假如要说我们的宪法还实施不错的话，那我一定可以论证，埃塞俄比亚的宪法也实施得很好，说不定比我们更好。有人说我们的宪法实施了，因为三十年来依据宪法制定了大量法律，但如果这就是衡量宪法"实施"标准的话，那么埃塞俄比亚的宪法必然也实施得很好，因为它肯定也有大量法律是依据宪法制定的。那些没有宪法审查的国家"实施"得尤其好，因为所有法律都被认为依据宪法合宪制定的，法律的数量很可能比我们还多得多。所以按照这种标准，世界上没有一个国家的宪法会"实施"得不好，但是这样的"实施"有意义吗？即便从"马工程"宪法学教材的编写经历来看，"宪政"这两个字还是不让提。宪政是什么？不就是宪法的实施吗？如果连宪政都不让提，这样的宪法能实施好吗？

如果说中国宪法不容易，那么中国宪法学就更不容易了，因为宪法不实施，尤其是没有司法适用，宪法学研究就失去了现实素材。"巧妇难为无米之炊"，中国宪法学还就是一场"无米之炊"。许多人认为美国宪法学家了不起，却伯、阿克曼、孙斯坦等大名耳熟能详，他们的著述既优雅又厚重，但是不要忘记，他们的成果是建立在丰富的行宪实践基础上的，哪一篇论文、哪一本专著不引证大量宪法判例？如果放在中国环境下，他们也施展不开、奈何不得。在宪法适用完全不存在、宪法判例一个没有的情况下，21 世纪的中国宪法学还算做得不错，基本脱离了政治口号和意识形态话语体系。

在这个意义上，宪法学者都不容易，不妨先自我庆贺一下。但是宪法研究的现状是否能满足社会的需要、时代的要求？我认为还是存在很大的差距。

宪法研究对于当代中国社会的作用是毋庸置疑的。不论十八大如何，中国改革今后的主要任务就是落实宪法、改革体制。宪法实施得如何，也是衡量中国未来改革成败的首要标准。如果说最近三十年的基调是经济改革，那么今后三十年的改革首先是政治和法治改革，执政党必须完成从革命到宪政、从人治到法治的转型。在这个过程中，我们需要研究中国社会出现的大量现实宪政问题，并借鉴其它国家的宪政经验，尤其是发展中国家在走向宪政过程中的转型经验和教训，因而宪法学者是有大量工作要做的。但是对比这个要求，我们在研究方向上存在很大的偏差。以下，我主要谈三个方面的问题。

首先，理论研究所占的比重仍然过大。除了法理学之外，宪法学是法学各门派中最注重理论的，我还没有看到有哪个学科像宪法学对理论和方法如此情有独钟。当然，我不是说不能做理论研究，对基本概念、基本原理、解释方法的研究显然是必要的，但是研究了那么多年，这些问题今天已经是常识，没有必要那么多的人尤其是年轻人"研究"这个领域。特别要注意的是，理论研究不能成为回避现实问题的借口——反正宪法解决不了什么实际问题，不如研究研究解决问题的"方法"。这是不行的。我经常把宪法学比喻为炒菜，中国宪法学的基本困境就是无菜可炒，所以就有那么多人去研究"菜谱"。但是你想，一群人围着一口空锅，能发明出什么菜谱呢？这和不下水游泳，而去研究游泳的"方法"有什么两样？这样的"方法"再漂亮也是花架子，下不了水的。

学者一旦闭门造车，炮制出来的"方法"往往沦为脱离社会和现实需要的空想，很容易走偏。政治宪法学就是一个例子。我曾在其它场合对它给予严厉批评，将它的主张定性为"宪法虚无主义"。当然，学术有自由，我们显然无权标榜自己正确，而且我要承认政治宪法学者的思想很活跃，不像许多传统宪法学者那样沉闷，但我还是要说它的方向错了。我尤其想奉劝青年学者，勿为流言所惑，不要随便凑热闹，做学术不能有太强的功利心。国内经常是某某"理论"看上去很红火，许多人投入时间精力"围观"，结果没几分钟热度，到头来发现不过是个陷阱而已。

我还想提醒年轻人，理论和方法这些"菜谱"是我们这些即将退休的人"玩"的，你们目前的主要任务是采摘，大家不要都守着"中国宪法"这口空锅。你们趁着年轻，要多行动、多实践、多研究具体问题，不要还没入道，就老气横秋地理论长、方法短。我经常对学生说，方法论其实是等闲之辈琢磨的事情，高手从来是原创者。爱因斯坦写过什么相对论的"方法论"吗？没有，他创造的理论解决了别人解决不了的实际问题，别人才来学习他的"方法"。事实上，解决一个问题的"方法"可以有无穷多种，但是人们看重的只有实际上解决了那个问题的方法。

因此，宪法学研究要回到中国宪法的真问题。中国宪法确实没有判例，但是有没有可以研究、值得研究、需要研究的现实问题？青年宪法学者有没有可以采摘的宪法之果？众所周之，这方面的问题和素材是大量的，多得我们无暇顾及。每年、每月、每周都有重大社会事件发生，而几乎每一个这样的事件都和宪法有关系。虽然中国宪政的官方路径迄今不通，但是民间宪政越来越活跃，为宪法研究提供了大量素材和需要解决的问题。但是在绝大多数情况下，我们宪法学者对这些问题是集体失语的。我比较仔细地翻阅了2012年宪法学年会的三大本论文集，发现大部分仍然在高谈阔论理论和方法问题。几十篇论文中讨论重要现实问题的甚少，只有一篇讨论乌坎选举，而乌坎显然是中国最重要的选举事件。当然，中国当前的出版环境不理想，有些"敏感"话题无法正式发表，但许多其它问题是可以谈的。如果我们避重就轻，回避中国宪法需要解决的真问题，那么我们的研究便不可能受到社会关注。倒不是说宪法研究一定要产生社会影响，但是我们不会否认，宪法研究必须有社会价值，没有价值的研究很快会被社会遗忘。

最后，比较宪法研究还有待进一步深入。进入 21 世纪以来，宪政发达国家的宪法实施机制、横向与纵向分权机制、宪政与民主关系等问题的研究已经取得长足的进步，但是对发展中国家的宪政转型机制却几乎一无所知。印度是邻国，也是宪政大国，但是我们眼里的印度就只有贫穷和陋习。泰国也是邻国，但我们对泰国的"知识"就是军事政变和红衫军闹事。对中东欧、对拉美、对非洲国家则所知更少，以至《中国震撼》断言几乎所有的宪政民主转型都是失败，也没有哪个宪法学家出面驳斥，因为我们也只是和那位作者一样以旅游者的身份跑马观花了一些国家而已。韩大元教授正在组织翻译《世界各国宪法》文本，很有价值，但文本翻译只是起点，远非终点，不能代替具体制度研究。尤其是很多发展中国家和中国一样，"潜规则"盛行，文本未必能读出太多东西。这就要求我们深入这些国家的宪法实践，研究它们宪法制度的实际操作以及在转型过程中遇到的宪政难题。但是在宪法学年会的三大本论文集中，只有一篇关于发展中国家的宪法，而且还是比较单薄的，并未引用任何原文文献。

宪法学之所以出现大批新生力量跑去研究"理论""方法"，而不是中外宪政的现实问题，和中国的舆论环境、评价体制和民族心态是分不开的。不仅中国宪政的现实问题没人敢碰，而且系统研究外国宪政也成了一件吃力不讨好的事情，不仅需要花费大量时间打语言基础，还要辛苦挖掘支离零散的个案材料，而且研究出来的东西往往也会受到"南橘北枳""不合中国国情"等"外国知识无用论"的指责，而随便忽悠出来一个以"中国"冠名的"理论"却能一夜成名、叱咤一时，一个大标题加上一堆新名词就能镇住一大帮人。这类不知所云的"理论"在政治上极其安全，一般不愁出版发表的渠道，甚至经济效益甚高。现在年轻的博士在做论文的时候就发愁毕业之后找工作，找到工作之后又发愁发论文、评职称、买房子、结婚养子，生存和竞争压力反而比老一辈学者大得多，不容易静下心来研究一些真问题，受到短期名利诱惑也在情理之中。但无论如何，这样做最终是对自己不负责任。等人到暮年再发现自己原来一事无成，那个时候就不能再怪"文革"之类的外在因素浪费了自己的光阴，而只能怪我们的懒惰和投机取巧耽误了自己的发展。

由于我们研究了本来不该重点研究的问题，应该研究的问题却无人研究，从而导致本来有限的宪法学研究资源的大量浪费。中国这样的国家本来就面临着政府和人民之间的对立，现在学术和社会也存在严重割裂。我们经常发现，民间关心社会现实问题，但是往往不具备必要的知识基础，不少民间人士提出的主张在我们看来激进、幼稚甚至离谱，而我们这些有学术功底的人却不去关心中国社会的真问题。如果这种状态持续下去，中国未来的宪政改革就无法具备必要的知识积淀。

转型中国面临着巨大的风险和挑战，但同时也为我们提供了巨大机遇。对于中国未来的改革来说，宪法不应该是最无用的法，而应该是最有用的法；宪法学不应该是最无用的学科，而应该是最有用的学科；宪法学家不应该是最无用的法学家，而应该是最有用、最博学、最伟大的法学家。无论学者的年龄、层次如何，只要方向正确并付出适当的努力，这个目标都是可以达到的。我尤其想提醒年轻的宪法学者，不要错失这个时代赋予我们的伟大机遇。

宪政未必不利于官

2012 年举行的纪念八二宪法研讨会开得很及时，因为宪法制定三十年了，但是宪政还遥遥无期。题目也起得很好——宪政离我们还有多远？答案很显然——很遥远，因为我们什么都没开始，什么都没有。蔡定剑教授讲过，"宪政是我们这代人的使命"；我们是要努力，但这个使命能否在我们这代完成？这恐怕还是个问号。我说的这个远不一定是指距离上或时间上的远，有时候事情可以发生得很快。本来以为政局死水一潭、铁板一块，却突然发生了王立军事件。这样的事情都可以发生，还有什么不能发生？如果有这些的评选活动，我一定要推举他为 2012 年的中国宪政或"法治人物"。网上看到关于他的"纪实小说"，最后一句话是他王立军为中国立了一功。这个定位没错，他绝对是推动中国法治的最大"功臣"，他的作用远比我们这些学者呼吁强得多。他验证了中国人常说的一句话：凡事皆有可能。既然一切都有可能，那么中国宪政这样看上去不可能的事情应该也有可能。

许章润：全喜有一句话我比较欣赏。秋风很着急，这个事情怎么办？全喜说王立军这个事情，实际上表明中国政治其实已经破局。

张千帆：我指的宪政离我们很遥远，是指什么都没开始，因为我们没有一个有效的行宪机制，宪法犹如一张废纸，除了党的领导之外其余都不管用，所以开始以后要做的事情也很多。当然，要做起来可能也很快。我是建议，全喜不要再提"政治宪法学"或政治宪政主义了。你认为这里面有左有右，你是右，但是这个东西本身就是左。在这个左的话语体系下，你的右很难占主导，最后人家也会把你当成左，那样就跳进黄河也洗不清了。

高全喜：那应该提什么？司法宪政主义？

张千帆：你要换个角度来看，我并不坚持中国一定要有个什么"司法宪政主义"，尽管两者在逻辑上肯定存在联系。没有一个司法性质的审查机制，继续我们现在这样的立法（人大常委会）审查，最后结果肯定是宪法如同一张废纸，这是必然结果。但是你要动这一步，不是你有司法宪政就能解决的。在这个意义上，我可以认同政治宪政主义这个提法，但我的意思是任何国家的司法审查都是以民主政治为起点，当今世界没有哪个实行司法审查的国家不是民主国家，民主是司法审查的必要政治条件。我前不久去访问越南，他们有学者问，司法审查到底这条路怎么走？应该政治改革先行径还是法治改革先行？我说这两者没有什么矛盾，不是非此即彼的关系，但是两者之间，肯定还是政治改革更基本。司法审查看上去是一个司法问题，实际上是一个政治决定。执政党要同意那么干，你才能干；否则无论你把法学这套学问吹得多高深，他要是不同意，还是没用。他们学者也很激进，至少是被邀请来的学者，不知道他们的"御用学者"有没有来。来的学者都说要采用德国模式，我说你们先别着急。在你们这个政治体制下，现在这个东西是不可能的，即便给你个什么宪政法院，在这种体制下还是照样起不了作用。路得一步步走，至少先在他们的国会下面搞个宪法委员会，这个看来是越南执政党目前可以做的。

全喜刚才反对政治宪法学用黑格尔的"存在就是合理"维护现行秩序，他们的基本逻辑就是既然改不动，那就索性说不用改，因为现在已经很好……这些是你们政治宪法学内部的事情，你们自己看怎么"了断"吧，或者有个什么新的提法。中国宪政的问题当然不是学者之间的这点分歧，而是受制于强大的既得利益障碍。这才是中国宪政的真问题。

一百多年以前，大清"仿行宪政"的时候，出国考察的官员载泽当时说得很好："宪政利于国，利于民，而最有利于官。"这句话讲得很对，但我看也不能这么绝对的理解。如果真的不利于官，所有官员一律反对怎么办？改革再好，人民再支持，但是官员反对就实现不了，所以最后就只有革命。当然，革命是不能解决问题的。今天时间有限，我们不能探讨这个问题，以后再到章润的研讨会上讨论。现在且假定革命解决不了问题，改革又改不下去，宪政怎么可能启动呢？这样就永远不可能启动。我认为这件事情还要具体分析，官还要看哪一级官。宪法的实施确实是不利于绝大多数官，尤其是中层，包括上层，但是也未必不利于所有的官，尤其是最高层的领导。这些人做了那么多年的官，该有的什么都有了，现在应该改一种思维，应该像温家宝那样更注重自己的声名。即便从他个人利益来看，宪政对他也未必是不利的。包括像薄熙来这样，也不算最高领导人，但是政治局委员也到了"国家领导人"级别了，还不是说换就换？即便对他这样的人，处理方式也是高度人治化的，一夜之间从权倾一方的重臣沦为阶下囚，就好像是以其"重庆模式"之道还治其人之身，对他自己有什么好？今天中国左派从中得出的最大教训应该是，人治这套东西是不靠谱的，说不定哪天就整到自己头上。

我认为，宪政有利于执政党尤其是最高领导人的长期执政。当然，我一直反对"党"这个提法，"党"到底是谁？党是可以长期存在的，但是党的领导人任期是有限的。再过一年就要换届了，现在的领导人就要退了。你可以从不同角度看待这个问题，你可以说现在没有什么后顾之忧了，干嘛不动点真格的？但他也完全可以说，我马上就要退了，这个党如何管我什么事？然而，如果领导人真的在乎这个党的命运，希望它能长期执政，那么宪政对它的长远利益是有好处的。在越南研讨的时候，我给他们提了几条。我说如果你有一个比较有效的宪法审查制度，对你们的长期执政只有好处，没什么坏处。我提的这几点不仅是适用于越共，也适用于中共，甚至对我们比对他们还更相关一些。

第一个好处是宪法的实施显然有助于依宪执政和执政模式的

法治化。我近几年一时在提执政模式法治化问题，因为目前大家知道，执政模式基本上还是人治，人治色彩很浓。执政党基本上是革命党，还没有成为真正的执政党。这一点我想对于我们国家尤其是如此，越南已经有了一些有限度的改革，也许不经过这一步而改造成一个执政党，但是在我们这儿因为一些特殊原因，我想也是跟国家的情况偶然因素也很重要。比如说越共的最高领导人胡志明和毛泽东领导是很不一样的，他们在品格、行为方式乃至去世早晚的不同都会给国家造成很大差异。我们这儿折腾了那么久，发生了那么多恶事，让执政党带上了巨大的包袱，所以不敢改，但是越不敢改，包袱就越重，就越不能完成跨越。

第二个好处是有助于保证与控制法律和政策的合宪性，也就是那种良性。过去大量的法都是恶法，而且还不是地方政府制定的，基本制度都是中央制定的，从户籍制度、城乡二元体制到后来城市拆迁条例，都是中央制定的法，这些恶法造成了大量社会恶果。如果有一个宪法审查机制，那么就能对这些恶法进行有效的控制。这样，公民权利就能得到比较有效的保护，也就不会有那么多人给你闹事了。为什么现在压力这么大？归结于一点，就是在中国恶法落实得非常高效，良法落实不下去。这就是"中国特色"。现在恶法越来越少，良法越来越多，但是良法落实很难。现在总是维稳维稳，但是没有宪政，只能越维越不稳，因为你的根本问题没有得到解决。只有宪政才能真正维护执政党的形象和执政合法性，实施宪法就是最有效的维稳器。

第三个好处是民众对国家法律的认同度。除了我刚才讲的能够控制恶法之外，宪政对于整个民族的心理也很重要。如果你这个国家良法多了，恶法少了，即便撤销个别的恶法，比如十个法里面撤销一两个，当然政府面子上不好看，但你从另外一个角度看，表明剩下的法都是良法。你撤销一两个是恶法，如果一个都不动，那个东西摆在那儿是个虚架子，民众知道你这个东西是假的，这样连良法也不信，因为你通过这个法没有经过合宪性审查程序，正当性得不到保障。现在你动用了合宪性审查啊，撤销几个法让民众看看，就像撤几个贪官一样，民众会认为剩下的都是良法。

第四个好处是有助于维护中央权威。我们讨论的宪法审查主要不是指审查人大通过的法律，这些法律问题比较少，大部分是针对地方规范，尤其是那些不公开的红头文件，这是当今恶法的主要来源。我们要是能够推进宪法审查机制，大部分时间它是落实在中央对地方法律规范的控制上。如今经常中央该落实的法落实不了，"政令不出中南海"，地方的恶法也得不到控制。宪法审查等于给了中央实施良法、遏制地方恶法的一种武器，反而能够提升中央的权威。

第五个方面是促进我们这个国家治理和改革的一种渐进性和连续性，防止一朝天子一朝臣。以前的东西当然有时候动动嘴皮子，基本上是空在那儿不用，这样就造成了我们中国历史我觉得有一个特点，它缺乏连续性，尤其是每十年换一届，每一届政府之间，我们看美国也换，民主党、共和党，没有政党更迭就不用说了，即便有政党更迭，它的政策还是非常连续的，如果没有别的，还有一个最高法院，奥巴马通过一个革命性的医疗改革方案，最高法院不一定让他过，当然他也不是绝对的禁止，是有动有变，这样能够保证好的东西能够留存下来，其他过时的慢慢被淘汰。朝令夕改，政策不连续，这个能够通过一种比较有效的行宪机制来加以改进。我现在建议在下一次修宪的时候能不能提出，我们建议在比较保守的制度，在人大或者常委会下面设一个宪法委员会，这个宪法委员会一定要带有司法性，要有衙，如果完全没衙形同虚设没有用。如果这个宪法委员会能够采用一种先例制度，这样就能促进政府更加重视政策的长远影响，形成比较连续和渐进理性的发展策略。说不定在这个基础上还能流传一些判例和制度。中国几千年，除了唐诗一百首，宋词三百首，还有个别文人或者政客提出的一些政论之外，国家这个层次我看没有留下任何东西，美国有宣言。

许章润：你这个讲法不但秋风不同意，我就不同意。中国人和罗马人有一条相像，政治智慧还是比较高的，这个东西我们没有总结出来，不等于没有。

秋风：正好说到这儿，咱们都是熟人，比如你看古人写奏章，一定会援引一些原则，或者是先例，一定会有的，否则你怎么说服皇上？皇上就是法律。你怎么对付他？只能用以前的先例。

张千帆：我们没有必要对中国古代政治过于乐观。英国 1215 年的《大宪章》63 条，至今还有几条仍然适用。这是很了不起的宪政成就。请问我们 1215 年在干什么？有什么留下来？如能通过宪法委员会来建立中国的判例传统，说不定还能引上几条《尚书》《论语》之类。我们在这方面未必是对立的，我也同意革命对于中国传统的杀伤力确实很大。

最后一个方面，如果能让宪法真正运作起来，最大的好处是提高全民的宪法意识，让人民看到宪法是有用的。现在我们陷入了两难困境，一方面没有行宪，宪法如同废纸，人民不重视宪法。我不否认最近二三十年人民的宪法和法律意识有很大提高，但还远远不够。你一谈论问题，一般谈论自己那点鸡毛蒜皮的事情，我的房子被拆了、我的地被征了等等，网民表现得义愤填膺，但是为什么会发生这么多事情？你赶快把宪法搬出来啊，宪法实施了至少能保障你的财产权吧。人大代表如果能帮你说话，情况就不一样了？村委会主任怎么选的？怎么把地买了村民都不知道？这些都是宪法问题，但是人民对宪法就不如对事件那么有兴趣、有热情了。宪法没用，人民看不到好处，所以对行宪并没有很高的诉求；行宪的民众压力不够，执政党当然不会行宪。政府越不实施宪法，人民越觉得宪法遥远……这样就形成了一个恶性循环。哪天要是人民对宪法的感觉就和对孙志刚、唐福珍事件一样强烈，中国宪政就水到渠成了。

秋风：不是让民众知道宪法，是让领导知道宪法。

千帆：我刚才这五条都是在跟领导讲宪法：只要你行宪，你的执政地位就能得到提高。对于执政党作为一个整体，也许是有用的，但是你跟一个具体领导人讲就没用了，跟这届总书记讲，他说"明年我就下台了，你跟我讲什么？"跟新一届总书记讲，他说我刚上来，下面这些人好处还没得够呢，现在"时机还不成熟"，等到我到届的时候你再跟我讲吧。到那个时候你再讲，他又会说管我什么事？所以我们没办法，只能跟人民讲，比如孙志刚事件、唐福珍事件以及吴英案，民众反应很激烈，但是他们没有对宪法有这么激动的反应。如果哪天我们中国人觉得，领导人不行宪还得了？！就和判吴英死刑一样不可饶恕，那宪政就有希望了。只有到那个时候，人民主动起来捍卫宪法，宪法才有可能得到实施。这个过程要有一个良性循环，执政党要有这个意向，让人民看到宪政有"奔头"，才会增加行宪的压力，让执政党看到不改不行，越改人民的希望和压力越大……这样，宪政慢慢就启动了。

田飞龙：改革与法治之间存在矛盾。

张千帆：改革和法治之间的关系不能一概而论，不能说法治和改革不相容，要一个就得抛弃另一个，否则怎么解释法治是改革的最重要内容？飞龙讲的改革和法治矛盾只是在中国如此，在法治国家并不存在。美国、英国没有改革吗？这些国家不断在改革，为什么改革在我们这儿成为一个重要的话题？因为改革改不下去，不断摇摆在改革和革命之间。这是由于我们体制造成的。我们经常讲"改革正在过大关""改革已到深水区""改革已进入攻坚阶段"，就表明改革推不下去了。这是为什么改革和革命这一百年来不断纠结着我们，为什么我们的改革变成那么重要的一个话题。英美等民主国家不断在改革，根本不把改革当回什么事，而每次改革都是法治先行，没有矛盾。美国新政都不能用改革来形容，基本上是一次"革命"。即便如此也和法治没有冲突，当然后来和宪政有些冲突，因为最高法院坚持不肯让步，但是通常改革和法治未必冲突。民主国家先修改，再改革，所以两者之间没有必然的冲突。

秋风：中国宪法里面有很多实体性的条款带有强烈的意识形态的色彩。而美国宪法基本里面没有这些特别强烈的条款。

张千帆：这包括你刚才讲的"经济条款"。我当然不是说美国没有规定，所以中国就不能规定。你要看规定以后的结果如何。美国这么做或者不这么做，不是没有道理，学者的任务是把这些道理挖掘出来，因为它可能部分适用于中国。如果很多东西本来是立法规定的，结果跑到宪法里面，那么你会弄得很麻烦，因为情况一变，宪法就要跟着变。宪法变成老是被动挨打，被改革推着走，就是因为经济条款造成的。这就是经济条款入宪所付出的代价。韦伯在一百多年前就讲过了，在一个市场经济国家，公有制私有制之间的转换根本不需要法律规定，通过公平自愿交易就变了，说不定明天铁路甚至土地都变成私有化了；这时候，宪法规定公有制该怎么办？我们把这些东西放进去以后，这四次修宪至少前三次都是修改经济条款为主。如果一直这样下去就有可能影响宪法的稳定性和权威性。这是我们意识形态带来的一些问题，它们也重要，但更重要的原因是利益和执政模式造成的改革的障碍。

因此，不能笼统割裂法治和改革话语，让它们非此即彼。其实你按照宪法那么去做，让人大或常委会去立法，什么时候要改革，你就先改法，甚至先修改宪法。"人民公社"1983 年就被全面抛弃，93 年修宪才拿掉。在这个期间就是所谓的"良性违宪"。我也写过文章，认为良性违宪一般没有必要，唯一一个地方就是地方实验，因为我们单一制宪法规定得太多，把地方的手脚绑住了。这时候，你得允许他良性违宪。一般宪政国家不会规定县长由县人大选举产生，因为那是地方自己的事，自己觉得怎么合适就怎么设计。但中国宪法就一竿子插到底，一部国家宪法规定了从乡镇到全国的各级首长都由同级人大选举。地方要选民"直选"乡镇长，就违宪了！这样就把地方制度创新的手脚给捆住了。事实上，经济条款、地方权力结构都是单一制宪法规定过多造成的问题；如果不能从根本上修改单一制宪法，那么就只能在一定条件下允许地方良性违宪。

宋教仁：中国近代宪政的最后希望

我这个人有点迷信，总觉得 13 这个数不那么"吉利"。百年前的那个 13 果然发生了不吉利的事。就在 1913 年 3 月 20 日晚，在上海火车站，一颗子弹夺走了一位青年政治家的生命，死者年仅 32 岁。这不是一次普通的谋杀，它直接葬送了中国宪政的第三次机会。在中国这样的专制国家，宪政只有在专制解体之时才有一瞬间的机会。如果整个民族没有做好心理准备，那么这种难得的机会必然稍纵即逝。一连失去三次机会之后，中国宪政的前景也就愈加显得渺茫了。

中国宪政的第一次机会是在 1898 年戊戌变法。起因是 1894 年甲午海战，清廷吃了败仗，签了《马关条约》，不好向国人交待。朝野上下都渴望变法，皇上也是这么想，机会实在难得。可惜一旦触动满清既得利益，皇帝也不管用，更何况他是被老佛爷带大的、吓大的，有点像现在的秘书当政，底气不足，成不了大事。及至维新派冒险笼络手握重兵的袁世凯，已是大势已去的孤注一掷，自然是凶多吉少。不过至少统治层内部一度发生分裂，如果满清统治者高瞻远瞩、审时度势、好自为之，不失为步英国君主立宪后尘的一次机会。但是如此高估统治者的智商和情商，的确太不现实。维新失败后，统治层愈加警惕保守。直到后来被迫"仿行宪政"，1908 年颁布《钦定宪法大纲》，也是一股脑儿皇权至上，看不到一丁点宪政的影子。

第二次机会是 1911 年武昌起义，吓到了清廷。到了那个时候，老佛爷和光绪都已归天，剩下六岁溥仪孤儿寡母，朝中没人能镇得住，只得服软，颁布了《十九信条》。按说，这就是中国的"虚君制"了；开天辟地第一回，多么好的机会。可是革命党不干，宁愿让袁世凯占便宜，也要废了皇帝。名义是为了共和，骨子里还是要一党独大。当然，满清固步自封，自作自受，但是这样就把这好端端的第二次宪政机会搅黄了。

不过，还没有彻底令人绝望，因为所谓的"辛亥革命"实际上只是一次地方兵变，革命党不费吹灰之力，就白得了胜利果实，可以说是一场"不流血的革命"。虽说以往几次暴动有流血牺牲，毕竟规模不大，结怨不深，确实属于相当不彻底的"小资产阶级革命"，不需要搞大规模的阶级斗争，也不需要考虑几千万烈士的待遇问题，因而还是有指望"共和"的。这就是中国宪政的第三次机会。如果满清遗老袁世凯能够和国民党新贵们和睦相处，那么辛亥革命堪称中国的"光荣革命"。然而，中国政治似乎从来只遵从"一山不容二虎"的丛林规则。国民党、袁世凯两"虎"互不相让，两败俱伤，宪政再次成为泡影。

在这个当口，百年前的被害者宋教仁成为决定宪政成败的关键人物。说起宋教仁这个名字，总给人一种"教父"的感觉。虽然只有三十出头，他的确就是国民党的"教父"。民国成立后，是他将同盟会与其他小党合并，成立"国民党"并宣扬公开合法的多党竞争，通过选票赢得政权，而孙中山则仍然随时准备"继续革命"。孙中山和宋教仁之争不只是关于总统制、内阁制的模式之争，而是关于宪政民主和暴力革命的基本路线之争。孙中山也主张宪政，但是他的宪政首先是建立在暴力革命扫除一切军阀势力的"军政"基础上，然后还要经过一党独裁下的"训政"，而宋教仁的可贵之处在于他愿意和袁世凯等旧势力妥协合作。走"体制内"的议会民主道路。事实证明，宋教仁路线在中国是可以成功的。在 1913 年的国会大选中，他领导国民党一举成为国会第一大党，大有建立内阁、问鼎总理之势。假如以此渐进理性的道路发展下去，中国未尝不能成为世界上第一个成功实施二元首脑的宪政国家。

可惜，罪恶的子弹打破了中国的宪政梦。凶手究竟是谁已不重要，刺宋案的元凶嫌疑不仅有袁世凯，而且也有国民党内的激进革命派。在一个政治游戏规则没有建立起来的国家，宋教仁之死或许只是一个时间问题，但是他的死宣告了国民党和袁世凯的决裂和第三次宪政机会的破灭。虽然宋教仁临终前致袁世凯的遗言中表达了和平合作的殷切期望，但是已无力回天。孙中山组织"二次革命"讨袁，失败后组建"中华革命党"。十年后，在苏维埃老大哥的调教下，国民党终于从一群多党联盟的乌合之众转变成一个组织纪律严密、绝对服从总理的真正意义的革命党。及至北伐胜利，国民党才取得相对稳固的绝对统治地位；同志努力了，革命成功了，但是这表明宪政的机会却不会再来了。

痛哉，宋教仁！悲夫，中国宪政！刺宋事件百年之后，今日中国不能不反思一个问题：为什么偏偏在我们这个社会，勇于进取、沉稳理性的温和改良派被赶尽杀绝，剩下的不是明哲保身的犬儒或睁眼说瞎话的御用文人，就是无所不用其极的激进革命派？

宪政宪政，姓宪名政

"刺宋案"百年后的 13 也不是什么好年份。2013 年 5 月，某些御用文人和无良媒体打着"学者"的旗号，操着"文革"的腔调，攻击宪政"属于资本主义"，是"兜圈子否定发展之路"。这些人吸着浓重的 PM2.5，喝着遭到污染的水，吃着含有农药毒素的食品，却在昧着良心地粉饰中国式"发展"，只能说明其道德人格已彻底变异。

中国"左派"的一大特点是说话没逻辑、反常识，这个特点集中体现于"宪政姓资论"。宪政是什么？凡是有点宪法尝试的人都知道，宪政就是宪法的实施。在中国施行宪政，当然不是去实施资本主义美国宪法，是实施社会主义中国的 1982 年宪法。这样的宪政是"社会主义"还是"资本主义"呢？就在 2012 年纪念宪法颁布 30 周年大会上，新任总书记还在说"宪法的生命在于实施，宪法的权威在于实施"，这不就是要施行宪政吗？半年不到，就有人跳出来大张旗鼓攻击宪政，分明是有人在策动"造反"，否定 18 大报告强调的政治体制改革，否定广大人民对宪政民主正在形成的普遍共识。

宪政就是宪政，和任何"主义"没有必然关系。在本质上，宪政是一个法律学和政治学概念，社会主义或资本主义则是一个经济学概念，因而没有必要也不应该将两者绑定在一起，正如市场经济未必和私有制绑定在一起一样。宪政就是宪政，资本主义国家可以实行宪政，社会主义国家也可以实行宪政。如果中国是一个社会主义国家，那么中国宪政必然带有某种社会主义特色，但这是自然而然的事情，没有必要人为强调，否则很容易造成教条主义和话语混淆。

宪政强调民主、分权和资源的公平分配，因而施行宪政必然和社会主义强调的平等不谋而合，但是这并不足以将"宪政"和任何"主义"绑定在一起。有了宪政民主，即便是美国这样的经典"资本主义"国家也带上了显著的"社会主义"特色；没有宪政民主，则几乎不论什么版本的"社会主义"最后都会蜕变为赤裸裸的垄断资本主义。因此，无论什么主义，决定性问题是有没有宪政，而不是那个主义。

"宪政姓资论"把好不容易基本解决了的"姓社姓资"问题又人为带回来，并徒然引发无谓的非议和争议。早在三十多年前，邓小平的"猫论"已淡化了"主义"问题，九二南巡终结了市场经济的"姓社姓资"问题，尽管宪法中的"市场经济"和"法治"仍然带有"社会主义"的前缀。既然"市场经济"和"法治"都可以是"社会主义"的，为什么宪政就必然是"资本主义"的呢？这种逻辑不通、违背常识的说法引来一片网络"围剿"，纯粹是自取其咎。

由此也可证明，"秦始皇时代已经过去，人民已不再愚不可及。"宪政民主已是深入中国人心的世界潮流，"顺之则昌，逆之则亡。"有人逆历史潮流而动，用可笑的"中国逻辑"来论证"中国模式"，最后只能让自己成为一堆笑话。

总之，宪政宪政，姓宪名政。宪政是"行不更名、坐不改姓"的大丈夫，既不姓"社"，也不姓"资"。有人自不量力，非要给宪政改名，蚍蜉撼树，徒增笑耳。

宪法实施意味着什么

　　有人说，八二宪法凝聚了一种"国家共识"。我认为这种"共识"在当时是非常有限的，只能说是党内这些领导人，包括老干部、知识分子、参与宪法起草的法学家，也许有一定共识。说实话，老百姓对宪法说不上有多少共识，甚至没有什么意识，否则很难解释一夜之间把城市土地全部国有化的第十条会写进去，而没有引起任何社会争议。但是近几年，围绕八二宪法的共识反而越来越大，因为越来越多的人看到八二宪法是干什么的，对他有什么样的意义。因此，反宪政逆流掀起的这场宪政辩论跟以前不一样，以前的几次思想辩论其实没有老百姓的参与；这次如果老百姓能够取得胜利的话，它对今天中国的意义非同小可。

　　这次辩论有可能在全民范围内形成一个关于宪政的共识，并解决一些前提性的问题：宪法到底要不要实施？实施宪法到底意味着什么？宪法能为平民百姓做什么？我们实施宪法，当然不是实施美国宪法或是哪个外国的宪法，而是中国自己的宪法，是执政党1982年主导制定的宪法，为什么要反对呢？八二宪法第二章规定了公民权利，第三章规定了国家结构，虽然不是没有瑕疵，但总体上是好的，只不过实践中没有如此做。宪法第 34 条规定了民主选举，第35 条规定了言论自由，第 36 条规定了宗教信仰自由，以及后面国家机构规定的人大机构、行政机构、审判独立等。这就是八二宪法。后来经过了四次修正，应该说越改越好了，依法治国、法治国家、人权保障、私有财产这些现代宪政基本原则都进去了。

　　八二宪法概括来讲有三个方面，这些算是常识：民主、法治、人权。一是民主，具体体现为人大选举，包括人大的议事规则、程序，对行政的监督、官员财产公开等。这些议题能不能讲？显然是可以讲的。二是法治。1999 年宪法修正案明确规定了，法治当中包含了司法独立、审判独立的内容。三是人权保障，包括各种权利——人身权、财产权、言论自由，政治权利也是一种人权保障。凡是宪法明确规定的，都可以讲啊。宪法就是这些内容的总括。我们把这点明确了，绝大多数老百姓甚至官员都可以接受。我们可以多做一些宣传，告诉他们宪政不仅对老百姓好，对官员也好，宪法也保障他们的人身权、合法的财产权、言论自由。现在"双规"的时候，经常发生刑讯逼供，甚至上吊、跳楼、被自杀……他们的基本权利也得不到保护。维迎教授说得非常到位："中国官员有特权，但没人权。"因此，官员不应该反宪政，宪政确实可以成为全民的共识。

宪政是什么？宪政就是落实宪法的这些规定并以此约束政府权力。反宪政者有一个不合逻辑的出发点，那就是把宪政与宪法截然分开：一方面，他们不遗余力将宪政污名为"资本主义"，是不合中国"国情"的西方模式；另一方面，他们又不敢公然反对现行宪法。这种立场是十分荒诞可笑的，因为宪政无非是宪法的实施，反宪政必然意味着反宪法。至少，他们否定宪法的法律效力，要把宪法沦为无需落实的政治口号、说了不算一纸空文。这种主张的实质是宪法虚无主义。其潜台词是这个国家虽说制定了一部宪法，其实那只是欺骗人民的文字游戏；中国实际上并没有什么宪法，国家权力不受任何法律约束。这种立场显然是错误和有害的。

就和法治是依法治国一样，宪政就是依宪治国、依宪执政。事实上，宪政是法治的题中之义，因为法治中的"法"显然也包括宪法，而依宪治国、用宪法规范政治权力的运行，即为宪政的经典定义。根据美国词典定义，宪政就是"政府权力受到统治者必须服从的法律体系之分配和限制的政体"。由此可见，宪政无非就是宪法获得实施并有效约束政治权力的一种状态。在 2012 年 12 月 4 日举行的宪法颁布三十周年纪念大会上，新任总书记习近平强调"宪法的生命在于实施，宪法的权威在于实施"。既如此，听其言、观其行，宪政强调的正是实际怎么做。

没有宪法保障，政治承诺是靠不住的

　　2013 年 8 月，笑蜀先生编的大陆"禁书"《历史的先声》在港再版，集中再现了 1940 年代新华社等中共媒体刊发的毛泽东等人支持宪政民主的言论。大概是因为要在大陆出版，这本书还是说了不少中共的好话，而且所引用的都是中共领导人及左派人士的原话，没有任何"造谣诽谤"的成分，却还是没有逃过被打成"禁书"的命运。究其原因，应该是"讨债"味道过于明显——中共当时对民主、自由、宪政、分权、联邦制乃至反对一党专制的承诺，六十多年后怎么一个都不见兑现？言下之意，现在是兑现原始承诺的时候了。

　　对于中共的进步承诺，反宪政逆流的"开山之作"、马列老太太杨晓青的文章解释说，这是当时"对敌斗争的策略"。换言之，这本来是一套骗取民心的谎话，是不能当真的；自由派别"拉大旗作虎皮"，拿这个来要挟现政权。这套言论当时确实"欺骗"了为数不少的知识分子，加深了他们对国民党专制政权的厌恶、对貌似反专制的共产党的信任和亲近。对那些因此而坚持留在大陆、拒绝蒋介石从海峡那边抛来的橄榄枝、甚至千里迢迢从太平洋彼岸赶回来"报效祖国"、后来在历次政治运动中饱受磨难乃至冤死的高级知识精英来说，这套承诺看起来更像一个骗局。

　　但是从不少历史资料来看，诸如此类的"阴谋论"或"阳谋论"是没有多少根据的。假如当时国民党愿意坐下来好好谈，中共完全可能按其所提的宪政方案去做，并似乎已经采取了一定的实际行动。这也很好理解，因为在内战开打之前，谁也没有必胜的把握；相比老蒋的盲目乐观，毛泽东等中共领导人倒是相当清醒。更不用说从中共建党到"西安事变"，从来只有国民党"老大"打共产党"小弟"的份；虽然中共在八年抗战中养精蓄锐、不断做大，但还不至于有后来三年打垮国军的自信。国共合作对它是有利的，至少当时看上去如此；提倡宪政、民主、分权、联邦的效果是限制国民党老大的权力，对它也是有利的。国民党要回到抗战前的一党专政格局、重新"统一"中国，共产党则只要能"划江而治"就很满足了，何乐而不为呢？

因此，你也可以说中共当年的宪政言论是一种"策略"，至少不能排除宣传"策略"的成分，但是没有必要把"策略"解读成谎言。毛泽东当时主张宪政，很有可能是出自真心，但这也不是说他就是一个"宪政斗士"；他显然不是，但是当时的国共实力格局使得他认为宪政对中共有利，于是就支持宪政。今天，我们已没有必要纠结于中共支持宪政是出自真心还是假意。这个问题已经不相关，因为现实很清楚，1949 年之后，中共不仅没有兑现当年的承诺，而且宪政、新闻自由、三权分立、联邦制乃至公民社会都成了报刊中不能出现的"敏感词"。为什么会有这么大的变化？这个道理也简单——格局变了。国民党掌权的时候，宪政是限国民党的政；国民党不在了，共产党一党独大，还搞什么宪政？那样不是和自己过不去吗？

其实，没有兑现的岂止是 1940 年代的承诺，1982 年宪法不也承诺了许多权利吗？有几条是真正兑现的？社会主义国家的宪法都规定得那么好，很可能纯粹是"策略"，是出于装点"门面"的需要，在规定的时候就没想过要落实。说一套、做一套，纸上的规则和"潜规则"大相径庭，这种现象在大陆是再正常不过了。

你可以从道德上批判它出尔反尔，但是没有实力支撑，道德批判是苍白无力的。当我们兴高采烈地把所有生杀大权都交给一个我们认为"先进"无比的政党，我们已经把自己降格为政治奴隶。哪有奴隶向主人讨权利的？主人能欠奴隶什么"承诺"？即便以前做过承诺，那确实是出于"斗争需要"，不得不如此；现在事过境迁，兑不兑现我说了算，不兑现你又能怎么地？没看见我们怎么"骗"农民的吗？当年"打土豪、分田地"，农民欣欣鼓舞跟着党走；1950

年代初，也确实分了几亩地。但是没几年，土地又统统收回来，归"公社"了，你难道还能不交？不要忘记，"国家"是干什么的，国家机器掌握在谁手里。

　　你现在站起来向主人"讨说法"，那就表明你已经不是奴隶了。不过，主人还没有适应这种变化，他还和从前一样把你定位成奴隶。他的主流逻辑是：只要你还没有实力和我叫板，就慢慢等着吧。不要忘记，国家机器掌握在谁手里！这个江山是我们先辈打下来的，当初也是在你们拥戴下得到的。你们有胆有本事，从我们手里夺走试试？"六四"就是你们的前车之鉴！

　　每每看到今日中国的困境，便不禁联想起往日失去的机遇。清末是一次多好的机会！民初又是一次多好的机会！国共二次合作何尝不是一次真正的机会！但是我们一次又一次丢失这些机会，不能只怪慈禧或醇亲王，不能只怪袁世凯、孙中山、蒋介石或毛泽东。毕竟，无论是直接还是间接，是我们把他们扶上位的；至少，他们是在我们的普遍麻木和无动于衷下执掌并行使权力的。我们在推翻旧政权的时候，是何其兴高采烈、毫无保留，但是等到我们发现自己的处境正像托克维尔说的那样，"被推翻的旧政权总是比替代它的新政权更好"，一切为时已晚；这个民族已经把自己的全部命运交给它的新主人，因而只有忍受更深重的苦难。一次又一次不智的选择让我们沦落到今天，每一次都让我们陷入离宪政更远、更深的漩涡……

　　也许，这一切都是这个政治幼稚的民族所不得不付出的昂贵学费。农民的轻信是无可指责的，但知识精英的天真烂漫是不可原谅的。长期浸淫在儒家正统的教条主义思维当中，中国知识分子对权力政治学从来没有任何概念。我们从来只认"君子""小人"、好人、坏人。坏人便是绝对的坏，必欲打到并踏上一只脚、令其"永世不得翻身"而后快；好人便是绝对的好，可以托付身家性命乃至赋予其一切生杀大权，并天真地期待它作出过的"承诺"，而不知道这样的"好人"即便有也凤毛麟角、百年难遇，也不想想当你手里已经没有任何底牌的时候，你凭什么相信他会兑现承诺？

正如托克维尔对中央集权法国观察的那样，政治专制必然造成国民的政治幼稚，因为他们得不到由政治实践走向政治成熟的机会。因为国民幼稚轻信，这样的国家往往越改革越危险，因为它容易爆发革命。一遇到"坏人"政府，人民就郁闷愤激；一遇到"好人"的承诺，人民就投怀送抱。专制政体使之无法近距离比较"好人""坏人"及各种承诺，并作出理性的政治选择。不夸张地说，近代中国所有"更坏"的政府都是因为国民（尤其是社会精英）的不智选择而登场的。每当我读到某个满腔热血的归国精英惨遭"反右"或"文革"迫害的悲剧，犹如飞蛾扑火，仿佛就是冲着迫害去的，心里不免泛起一阵悲哀。这是一个幼稚政治传统所得的报应，因为他们所憧憬的乌托邦，其实就是一个公权不受限制的人间地狱。

当代中国大陆的宪政意识已今非昔比，约束公权的必要性已经成为官民常识，但是深陷于威权政治的不幸遗产之中，宪政仍然是一个沉重的话题。《历史的先声》把中共曾经作出的宪政承诺再度呈现在我们面前，与其说是提醒执政党兑现早已过期的承诺，不如说是提醒每一位读者：承诺是靠不住的。更准确地说，它对生活在大陆的每一个人提出了关乎其切身利益的沉重问题：如何兑现执政党对你作出过的承诺？要让当年的承诺成为今日的现实，你该做什么？

既然我们知道承诺是靠不住的，今天再找执政党"讨说法"是徒劳无益的。事实上，相当一部分承诺已进入现行宪法，民主、法治、自由、人权早已是众所周知的宪法常识，但也出于众所周知的原因，这些宪法理念至多和六十多年前的宪政主张一样是尚未兑现的承诺。2013 年 5 月以来官媒断断续续发出的反宪政喧嚣表明，指望执政党自己兑现承诺是缘木求鱼。

归根结底，宪政是我们自己的事，权利是要靠自己去争取的；如果还是和以前一样，把什么权力都乖乖交到别人手里，再指望那个人自觉兑现对你的承诺，无异于痴人说梦。你也许会问，我交了吗？我什么时候交出了自己的权力？是的，你交了；当你没有积极履行权利的时候，你就已经放弃了自己的权利，纵容执政者滥用公权。我们每个人问问自己，宪法规定了那么多权利，我们认真履行过几条呢？因此，不要再怪执政党拒不履行承诺；如果我们还是认为宪政承诺是执政党对我们的一种保证，那么这种承诺是注定靠不住的。与其如此，不如把宪法看成是我们对自己的一种承诺；这样的承诺经过努力抗争，是可以兑现的。

"舆论斗争"的阶段与走向

自 2013 年 8 月下旬以来，"舆论斗争"成为中国官方推出的热门词汇。《人民日报》《求是》杂志、《环球时报》《解放军报》陆续发表文章，若干省委书记和宣传部长也纷纷表态，支持"舆论斗争"、否定宪政民主。中央军委副主席更是表示要像"坚守上甘岭那样""铆在意识形态斗争的阵地上"。言下之意，舆论阵地已经失守，现在要靠网络军管等非常措施才能夺回阵地。或许在新一届政府看来，舆论阵地对于信奉"名不正则言不顺，言不顺则事不成"的中国来说尤其重要，再不收复将无力回天。只是中国在经历了前三十年的全民洗脑、后二十年的精英反思之后，早在十年前就已进入大众觉醒时代，现在更不可能像以前那样通过专政手段回到意识形态的一统天下。

其实，在中国近六十年，不同版本的"舆论斗争"一直是官方主旋律。各种"整风""学习"等思想运动每隔几年甚至每年都来一次，以保证党员和大众意识形态的高度"纯洁"，只不过那个时代的大众根本没有自己的意志或主见，因而每次思想"斗争"如同演习一样轻而易举大获全胜。和威权政治不同的是，极权政治的主要体征就是舆论和权力的高度合一：政治权力垄断舆论工具，并生产自己的"真理"话语体系；舆论机器对全民灌输"真理"，使其心悦诚服地接受政权统治。国家一方面屏蔽外来思潮的影响，另一方面用专政机器直接剪除国内的少数异己力量，以此形成"超稳定"统治。在这种统治下，全民都相信权力即真理。无论政权对你做了什么伤天害理的事情，它是不会错的；你挨整，只能说明是你自己错了，你只有老实悔过、痛心检讨。政治权力因代表"真理"而获得巨大的道德资源，变得至高无上、所向披靡；"真理"则借助专政机器的威慑力而深入人心，全民对政权合法性的理论基础深信不疑。

中国的"前三十年"即处于这种全民洗脑状态。1949 年后，政治异见的主力逃离大陆，剩下的小股反对力量或遭到镇压，或经过改造而成为"真理"话语的一部分。全国上下都毫无保留地崇拜一个人、一个党、一种思想，容不得半点不同意见，权力和真理的统一达到不可逾越的巅峰。其实这个时期仍有一批受传统教育影响、有思想、敢说话的知识分子，但即便他们原先也对正统信仰坚信不移。1957 年"反右"前夕，中共执政才七八年时间，绝对权力即已绝对地产生腐败和社会不满，知识分子利用"双百"方针对党进行"猖狂进攻"，结果悉数被"引蛇出洞"打成"右派"。"文革"初期也产生了遇罗克、林昭等青年反叛者，但是在全民崇拜绝对权威的疯狂年代，反对力量如沧海一粟，无一在专政机器下留存下来。

事实上，对待这些凤毛麟角的先知先觉者根本用不着国家暴力，只要发动群众起来"大批判"，"六亿神州"的吐沫就能把他们淹死。1958 年开始的"大跃进""人民公社"运动导致了那么大的人道灾难，也只有党内高层极不彻底的批评和反思。在党内中下层和党外，宣传机器若无其事地照常运行；忍饥挨饿的人民对这场灾难的惨烈程度毫不知情，数千万饿死的冤魂野鬼并没有对"伟大领袖"的形象造成一丝伤害。"大饥荒"削弱了毛泽东的党内地位，却未曾贬损他在人民心中的神圣地位。正是这种格局让他发动"文革"，利用全民对他的狂热崇拜打倒那些因他的错误而获得机会的党内挑战者；假如没有前者作为土壤，"文革"充其量只是一场宫廷斗争，不会发展成为祸惨烈的全民运动。

"文革"之后，中国进入所谓"后极权"时代，一个标志就是党内外部分精英痛定思痛，开始反思造成这场全民浩劫的制度根源。进入八十年代，经济改革伴随着思想开放，中国社会的知识和思想结构发生全面变化，政治权力对"真理"的垄断岌岌可危；公民社会已经开始发育，意识形态已开始经历解构与重构。但是在这个阶段，对意识形态的反思和质疑仍限于少数精英；多数民众仅满足于追求自己的温饱和小康，并不关心更宏观的政治与制度改革问题，也不具备交流信息与思想的便利手段。因此，八十年代清除"精神污染"、反对"资产阶级自由化"等思想运动主要影响高校师生，并未引起社会的强烈反弹。

"八九风波"中断了中国的政治改革，却并未中断民主、自由、法治思想的传播。九十年代之后，关于宪政民主的各种学说仍然持续不断进入大陆。原先国内对西方宪政制度只有粗线条理解，现在连司法审查等相对晦涩的知识细节均已成为法学常识。至少在学术界，传统意识形态已彻底失去"阵地"，宪政民主等现代理论的知识积淀已经完成。与此同时，征地、拆迁、分税制、土地财政、禁止农地流转、放任环境污染等各种借"改革"之名剥夺民利的制度开始形成并发挥作用。政改缺位造成的官僚腐败和公权滥用直接影响了数以亿计的平民百姓利益，从反面验证了宪政民主的必要性。

进入 2000 年以来，随着互联网的迅猛发展，中国老百姓对发生在自己周围发生的事件掌握了前所未有的信息，并自觉或不自觉地和国家制度联系起来。以 2003 年发生的孙志刚事件为标志，越来越多的企业家、下岗工人、失地农民、复转军人乃至被"双规"的官员从自身遭遇中认识到，没有法治与宪政，自身基本利益、安全乃至生命都得不到保障。薄熙来在重庆"唱红打黑"、破坏法治、胡作非为，但是一旦坐到被告席上，连他也不得不为自己呼吁公正审判。法治、人权、民主等宪政理念不再只是少数学者宣讲的书本知识，而已经成为大众普遍接受的常识和共识。

正是在这种环境下，新一届政府展开了大规模的"舆论斗争"，试图在意识形态领域"夺回阵地"、回到毛时代。除了新一届领导人的教育知识背景及其形成的个人思维偏好之外，这种政治左倾回潮具有一定的必然性。胡温执政期间，上一届即已形成的各种恶法产生的社会恶果全面发作，造成空前的官民对立、民怨沸腾。单面推进经济改革的后果越来越严重，社会要求政治与法治改革的呼声越来越高，让执政者感到压力倍增、芒刺在背。然而，实质性改革将无可回避地触动既得利益，执政者不到万不得已是不会触碰的；反之，通过现有的舆论控制系统扼杀宪政民主、回归毛时代话语则似乎代价和风险较小。于是 2013 年"两会"结束、权力交接完成后，就有了传达"九号文件"、组织发表反宪政系列文章、打击"新公民运动"、对青年教师加强思想政治控制、拘捕网络大 V、夺回舆论阵地等一系列"亮剑"行动。

当然，从其产生的效果和社会反应来看，这一行动计划显然误判了中国当前的舆论形势。"九号文件"虎头蛇尾，在高校传达引起了普遍的反感，"七不讲"成为教师们茶余饭后的揶揄对象。逻辑不通的反宪政文章多以匿名发表，知名知姓的作者大都是学术圈里名不见经传的边缘人物，有的根本算不上"学者"，表明官方已找不到像样的学者为之捉刀。更重要的是，反宪政文章引起的社会反应几乎是清一色的批判和讥讽，可见此种言论之不得人心到了何种程度。在官方对民间发动的这场"舆论斗争"中，胜负早已不判自明。除了官媒的自说自话和极少数官员的被动表态之外，如今还有谁在公开支持这股反宪政逆流？事实上，官媒对宪政不分青红皂白的攻击不仅没有镇住局面，反而得罪了大批体制内学者，让体制内的"社宪派"、体制外的"自由派"等原本不同立场的派别结成了广泛的护宪联盟。在这种生态下，任何学者公然站出来反宪政都是一种职业"自杀"；这么做也许马上就能得到"封赏"，却彻底毁了自己在圈子里的声名。在中国近代史上，有哪次精英联合抵制、社会普遍反感的"舆论斗争"成功过呢？

值得注意的是，这种格局是六十余年来从未有过的。在全民洗脑和精英反思阶段，执政者或因自身强势、或因顺应民心，都牢牢掌控着舆论主导权，官民之间根本不存在任何"舆论斗争"或哪怕是实质性的对话。在毛时代，显然一切都由他一人说了算，任何公然唱反调者都不会有好下场。有的学者对 1954 年宪法的上亿人"大讨论"津津乐道，其实那个年代哪有什么"讨论"？几亿人只有轰轰烈烈学习、领会、赞美领袖精神的份儿！邓小平抓住人民追求自由、富裕的心理，打出改革开放的旗号，主导了意识形态潮流。1978年的真理标准"大辩论"是拉开改革序幕的重大政治事件，但其实也不是任何意义的思想或学术辩论。"辩论"的基调早已确定，剩下的任务是找学者写文章正面论证，反对者（当时的左派）是不会有任何机会在官方媒体发表意见、正面交锋的。事实上，这种行事模式和现在的反宪政言论如出一辙，只不过改革开放的立场得人心，因而大批真学者愿意为之效劳。

这就把我们带回到执政者当前面临的尴尬。初看起来，新一届领导人没有理由不"自信"。毕竟，专政与舆论两大武器仍然和以往一样掌握在政府手里。当年位高权重的"四人帮"都抓了，今天抓几个体制外的大 V 算得上什么？他们都是耍笔杆子的，而"四人帮"倒台表明笔杆子最终要听枪杆子的。但是这种看法忽视了一个关键问题，那就是打倒"四人帮"在当时就有一定的民意基础。且不说长期被压得抬不起头的"臭老九"们，相当部分的普通民众也早已厌倦了让他们"一穷二白"的意识形态。因此，即便在极左派还掌控着舆论阵地的时候，打倒"四人帮"对于许多人来说也是一件大快人心的好事。然而，今天反宪政、抓大V的民意基础在哪里呢？即便政府小心翼翼地捡了薛蛮子等几个声誉并不好的大 V 作为收拾对象，网上也出现了大量调侃和质疑，大V们更是清一色地对政府以道德瑕疵为由进行网络整肃表达本能的警惕。时代不同了，当代中国人不仅懂得爱惜自己每天都在行使的言论自由，而且已经意识到对别人言论自由的任何侵害也是对自己的潜在威胁。

独立学者陈子明指出，反宪政的意识形态运动是在"五十年代的底色上泼墨"，但这种"底色"只是政府自己假想和力图制造的，完全不是当今中国社会的真实底色。当然，作为未曾清理的"文革"遗产，左派言论仍有巨大市场。反宪政逆流掀起后，"左派"确实十分活跃，据说已开始和政府联动打击"右派"；如果属实，那么当今中国已经出现了"文革"时期"挑动群众斗群众"的危险迹象。然而，中国"左派"看似声势浩大，却终究是靠不住的，因为他们没有经得起推敲的治国思想。除了在领土主权等外部问题上可以一时蒙蔽群众之外，对于民生、反腐、教育、环境治理等和民众利益攸关的国内实际问题，毛主义中找不出一个答案，多数民众也不可能对这一套老调重弹的说教感兴趣。"新左派"虽曾名噪一时，但是其影响仅限于少数学者，政府不可能指望通过他们的鼓噪让极左主张获得普罗大众的支持。除非发生战争或分裂等非常事件，作为一种大众意识形态，左派已走上穷途末路。如果执政者决心向前推进改革，来自左的阻力亦无足多虑。

在经历全民洗脑和精英反思阶段之后，当代中国大众已经觉醒并初步形成了自己的主体思维。在今天的学者、记者、律师及普通百姓中间，支持宪政民主的"右派"已占据绝对多数。宪政民主虽然还说不上是牢不可破的信仰，但早已深得人心。多数人或许不敢站出来主动维权，但是要把他们的思想拉回到不可理喻的五六十年代，又如何做得到？辩不过就抓人，也许能制造一时的恐怖气氛，让大 V 们眼下三缄其口，但毕竟不是长久之计。抓了许志永、王功权，接下来又能如何？他们因言获罪，只会收获更多的社会同情。在国际和国内舆论压力下，政府并不能将他们重判并达到"杀一儆百"的目的。最后的结果只能是提高他们的国际与国内知名度，而自己则四处树敌并在道义和形象上丢分。

思想的闸门犹如潘多拉魔盒，一旦打开就再也无法合拢。现在早已不是五六十年前的全民洗脑时代，领袖想要人民信什么，人民就信什么；甚至也不是二三十年前的精英反思时代，用专政手段就能让少数异议者的消声。大众觉醒的时代已经到来，武力压制并不能改变大众对宪政民主的信仰。事实上，不论中共执政的原始合法性来自何处，它也不是纯粹靠武力建立起来的，单纯的军事胜利并不能为它赢得广泛的大众支持，而国民党之所以丢失政权，相当程度上恰恰是因为它对言论自由的压制引起了社会尤其是知识界的普遍失望和反感。在今天，国家动用武力更不可能收复思想和言论阵地，反而只能进一步自损形象、丢失民心。而在信息高度多元的网络时代再实行语态单一的思想灌输，显得幼稚可笑、不合时宜。在不合时宜的方向上走得越远，执政形象所承受的损伤越大。

面对大众醒悟的中国社会现实，执政者有必要为体面执政做长远打算。既然不可能扭转宪政民主的历史大潮，不如尽早改变"舆论斗争"的习惯心态，设计或接受和宪政民主更加兼容的话语体系，与成长中的公民社会和谐相处。对于正在进行的中国经济与法治改革而言，一个具备宪政意识的公民社会显然是好事而非坏事。要为改革营造一个宽松的舆论氛围，也必须采用一套与之相适应的意识形态。目前的"政左经右"姿态好比人格分裂，高层传递出相互矛盾的信号已经造成严重的社会困惑与对立，而官民对立无疑会造成巨大的改革障碍。其实，打破对立的钥匙掌握在政府手里。要让中国改革回到八十年代初期上下齐心、官民互信的良好局面，执政者可选择的路很宽。

反之，在"文革"结束近四十年的今天，还要把当年那一套搬回来，中国社会能答应吗？

宪政是国家安全的根本保障

2013 年 12 月初，雾霾锁国，《环球时报》又发奇文：雾霾会让导弹打不准，有利于军事防守，有利于国家安全。当然，这种奇谈怪论只能当作笑话，但是它却让人反思一个当今中国面临的重大问题：什么是"国家安全"？如何维护国家安全？中共十八届三中全会专门设立了国家安全委员会和深化改革领导小组，体现了中央集权和社会放权两种基本思路。在某种意义上，中央集权是推进放权改革的必要前提，否则难以排除地方各级既得利益的障碍。然而，如果把机构集权乃至个人集权当作国家安全的制度性保障，那就对集权改革赋予了不可承受之重。

如果国家安全首先是指人民的安全，那么对于人民来说，公权滥用对生命、人身、财产等安全的伤害在本质上和外敌造成的伤害是一样的。在和平时期，国家安全的主要威胁不是来自国际敌对势力，而是来自不断激化的国内利益矛盾。在当今中国，社会矛盾的首要来源是公权滥用，而遏制公权滥用的利器恰恰不是集权，而是落实宪法对公民权利的保障和对公权力的制约。没有宪政，国内矛盾无从化解，也就难以真正维护国家安全。

宪政是国家安全的基本保障，这一点已然成为中国社会的常识。如果公权力可以不受约束地骚扰人民，社会怎么可能安定、安宁、安全？如果社会矛盾遍地开化，恶性事件防不胜防，那么国家权力再大也无法有效保障社会稳定和安全。在这个意义上，建立国安委固无不可，其它国家也有名称类似的机构，但它们都是针对国外或国内个别极端势力的非常机制，而非社会治理的常态机构。如果国家安全正在成为中国社会的常态问题，那么这些问题不可能通过集权得到有效治理。更有甚者，如果以"国家安全"的名义压制公民表达正常诉求的自由，那么集权改革的效果将适得其反。既然问题的根源在于宪政缺位，那么只有对症下药才能标本皆治，舍此别无它途。

三中全会决定中的改革措施本身证明了这一点。社会反响强烈且实施标准比较明晰的改革亮点主要有农地流转自由、废止劳教、统一高考、放松结社限制等方面，而所有这些都是在落实现行宪法的有关规定。如果这些规定得到落实，它们对于社会安定、国家安全的作用是不言而喻的。对农地使用的限制不仅剥夺了农民分享发展成果的权利，而且让政府垄断了城镇开发的红利，致使其不断觊觎农民手中的土地，制造了大量强征血拆，严重侵犯了农民的土地使用权和财产权。"重庆模式"显示了劳教制度可被滥用到何种地步，公民的人身自由可以因为某位领导的心血来潮受到长达数年的限制，而用不着经过任何司法程序。招生和考试歧视则制造了大量社会不公和不满，造成随迁子女与家长的焦虑及其和当地"土著居民"的利益冲突，并直接引发了京籍家长的请愿活动。早些年，乙肝歧视更是造成了因此落选的浙江公务员考生杀死考官的悲剧。若能保障宪法规定的平等权利，也就消除了这些歧视政策人为造成的社会不和谐。

值得关注的是，三中全会决定第 30 条特别提到了宪法效力保障："健全宪法实施监督机制和程序，把全面贯彻实施宪法提高到一个新水平。"现行宪法之所以得不到有效落实，直接原因在于缺乏司法性质的法律规范审查机制。事实上，不仅宪法得不到落实，许多维护公民权利的法律或政令也受制于"上有政策、下有对策"的困扰，难怪三中全会开出的药方是中央集权。但是集权的目的并非将权力集中到中央某个机构或个人手上，而是加强中央的宪法与法律权威。要做到这一点，关键不在于简单的实体性集权，而在于建立有效的法律规范审查制度。如果宪法规定的基本权利都能大致得到保障，宪法规定的公权制约都能大致得到落实，那么开辟中国下一个太平盛世并非难事。

　　然而，三中全会公报和决定均未提到一条最重要的基本权利——宪法第 35 条规定的言论自由。决定只是要求"优先发展行业协会商会类、科技类、公益慈善类、城乡社区服务类社会组织，成立时直接依法申请登记"，简化了有限类型的结社申请程序。放松结社固然对于推动社会自治、促进弱势群体自我保护具有重要意义，但是从政府近期针对舆论监督、网络大 V 和公民集会的高压态势来看，宪法第 35 条规定的言论、出版与集会自由尚未得到应有的尊重。

　　从表面上，限制言论和集权式改革是步调一致的。近年来，由于公民的宪法权利未能得到有效保障，人民基本利益屡遭公权侵犯，个体上访与群体性抗议此起彼伏，甚至出现弱势个体诉诸社会报复的恶性事件。在社会不安定的情势下，似有必要排除各种"杂音"，才能让改革向同一个目标进行下去。有人甚至将正常的新闻舆论与网络批评曲解为国外"敌对势力的意识形态渗透"，将舆论管控上升到"国家安全"的高度。

　　然而，这种说法显然颠倒了因果关系。当今中国社会之所以出现这么多不同声音，当然不是什么"意识形态的渗透"造成的，而是中国社会自身产生的现象。它一来表明中国的改革开放逐步形成了一个多元化的"思想市场"，而这本身是社会进步的表现；二来表明改革确实产生了诸多社会问题，而这些问题正是宪法权利缺位造成的。作为社会不公的自动探测器和报警器，言论自由就是最重要的宪法权利。如果社会问题大量存在，而人民却不能说话，表面上看起来很安宁、很和谐，实则导致执政者盲目乐观或无视问题的制度根源，那么越积越多的社会矛盾必将把中国社会引向革命和动荡。如果改革不尊重公民的基本言论自由，国家与社会安全何以得到保障？

　　要真正维护国家安全，只有全面施行宪政，尤其是切实保障言论与新闻自由。改革三十年后的中国和北朝鲜有天壤之别，而最根本的差别在于我们已经享有相当大的私人言论空间。我们只有继续往前走，才能成为一个团结而强大的民族。在一个万马齐喑的社会，人与人之间不可能坦诚交流；没有交流、没有信任、彼此隔阂，人人心里打着一副小算盘——这样的民族哪怕表面上万众一心，实际上早已貌合神离，而一个内部不团结的国家无论对内对外都谈不上安全。

集权改革的风险

中共十八届三中全会出台了农地流转、废止劳教、统一高考、放松结社等一整套改革措施，并设立深化改革领导小组和国家安全委员会，体现了中央集权和社会放权两种基本思路。总的来说，三中全会决定的基调是向社会放权，而实现的路径则是集权。和 2012 年底学者发布的《改革共识倡议书》所提的六个方面相比，三中全会部分接受了经济改革、司法改革、保障宪法效力等后三个建议，却拒绝接受党内民主化、选举规范化、言论自由化等前三个建议，凸显了此轮改革的政府主导性质。问题是，如果说改革的基本动力在民间，民众不能有效参与的集权式改革能否推进下去？集权改革是否会发生变异，并再次蜕化为既得利益敛财的名义？

三中全会决定虽然强调民权，却基本不提民主，对人大改革只是一带而过，甚至也未提及最重要的公民权利——言论与新闻自由。事实上，三中全会之前倡导反宪政言论、抓捕网络大 V 及之后对学者博客、微博销号等一系列行动恰好与此背道而驰。自上而下的改革思路由此可见一斑：社会放权不是赋予社会本身更多的言论自由和民主政治保护机制，而是通过中央集权强力推行。看来新一届政府一方面意识到放权改革势在必行，否则执政合法性将面临严重危机；另一方面则对中央独自承担改革的能力自信满满，不容社会力量广泛参与，甚至认为社会广泛参与是对一党执政的威胁。因此，改革成了政府自己的内部事务；如果地方政府有阻力，便向中央集权，进而向最高领导个人集权，通过以领导个人为核心的强势权威推进改革。

其实，在 2011 年出版的《权利平等与地方差异》一书中，我已经探讨了中央集权式的权利保障机制。中央集权确实可以和社会放权并行不悖，甚至可以为社会放权开道，通过顶层和草根上下联动挤压中层，迫使庞大的既得利益集团改革让利。中国八十年代的改革和这种模式有点类似，只是当时改革的主导力量仍然是自上而下；公民社会则刚刚开始发育，力量十分有限。在这种情况下，虽然中央形成了以邓小平为核心的改革联盟，改革实际上处处遭遇"中梗阻"。农村改革相对顺利，但是国企与市场化改革为官僚集团充分利用，既得利益集团伴随改革产生，造成大量腐败和社会不满，并引发八九事件和改革的全面停滞。邓小平"南巡"后，改革重新启动，但已变味，改革政策为既得利益主导，以至既得利益集团越做越大、积重难返。

因此，集权式改革有一个前提，那就是公民社会能够积极参与并主导改革方向。如果中央权力不够集中，那么改革方案往往难以形成，即便形成也缺乏执行力；如果公民社会力量不足，则改革在落实过程中很容易遭到扭曲并发生方向性偏差。因为改革关系到社会利益的重新分配，如果社会大众本身不能参与，那么既得利益者必然"近水楼台先得月"，以"改革"之名为自己捞取更大的利益，满清改制生成的"亲贵内阁"即为一例。无论是清末宪政改良的失败还是过去三十年改革的教训，都是不能不认真对待的前车之鉴。

经过相对温和弱势的胡温十年之后，现在中央又重启集权改革之路，推出了三中全会决定揭幕的改革"大戏"，但同时又打压公民社会，预示未来十年的改革将是中央主导的"独角戏"。要唱成这出戏，必须预设两个条件：中央及其领导团队的至善与万能——即便不是本意至善，至少也是为形势所迫真心改革。第一个条件且不展开评论。法治基本常识告诉我们，把希望寄托于人治永远是危险的。不可忽视的是，中央集权意味着中央机构的扩容，不只是一个人或七个人的问题。即便中央领导团队是至善的，他们不可能事必躬亲，而必须依靠相当庞大的中央官僚集团行使具体权力，至多依靠中纪委、检察院等机构监督中央权力的行使。但是所有权力都会滥用，甚至监督权也会滥用。如果公民社会缺位，谁来监督中央机构本身并防止其滥用，显然是一个悬而未决的问题。

即便中央改革意愿不成问题，第二个条件仍然要求中央有能力运用目前尚管用的自上而下组织机制，有效监督和控制地方官员行为，使之按中央设计者的原意推进而非阻碍或扭曲改革。也许随着通讯手段和信息渠道的升级，中央监控和执行能力比史上任何时期都强大。但是以中国之大、地方层级之多，我从来对此类中央能力持怀疑态度。别的不说，反腐就是一项极其艰巨的任务。近年来，许多腐败案件都是通过纪检之外的各种社会曝光才得以揭露出来；如果新闻媒体和网络舆论不能发挥作用，中央如何获得各级各地官员的实际廉政信息？

如果建立超强超大的中央监控机构，那么一则中央权力很容易受到滥用并成为寻租手段，二来在目前央地事权、财权面临重新划分的情况下，中央机构与人员的扩张空间实际上相当有限，大规模集权的可行性值得怀疑。如果中央对地方不能维持长期有效的监控机制，那么各地仍然可以对三中全会的改革计划阳奉阴违，甚至使之蜕化变质，集权改革将面临半途夭折的巨大风险。

事实上，集权改革是中国历代法家矢志不渝的法宝，却迄今没有成功的先例。不少改革的出发点即是削弱地方豪强，有的是为了加强皇室权威，有的则是为了构建一个在法律面前更为平等的社会。后者的初衷不能说不好，却无一例外归于失败。究其原因，无非是不能满足集权改革获得成功的以上两个条件。如果一项改革确实是为了社会多数人的利益，却又不允许他们自由参与，那么改革首先就失去了最根本的动力和最强大的支持者。这样的改革已有许多前车之鉴，不能不慎。

集权改革要获得成功，还不能缺少改革的另一半——公民社会。与其排斥公民参与，不如放下架子、抛弃戒心、联手合力，允许他们通过媒体或网络等各种渠道自由表达诉求，并有效监督改革的方向与进程。和中央独唱的"独角戏"相比，中央和民间扮演的改革"双簧"成功机会要大得多。

如何树立执政权威

　　中共十八届三中全会出台了农地流转、废止劳教、统一高考、放松结社等一整套改革措施，体现了向社会放权的基本思路。另一方面，在此背后又存在一个巨大的盲区，那就是对言论与新闻自由的进一步限缩，使得原本相当乐观的新一轮改革蒙上了一层阴影。就在全会决定下达前后，有关部门实施了销号、封网等一系列打压舆论行为，向社会释放出中央集权的清楚信号。高层似乎认为，要在当前大环境下心无旁骛地推进改革，不仅要克服地方政府等既得利益障碍，而且有必要排除社会上各种"杂音"，否则就无法建立足够强大与稳定的权威以推动改革。

　　这种看法看似自然，但是既不可取，也不可行。别的且不说，我的"自由派"朋友圈无一例外都对压制言论的做法表达了本能的反感和愤慨，而他们个个都是正直敢言的"君子"。按传统儒家的说法，"君子""小人"之分在于义利之别："君子喻于义，小人喻于利。"所谓"君子"，就是能放下一点个人利益，出于民族大义、社会正义秉公直言之士。在中国这种制度环境下，"直言犯上"、针砭时弊是要冒一定风险的，而自由派能不畏强权、仗义执言，可见其不失君子之风。在经过历次政治运动围剿之后，这群人数量不多，但是在网络社会赢得了足够强大的公信力，已被普遍认为是社会良知的代表。如果政府能够"亲君子，远小人"，赢得他们的尊重和支持，那么政府的社会威信自然扶摇直上，执政权威不树而立。

　　其实，自由派本来也完全可以像"歌德派"一样跟着政府高唱"主旋律"，对现实社会问题采取"选择性失明"；如此则不仅没有风险，而且还能得到各种机会、项目、奖励。但是如果他们昧着良心这样做，即沦为小人矣。当然，当今有的左派之所以显得"左"，未必是出于投机或恐惧，而是无视中国社会现实，真的相信"主旋律"的正确性。然而，在网络时代，如此不明事理的人恐怕只是极少数。人性毕竟是理性自私的，其理性即表现为对昭然若揭的社会丑恶不可能没有清醒认知，其自私则表现为在强权面前保持沉默和"装睡"，甚至为了邀功请赏而充当压制不同声音的舆论打手。在制度化的利益激励下，这些舆论打手个个是见利忘义的小人。如果政府成天为这些人包围着，听惯了言不由衷的阿谀奉承，听不进直言不讳的逆耳忠告，一味打压批评言论，那么最后结果必然是"亲小人，远君子"。这样怎么可能提高执政权威呢？

打压言论固然显示了执政者的权力，但真的能达到消除"杂音"、维护权威的目的吗？不要忘记，三中全会的改革措施绝大部分并非中央智囊自己突发奇想，而是吸收社会各界集体智慧的成果。中国社会之所以对全会决定反响热烈，也正是因为它表达了社会的普遍愿望和诉求。改革三十年，中国社会的最大进步即在于私人言论获得了相当大的自由空间。虽然某些言论听上去有点刺耳，但是它们真实反映了中国社会的严峻现实。如果在言论自由上退步，直面问题、对症下药的主张遭到全面封杀，剩下的只有揣摩上意的奉迎附会和投其所好的歌功颂德，政府的改革新思维从何而来？不解决实际问题，社会不满不断积压又不能流露，则会让执政者不仅误以为世界一片歌舞升平，而且误将恐惧麻木当成心悦诚服。及至社会越过其心理忍耐的临界线，危机将不期而至、骤然爆发，那时再想回头为时已晚。

反过来问，目前开放言禁真的会造成天下大乱、威权扫地吗？即便今天最激进的"公知"，也没有谁在高喊颠覆政权的极端口号。许志永、王功权等维权人士只是主张官员财产公开，而这是官方一度认可、社会普遍认同的目标，何来"扰乱公共秩序"乃至"煽动颠覆国家政权"？对他们扣上莫须有的罪名不仅显然违法，而且也极大损害了执政者自己的国际与国内形象。其实，当今自由派多为"只反贪官、不反皇帝"的保守改良派。其中相当一部分人还对大众民主心怀恐惧，唯恐民粹主义会把中国引向"小人暴动"、天下大乱。对于他们来说，只要执政者维持宽容大度、尊重自由、践行法治的姿态，即为当前中国最理想政体。反之，如果执政者无视自由，或以集权之名践踏法治，则必然使他们产生异心和抵制。禁言越严厉，他们越反感，而在全民觉醒的网络时代，政府又不具备完全扑杀其言论影响的能力，这种官民之间的恶性拉锯才是对执政权威的最大伤害。

任何改革都需要政府权威，包括执政者的个人权威，但是树立权威有正道。禁锢言论或许一时让人慑服，但并不能产生持久的尊敬。归根结底，赢得尊重的并不是不可挑战的权力，而是宽容大度的人格。也只有这样的君子人格才会"亲君子，远小人"。为什么八十年代令人怀念？不是因为那个年代的政府权力有多大。恰好相反，经过长年政治动荡和内斗，当时的执政权力处于 1949 年以来的最低点；政府财政也相当拮据，远非像现在这样财大气粗。然而，胡耀邦、赵紫阳等领导人的真诚、宽厚、朴实、坦荡打动了亿万人心，为他们赢得了爱戴和尊重，凝聚了一大批朝气蓬勃、敢想敢为的年轻人。在某种意义上，正是权力的谦抑才赋予政府更大的权威。

当然，树立权威只靠个人魅力是不够的。对于一个政府来说，更重要的是建立维护制度权威的机制，做到令必行、禁必止。如果"上有政策、下有对策"，"政令出不了中南海"，中央显然是没有什么权威的。但是要建立中央权威，显然不能光靠传统的"党管干部"这套组织人事控制，而是要依靠人民通过民主与法治机制监督各级官员。中国这么大、官员这么多，一个中央是监督不过来的，更不用说中央监督者本身也面临腐败问题。建立制度权威，无非是要保证国家法律让人民满意，为此需要让宪法规定的选举制度运行起来，让立法者真正对人民负责；保证执法者如实执行让人民满意的法律，为此需要对行政进行有效的政治与司法监督；保证司法者忠实解释让人民满意的法律，为此需要保障法官的独立人格与地位。

最后，要保证政府只做该做的事、不做不该做的事，还得让人民讲话。归根结底，权威不是立给人民看的；如果集权的结果是人民都不敢讲话，官员却为所欲为，执政权威又体现在哪里呢？如果执政者信任人民的话，应该尽早抛弃敌我思维，尤其要防止有人滥用公权、剥夺自由、人为树敌。对人民自由多一分不正当限制，只能多制造一个不必要的敌人，少一分对执政权威的敬畏。

什么是宪政的"中国特色"

不久前有一位非宪法学界的同行问我："你们"宪法学界好像有点愁云惨淡呢。我回应：没那么严重吧，我的判断恰好相反，现在形势一片大好！几年前，这个国家有谁重视宪法？又有谁把宪法学当回事？西北一所政法学院大门口曾经有过一座雕塑，被调侃为"宪法顶个球"。宪法不仅不管用，而且因为不管用，所以没人在乎它。这次反宪政逆流反而激发了人民对宪法的兴趣和关注：虽然这部宪法不管用，但我还是在乎它，因为毕竟它关乎自己的切身利益；既得利益不想实施宪法，但是我们不能不要宪法，否则正中其下怀。因此，此次反宪政逆流一出，网上是铺天盖地一片声讨。这种效果是多少个 12.4"法制日"（宪法颁布日）宣传活动也达不到的。反宪政运动起到了宪政与法治正面宣传达不到的效果，真可谓"功莫大焉"。

反宪政运动不但激发了民众的宪政热情，也团结整合了不同的宪法学派。主流官媒肆无忌惮、全面出击，不分青红皂白反对一般意义的宪政，不只是得罪了宪法学界主张西化的"右派"，而且也得罪了主张"社会主义宪政"的左派，简直就是要砸宪法学者的饭碗。如果教宪法而不让谈宪政，就如同教法律而不能谈法治一样，这样的宪法学作为一门职业还有什么存在价值呢？反宪政就是要让所有宪法学人全体失业、提前下岗。即便只是为了自己的饭碗，宪法学人也要站出来说话，而且为宪政说话是零风险的——有强大民意支持，还怕什么？如果把此次护宪、反宪之争比喻为一场战争的话，那么这一仗不用打，就已经胜了。这正是宪法学人建功立业的大好机会，此时不发声还等何时？

真正要担心的是政府有关部门。我在早先的文章中谈到，中国社会早已今非昔比。前三十年自不必说，领袖要人民想什么人民就想什么。后三十年有不同的分法，可以分为前十年、后二十年；也可以分为前二十年、后十年：前二十年是精英反思阶段，后十年以2003年孙志刚事件和互联网兴起为标志，是大众觉醒阶段。今天再来反宪政，为时已晚，因为宪政理念早已深入人心；现在再挑起反宪战争，肯定要打败仗。不论政府控制舆论的能力如何强大，中国历史上还没有哪次运动，可以违背民意、同时得罪精英和大众而获胜。目前，反宪政运动已经激起社会的巨大反感，极大损害了执政党和政府自身的威信。理性的执政者要赶紧转变思维和策略，而且也没有必要担心面子受损，"一把手"很容易和具体的主事者切割。现在转变立场还来得及，仍然可以恢复政府公信力和民意支持。如今谁打出宪政民主的旗号，谁就能获得巨大的民意支持和执政合法性。如此唾手可得的果实真是不捡白不捡，错过了只能是坐失良机。

反宪政逆流之后，官媒姿态确实有所调整。2013 年 10 月 16日，《求是》发表的笔名"秋石"的文章虽然语气强硬，但是调子变了，好像是在表白只反"西方宪政"，不反"社会主义宪政"，不过此种立论的内在逻辑依然成问题。"秋石"问道：难道"宪政"真的就是像护宪派所说的宪法实施吗？我一看，这篇稿子似乎是冲着自己来的，因为我一直主张宪政不可怕，无非就是实施宪法。但"秋石"的意思似乎是，我说的"宪政"不只是宪法的实施，其中还包藏着"不可告人"的目的，是要用宪法的名义实现"全盘西化""和平演变"。这就无中生有了。我们说实施宪法，什么时候说过要实施1788 年美国宪法？哪一次不是要实施 1982 年中国人大颁布的现行宪法？实施中国宪法、推动中国宪政，如何是在推销"西方宪政"呢？

多年来，中国对于"中国特色"这个概念一直十分在意。我也在苦苦思索究竟什么是属于中国、带有"中国特色"的宪政与宪法学。10 月 20 日，《人民日报》发表了人大许崇德教授的文章："宪法学研究要彰显中国精神"，其中说道："宪法学研究是一门实践性极强的学科，丰富的社会实践是宪法学研究的源泉。学者应用更多精力去关注中国的社会实践问题，用宪法学原理去说明、分析、阐释社会实践中所发生的各种事件。"言下之意，带有"中国精神"的宪法学就是要用普遍的宪政原理来解释发生在中国的社会与政治事件；事件是中国的，问题是中国的，但原理毕竟是普遍的。

其实翻开 82 宪法读一遍正文，不难发现中国宪法的基本精神无非就是和各国宪法共享的民主、法治及尊重人权原则。宪法第 2 条规定了国民主权和人大制度，99 年修宪规定了法治国家、依法治国，04 年修宪规定了"国家尊重与保障人权"。这都是中国宪法自身规定的，不单是美国或任何其它国家的宪法规定的。有什么必要在这个问题上突出强调"中国特色"呢？也许"社会主义"是中国特色，但社会主义就是中国的吗？难道它原来不也是西方舶来的吗？北欧等国不也在实行"民主社会主义"吗？也许"党的领导"是中国宪法的特色，宪法序言确实规定了，但问题不是抽象意义上的党的领导，而是执政党在具体实践中如何"领导"。毋庸置疑，党的领导也必须建立在民主、法治、人权原则基础上，难道还能以反民主、反法治、反人权的方式领导吗？

有人主张，"社会主义宪政"是一种本质上反西方的宪政模式。这种立场实际上和反宪政只有一步之遥。这倒不是说宪政就只有西方模式，而是民主、法治、人权构成了世界各国共享的普遍宪政原则。中国宪政可以有自己的特殊性，但不能离开民主、法治、人权的基本轨道。在这个意义上，中国宪政和西方宪政是相通的，"中国梦"和"美国梦"是相通的。中国不可能排除民主、法治、人权的普遍宪政原则，而构造纯粹属于自己的"社会主义宪政"。事实上，无论是"社会主义宪政"还是"宪政社会主义"学说，翻来覆去还是那一套，并未发现有什么真正属于"中国特色"的东西。如果硬是要关起门来搞一套背离普遍宪政原则的"中国特色"，那么这种"社会主义宪政"的实质只能是反民主、反法治、反人权——换言之，反宪政。

　　综上，宪政就是宪政，本来无名无姓；如果有姓有名的话，也是姓宪名政，既不姓社也不姓资，既不姓中也不姓西。究竟什么是"中国特色"的宪政呢？这是一个无需过度纠结的假问题。实施中国人自己制定的宪法，就是中国宪政，而不可能是美国宪政。因此，今天我们要理直气壮地谈宪政；只要是中国人民认同的在中国推行的宪政，就必然是"中国特色"的宪政。

为什么反宪政就是反人类

自从 2013 年 5 月起，国内反宪政的杂音即不绝于耳。以杨晓青的"宪政姓资论"为开篇的第一波逆流在一片嬉笑怒骂中狼狈收场，我原以为反宪政气数将尽，却低估了御用文人的寡廉鲜耻。在《红旗文稿》《人民日报》《环球时报》等官媒的策划站台下，反宪政逆流依然断断续续、苟延残喘。直到本月中旬，《环球时报》还一气抛出"'宪政'背后包含着政治盘算""宪政主义是一套意识形态""西方宪政派和民主派一直打架"等四篇不知所云的反宪政评论。这些胡言乱语收获的骂声似乎有所减弱，但那只是因为经过几番折腾之后，社会对这套陈词滥调已经全然失去兴趣，任由他们自娱自乐而已。

反宪政立场之所以不可理喻，是因为它在本质上是反人类的——因为它违背所有人的基本利益，不论你是谁。反宪政者可能以为自己是既得利益的一部分，发表反宪政言论能让自己分得体制内的一杯羹，但是没有宪政，他们自己也是体制的牺牲品。君不见，薄熙来、周永康、令计划一度贵极人臣、呼风唤雨，到头来仍不免沦为权力斗争的祭品，而他们所享受的人身权利保障甚至还不及一个普通犯罪嫌疑人。这就和国家主席刘少奇当年大搞领袖崇拜，等到自己自食苦果、沦为最高领袖的阶下囚之后再拿起宪法，早已无济于事一样。当前各级官员平日作威作福，一旦遭到纪检调查即享受"双规"待遇，人权不受任何保障，各种跳楼、上吊或"被自杀"现象屡见不鲜。没有宪法所保护的基本人身自由，即便官场既得利益者也只能生活在没有任何安全感和尊严感的状态。

如果你不是严格意义的既得利益者，宪政对你就更重要了。如果你只是一个普通企业家，那么你一定知道在中国办实业的艰辛。

由于宪法平等未得到落实，民营企业获得贷款要比国企难得多。如果你搞民间集资，又很容易被扣上"集资诈骗"的罪名；几年前，浙江女商人吴英就差点因此被判死罪。除此之外，《刑法》还有"非法经营"等若干"口袋罪"，随时可能套在你头上。一旦地方财政紧缺，需要没收若干企业资产打打牙祭，那么你就有可能成为杀鸡取卵的对象。薄熙来治下的重庆就是这么干的。如果你连人身权都得不到保障，财产权就更不用说了；一旦人身自由受到威胁，你甚至巴不得"花钱消灾"。面对网络流言，小品演员赵本山吓得赶忙表态："要是国家需要我的财产，都可以拿"，可见没有宪法保障，我们的有产者脆弱到了何种程度。

如果你是普通工人、农民或农民工，那么宪法对你的重要性是显而易见的。中国的"低人权优势"就是建立在你身上——你的工资待遇低，你的房产得不到保护，你的土地随时可能被廉价征收。所有这一切都吸引国内外投资，拉动产业发展和出口贸易，维持GDP 高速增长。然而，低人权也许对于"国家"发展来说是某种"优势"，对于你自己来说却是不折不扣的劣势。其实，中国这么大，我们为什么要剥夺自己的劳动力和财产，耗费自己的资源、污染自己的环境，生产出各种高大上的产品供别人享用呢？究竟是谁需要这种竭泽而渔的"发展"？哪怕宪法只实施了一条，如果宪法规定的结社自由能落到实处，你能选举为自己谋利的工会或农会，那么你的处境就会有很大改善。当然，如果你能把选举权真正行使起来，中国本来就没有必要按照这种模式"发展"。如果你选举的村委会能代表村民利益，那么村长就不会偷偷背着你们卖地了。如果你选举的人大代表确实能代表多数选民的利益，那么各级人大就会一改几十年如一日的"橡皮图章"面貌，为立法和监督等本职工作尽责尽力，而各级官员自然也就不会那么为所欲为、嚣张跋扈……总之，只有宪政才能让你克服自己的低人权劣势。

如果你是警察、城管、军人或普通公务员，你根本就不算"既得利益者"——虽然你吃的是体制的饭，虽然社会常常把你和政府视为一体，但你的工作压力往往很大，而待遇其实不高，寻租机会有限，上升空间很小，而且官场黑暗，每一步高升都要付出巨大的经济和道德成本，从而将更大的把柄交到别人手里。如果你不愿意同流合污，那么很容易成为上级或同僚嫉恨与报复的对象，而上级对你的奖惩是不受司法监督的"内部行为"。在法治国家，公务员诉领导占了行政诉讼的很大比例，公务员的合法权利受到国家尊重与保护。只有宪政才能让你做一个有尊严的国家工作人员，坚持原则、遵纪守法等美德才会成为你的安全保障而非晋升障碍。你也会得到更多的社会尊重，因为只有宪政才能化解官民矛盾；只有宪政才能让你真正"为人民服务"，而不是为少数既得利益者服务。

即便你是一个无业游民，你也不可能游离于宪政之外而生活。你首先要想想自己为什么没有工作，也许是因为政府不让你摆摊设点，而做一个流动商贩本来是你谋生的权利和自由。印度最高法院即曾判决，政府不得剥夺流动商贩的生存权与经营自由。即便你赋闲在家，你还是要喝水、吃饭、呼吸空气，但是在这个国家，这些无可争议的人类基本需求能得到安全的满足吗？少数既得利益者可以吃各种"特供"，喝特制的矿泉水，但是没有工作的你不能。北京的冬天很冷，寒风刺骨，但我如今却特别喜欢冬天，因为冬天风大，而现在除了风神之外，似乎已经没有任何力量能够缓解北京的雾霾了。我孩子曾在日本上过短短一个月的小学，他告诉我日本的自来水是可以不经加热随便喝的，下课时小朋友们都这么做，因为自来水的质量远远超过政府规定的安全标准。最近看到微信上说，我们的自来水有各种抗生素，据说比艾滋病还可怕！我希望这只是谣言，但我确实很久不敢喝水管里流出的水了。

"舌尖上的中国"是众所周知的另一大困惑，我不止一次劝诫小朋友不要贪吃，别随便买街上的烤肠、羊肉串……不是我歧视路边商贩，而是这些食品的安全质量确实是一个未经检验的问号。除了政府工作人员不该作为的时候作为（剥夺流动商贩的基本生计），该作为（检验食品安全）的时候不作为之外，你有没有想过，我们对宗教自由的压制是造成生活不安全的一个重要原因，一部《宗教事务条例》就不知增加了多少污染和餐桌上的风险，因为我们的空气、水、食品安全问题主要是国民不讲道德、不负责任的行为造成的。有一次参加宗教研讨会，结束前我开玩笑说，今晚穆斯林和佛教界朋友们享受的食品要比我们安全得多，因为他们吃的是教徒制作的"特供"食品。这就是道德信仰的作用，也是宗教自由的作用。如果宪法规定的宗教信仰自由能够落到实处，各种教派可以自由传播自己的信仰和学说，让更多的国民成为具备坚定信仰的公民，我们的污染兴许会少得多，食品会安全得多。即便政府还是那个样子，我们的免费公共物品也不至于被自己糟蹋到如此严重的地步。

我 2014—15 年给中学生讲宪法，首先纠正了一个错误观念，那就是 18 岁以下的未成年人没有选举权，但是这并不表明他们没有公民权。从出生那一刻开始，每个人都是这个国家的公民，中小学生也享有宪法赋予的基本权利。事实上他们是权利受损最严重的一代。以前有一位年轻朋友甚至对我说，她不想在国内结婚生孩子，因为她无法为下一代提供一个健康的生长环境。这句话当时令我很震撼，但事实难道不就是这样夸张吗？除了我们无法解决的空气、水、食品和奶粉污染之外，这个制度让他们承受了多大的压力！几乎从小学一年级开始，他们就被绑上了命运的战车。之后十二年的全部付出都是为了高考那一刹那，那几门课的考分浓缩了长达十二年人生的全部价值。在这十二年中，这数亿起早贪黑的不幸儿童竟成了家中最辛苦的人，每天六点来钟起床，背着沉重的书包在拥挤不堪的人流和车流中赶路，晚上则往往很晚才完成作业，节假日还有各种"兴趣班"、辅导班。但有谁告诉我，这一切都是为了什么？我孩子在加拿大上小学期间，每天七八点钟起床，八九点钟上学（我从不理解为什么中国的中小学一律清晨七点就把孩子拉到学校），回家也没有作业，上课甚至不用买书，从图书馆借一学期书，看完了还回去，给下一年弟弟妹妹继续学。和他们轻轻松松养大的孩子相比，难道我们含辛茹苦培养出来的小学生真的一定更"合格"吗？

教育和宪政的关系密切，我们的制度每天都在对青少年犯罪，剥夺他们的幸福和健康。和我们这一代相比，今天 00 后的物质、信息乃至娱乐方式都极大丰富了，教育也得到了极大普及。在 1980 年参加高考的时候，我们的大学录取率不到 5%，大学生真可以说是凤毛麟角、百里挑一；今天，北京的高考毛录取率已达到 80%，是三十年前的 20 倍。按照简单的供需逻辑，高考压力应该成倍降低才对，但不可思议的是，今天的高考压力却恰好相反、成倍增加，以至我经常宣扬"今不如昔"论：今天的孩子还不如甚至远不如我们当年幸福！三十年改革，中国经济等许多方面都上去了，为什么反而牺牲了孩子们的幸福？长话短说，中国经济之所以发展了，是因为我们实行了一定程度的市场经济，至少取消了粮票、油票、肉票、布票等计划配额，但是中国教育之所以没有得到相应的发展，正是因为它仍然实行国家严格管控的计划体制，大学招生的分省指标就是计划教育体制的象征。计划经济的教训告诉我们，配给意味着短缺，制度性配给意味着永久性短缺。国家对教育的管控人为造成优质高等教育资源的严重稀缺，进而产生巨大的高考压力并扭曲中小学教育，使得中国没有一个幸福的儿童。除非不打算在中国混，你的孩子或者十二年如一日面临残酷的竞争压力，争取上一个像样的大学；或者提前自暴自弃，准备在一个二三流大学浪费四年青春。我对北京的中学生说，他们因为父母有北京户口，已经是"天之骄子"，在大学招生中享受巨大优惠，但是从我自己孩子的经历来看，他们活得一点不轻松。更不用说那些父母常年在北京工作却没有北京户口，因而不能在北京高考的随迁子女；也不用说那些在招生标准上遭受巨大歧视的外省籍考生，他们的高考压力还要比京沪考生大得多。

然而，为什么中国不能有更多更好的大学，来帮助化解每年高考如同"千军万马过独木桥"的压力呢？中国发展到今天，北大、清华每年毕业那么多找不到工作的高材生，难道他们连本科那点 ABC 都教不好吗？我经常拿宋氏三姐妹求学的卫斯理安女子学院说事，因为凭她们的资质和实力，要上哈佛耶鲁是不成问题的，为什么她们偏偏选择了多数国人从未听说过的这所女子学院？因为虽然这所学校也许没有产生一个诺贝尔奖，其大学教育的品牌却和哈佛耶鲁一样硬，而这之所以可能，是因为美国没有歧视"民办高校"，美国政府没有人为扶植"争创世界一流"的"大学航空母舰"，没有人为划定"985""211"并歧视没有入围的院校。打破计划模式的最后堡垒，让国内大学自由平等竞争，向国外大学开放国门，我们会看到这个国家会涌现出许多比北大、清华更牛的大学，优质高等教育供给会迅速增加，高考压力会成倍减轻。只有这样，我们才能把幸福还给全国数以亿计的孩子，让他们接受人性化的"素质教育"。

当然，没有宪法的言论和出版自由，教育和宣传在很大程度上是一种掩盖历史、扭曲观念的洗脑，由此培养出人格不健全的国民，使之很容易被裹挟到既得利益者为了转嫁内部危机而炮制的各种"爱国主义"狂潮之中。没有言论自由，也就没有事实真相以及在此基础上做出的理性判断，多数国民即不能理性对待自己和周边地区与国家的冲突纠纷，而国家统一与和平的基础显得十分脆弱和任性。反宪政逆流本身就体现了这种教育和宣传体制长年造成的后果。中国历代之所以郭沫若式的御用文人或周小平式的文痞如此之多，其廉耻感如此之薄，无非是因为言论不自由，文人们或因专制威吓而不敢说真话，或因利益诱惑而说假话。其实，他们只是这个体制呼之即来、挥之即去的宣传工具，未必能在协同作恶过程中捞得几根骨头。实际上，他们最应该感激言论自由的救赎，因为只有当言论自由获得宪法保障，他们才能远离言论带来的诱惑、恐惧和耻辱，因而也就没有必要把自己的人生荒废在令人作呕的马屁文字上。

无论你的身份、地位、人格状态是什么，宪政对于每个人都一样重要，反宪政也就是反人类。我们有什么必要和自己如此过不去呢？如今，中国已经出现了第三次移民浪潮，不仅贪官们移民，富豪们移民，凡是有条件出国或把子女送出去受教育的家庭也在移民。没有宪政，我们只有两种选择：或者逃离，或者留下受难。然而，有能力逃离的毕竟是极少数，绝大多数人无处可逃，还要在这片土地上生活。既然如此，我们为什么不能共同把这个国家建设得好一点，让我们自己在宪政的庇佑下过一种正常、健康乃至幸福的生活？我相信，只要我们都朝这个方向努力一点点，有朝一日我们会发现，追求幸福原来不只剩下逃离这一个选择。

贰、宪政改革的路径与前景

　　2012 年底发表"改革共识倡议书"之后，"改革共识"就一直是我关注的话题。当时，中国知识阵营已截然分为左右两派，彼此对中国的历史定性、发展现状和未来方向都没有共识。如果说学院左派是"揣着明白装糊涂"的无法叫醒的"装睡人"，民间共识是改革不可或缺的源泉。没有共识就没有合力，改革必然中途而废。

　　要形成民间共识，必须对"中国模式"的本质与后果正本清源。当时，虽然中国经济发展的问题已经开始凸显，但绝大多数人仍在各种"自信"中梦游，张维为、司马南等"高级五毛"大受追捧。虽然无暇和各种"奇谈怪论"纠缠，但我还是挑选了稍有"学术"含量的国家主义言论加以驳斥，结果引来李北方等人的网络攻击。大浪淘沙，时间终将证明，渣子终究是渣子。

薄熙来的政治遗产

一、审判是非

2013 年 8 月，跌宕起伏、众人瞩目的薄熙来案庭审终于落下帷幕。无论被告的当庭"翻供"是否"演戏"，这起"世纪审判"是很有看点的。微博直播是此次庭审的重大亮点，兴许能为推动审判公开提供契机；被告被赋予相当程度的辩护权，对受贿、贪污、滥用职权三项指控给予有力的回驳。如果薄熙来仅此公诉指控的这三宗罪的话，那么此次庭审更坐实了他是被政治斗争坑害的"清官""好官"形象，刑事指控只不过是权力斗争的胜利者迫害政治对手的专政工具。即便法庭上扯来扯去的那 2000 多万贪污受贿全部构成犯罪事实，也丝毫改变不了这个结论。现在一个科级干部都能挪用上亿公款，他那个级别的官员只贪这么一点的话，不是清官是什么？三项指控中最能做点文章的是滥用职权，薄王当面对质也是此次审判的高潮，但是最后却巧妙演变成一出催人想象的"爱情伦理剧"。

至于之前说他"生活作风腐败"、和多名女性有染的故事，更是上不了台面的"小节"。无论从哪个角度看，生活作风在党内历来只是微枝末节的个人道德问题，只够用来抹黑，根本上不到法律层次。那些对毛泽东搞女人大惊小怪的人其实活在毛的阴影下，误以为他头上还有"圣人"的光环，以至生活作风不检点成了一件大事。这样看他，就好像把显微镜聚焦在麻风病人的一块红斑上，对表面瑕疵的关注漏过了致命的内部缺陷及其造成的实质伤害。我倒是宁愿他昏天黑地玩女人，以至无暇顾及政事和权争，这样也就未必会发生"大跃进"和"文革"的灾难了。薄熙来和毛泽东一样，玩女人是其所有罪行当中最轻微的一种，此次庭审也理所当然只字未提。

如许多法律人所说，此次庭审的出发点已是避重就轻，目的是既结束薄十分珍惜而威胁巨大的政治生命，又不深度触及其滥用公权和贪腐事实。例如在庭审过程中，辩护人自己透露被害人伍德曾向薄瓜瓜索要 1400 万英镑的"中介费"？到底是什么项目要如此昂贵的"中介费"？项目本身的标的高达多少？面对如此明显的重大线索，检方却未顺藤摸瓜、追查到底，只能说明此次审判终究是一场结果预定的表演。当然，薄熙来的罪远不止于贪几个钱。从法律人的角度看，他在重庆主政期间劣迹昭彰。破坏法治、刑讯逼供、迫害律师和企业家、剥夺犯罪嫌疑人的辩护权利……这一切都是在他眼皮底下发生的，都是他在重庆"唱红打黑"的成果。要真正追究薄熙来的罪，就得从这些实质问题入手，否则就不是真正意义的审判。避重就轻的起诉使得庭审公开成为可能，但也让公开审判的价值大打折扣。

二、"重庆模式"本质

这些当然都对，但又远非薄熙来案的全部。济南庭审正式结束了他的政治生命，却远未埋葬其政治遗产。在这一点上，我同意薄熙来本人的立场，那就是薄案的核心不是法律问题，而是政治问题、"路线斗争"或模式之争；他的主要罪过不在于违反了《刑法》哪一条，因而用刑法去整他注定已经是避重就轻。用一句话概括，薄熙来的政治犯罪是在重庆缔造了一个红色法西斯帝国。这是他留给中国的政治遗产，今后几年很可能在全国范围内发扬光大。

用"红色法西斯"来描述薄熙来治下的重庆，是恰如其分的。"红色"自不必说，"法西斯"是什么？法西斯的原始含义是"团结就是力量"，其核心要件是政党、国家与意识形态的高度一体化，即党政一体化的权力结构、绝对的领袖崇拜、超强的大众动员及扑灭一切质疑与反对意见的国家能力。薄熙来治下的重庆显然符合这些条件。不考虑来自中央的外部干预，薄熙来就是整个重庆的"土皇帝"，他的话就是圣旨，谁敢不听？虽然党政机关名义上是集体决策，但是在"一把手负责制"面前，整个官僚系统实际上是比古代帝制有效得多的个人意志实施工具。在他主政期间，别说重庆的媒体，就是敢言的南方报系也不能报道他的半点负面消息，而他却能娴熟利用所掌控的媒体资源让"重庆模式"表演得淋漓尽致。这些特点当然不是重庆特有的，但是薄熙来无疑使之更加特征化了。他的"高富帅"形象，他的显赫家世、精明强干、飞扬跋扈、不按规则出牌……所有这些因素都强化了他的个人权威，把他变成重庆的"毛泽东"。

就和毛时代的中国"一切皆有可能"一样，薄熙来的重庆发生"唱红打黑"、冤假错案、劳教村官乃至"提督夜奔美领馆"等种种悲剧、喜剧、闹剧，也是一点不奇怪的。一般认为，重庆"唱红打黑"双管齐下，但"唱红"是虚，"打黑"是实；实质危害是"黑打"，"唱红"只不过是掩人耳目的陪衬，至多浪费点钱而已。然而，这种看法忽视了"唱红"所依托的新闻控制手段在其中发挥的核心作用。没有扭曲真相的政治宣传和压制真相的新闻控制手段，"唱红"只是一个昙花一现的泡沫，薄熙来很快会被还原成一个纨绔子弟，"黑打"则可能一天都进行不下去……他能把荒谬绝伦的"唱红"进行得如火如荼，以至一度"绑架"了中央和全国各地，足以表明在重庆发生一切都是"正常"的。

法西斯政体和一般威权专制的主要区别即在于国家对思想和言论的垄断，新闻传播成为国家机器的组成要素。一个威权国家可能会限制新闻自由，但是并不会以"真理"的面孔出现，要求全体国民接受一套按照国家需要制造出来的"真理"和"真相"。法西斯政体的新闻则是专政机器的一个配件，随时为执政集团服务。即便在私人媒体历史悠久的德国和日本，新闻机构在战争前夕也早已丧失了独立功能，成为法西斯统治集团的附庸，并通过一系列扭曲真相的报道，鼓动全民走向战争。无论是左是右，极权政体是生活在自己构造的神话叙事里的。宣传机器制造并不断复述神话，专政机器则镇压任何挑战或瓦解神话的力量；没有二者一体配合，极权体制即失去赖以生存的空气。

三、威权时代的极权遗产

毛泽东时代的中国就是这样一种极权政体，也正是这种政体成就了他的个人魅力型统治。国家权力越集中，就越容易发生个人集权，制度集权是个人集权的垫脚石。首先，极权政体无一例外地排除实质性的选民政治参与，执政权力不受社会监督。德国纳粹、意大利法西斯都是先用蛊惑人心的政纲获得选票上台，随即废除自由民主体制，实行永久执政。其次，党政一体化排除了党外竞争，为执政党领袖树立至高无上的党内个人权威提供巨大便利。假如共产党当年可以公开合法活动，蒋介石就很难剪除国民党内的异己力量；一旦把蒋介石赶出大陆，毛泽东就可以肆无忌惮向共产夺权的功臣们开刀，这和历代开国皇帝"狡兔死、走狗烹"是一个道理。最后，一旦新闻媒体也成了专政宣传工具，"领袖"更是如虎添翼；党媒在树立党国"光辉形象"的同时，也被"领袖"用来宣传自己、打击政敌，压制反对派的挑战和批评。

由此建立的极权政体不会承认任何分权，没有任何人或机构有力量抵制领袖的个人集权；等到集权过程完成，整个党和国家都是操控在他个人手里的玩物。在权力高度合一的体制下，司法也不可能幸免。德意志帝国法院有相当悠久的司法独立传统，但是对于保护犹太人的基本权利却无能为力，甚至成为纳粹迫害的帮凶。薄熙来治下的重庆要办谁的罪，没有做不到的，公检法、媒体乃至民意都会通力配合。极权体制往往是靠领袖"魅力"支撑起来的，并几乎必然走向极端的人治。

毛泽东死后，中国走向"后极权"时代，但是极权时代的制度遗产几乎原封不动保留下来，只是原先统治人民思想的正统意识形态不灵了。如果说积极"洗脑"可能带来反感，"洗脑"体制并没有实质变化，而由此产生的消极效应是整个民族的历史失忆，尤其是年轻一代对"大跃进""文革"等极权体制的灾难没有感同身受，甚至以为毛时代真的是莺歌燕舞、道德纯洁、社会平等、没有贪官污吏的"太平盛世"。薄熙来也正是利用宣传控制造成的民族历史感空白，祭起"文革"式的"唱红"大旗。也许"唱红"本身的危害只是显示中国人是多么容易被组织起来"集体犯傻"，但这种组织机制的危险性是不容忽视的。它向我们展示，"文革"并没有离中国远去，而是具备丰厚的制度与社会土壤。

中国各地之所以有那么多人喜欢薄熙来，甚至在他审判之后依旧如此，不仅因为他"高富帅"，归根结底在于他们喜欢以"唱红打黑"为标志的"重庆模式"；这种发自内心的喜欢也许纯粹是出于对历史和现实的无知，但这已经不重要，重要的是"重庆模式"仍然深得人心。当然，薄熙来比毛泽东做得高明；"大跃进""文革"是纯粹的大破坏，"重庆模式"则"有破有立"，确实为当地的治安和民生做了一点实事，但仅此并不改变"重庆模式"的本质。法西斯政权不是只有专政和谎言，也是相当注重民生的，"纳粹"的原意正是通过国家实现"社会主义"；和一般威权体制相比，法西斯政体的优越性正在于它们通常都受到本国人民的强烈拥护，至少上台那一刻是如此。打民生牌只不过让"重庆模式"更具迷惑力，因而也更具危险性。

四、"重庆模式"与中国未来

尽管左派话语气势汹汹，如今要发生"文革"那样的大规模迫害已不现实。然而，薄熙来大受市民欢迎表明，小规模的"杀富济贫"还是大有市场，"文革"式的红色法西斯极权是可以成功的。薄熙来的成功之处即在于剥夺极少数，取悦大多数，并让后者心怀感激地接受其个人特权登峰造极的极权体制。你只要瞄准极少数富商或贪官，以"反腐"或"打黑"等名义剥夺他们的自由、充公他们的财产；你只要分出一点给劳苦大众，那么哪怕你得了其中的大头，你仍然会获得绝大多数人的喝彩，老百姓仍然会对你感激涕零，而不太在乎那个极少数的遭遇。反正中国的企业家和官员都是有"原罪"的，计划经济和极权政治就是一个制造"原罪"的体制，剥夺他们天经地义；剥夺者是罪犯，而是救民于水火的英雄。如果你告诉他们，依法"打黑"、整顿治安是政府的本职工作，用不着如此感恩戴德，他们会回答你：其他官员也贪，还不做事，还不如这个为人民办点实事的"清官"，有这样的"清官"实在是重庆的"幸运"！一边是普遍的"仇富""仇官"，一边是祈求"青天""救星"，两种看似矛盾的心态并行不悖地存在于同一个人格中。这就是长期专制为极权统治准备的社会土壤。

当然，如果真相曝光，这一切也是兜不住的。如果薄熙来的奢靡私人生活被揭露，如果他在重庆的所作所为的实质被起底，如果他纵容或指使下的公检系统的种种骇人听闻的胡作非为被报道出来；如果重庆人民看到自己为"唱红"付出了多少成本，包括人格的自我愚弄；如果他们看到"黑打"至多只能维持一时的表面平安，而代价是法治体系的彻底崩坏；如果他们开始理解那种杀鸡取卵的"劫富济贫"会造成企业家的"集体逃离"，所谓的"重庆模式"是靠了中央"输血"才维持下来，而代价是让自己长年负债；更重要的是，如果重庆市民知道，一个真正由他们选举产生的领导人可以用小得多的成本为他们做更多的事情，还没有破坏法治、践踏人权的后遗症……他们一开始就不会选择薄熙来和他的"重庆模式"。但是就在这里，极权式宣传体制显现出不可替代的优越性，而薄熙来不愧是出身新闻专业，把这个行当的技术运用得如火纯情，让自己的超级演技迷倒了大片观众，以至"世纪审判"一槌定音都未能将他们敲醒。

审判薄熙来，不等于清算"重庆模式"。"文革"结束后，官方还曾有过一段不彻底、不深刻的反思；薄熙来倒台一年，当局却从未对"重庆模式"进行过任何反思乃至讨论，似乎都在心照不宣地"既往不咎"向前看。"文革"造成的巨大灾难有目共睹，但"重庆模式"是在其恶性发作之前就被击溃，加上大部分恶果至今都被捂着盖子，因而许多人看不到它的危害。薄熙来审判对其在重庆的倒行逆施不置一词，而社会似乎也很快遗忘不久前发生的重庆那些事，以至"重庆模式"造成的经济、法治、人权"黑洞"统统成了一笔糊涂账。"唱红"到底花了多少钱？重庆究竟欠了多少债？"打黑"又制造了多少冤案？企业家被剥夺的巨额财产流进了谁的腰包？对于所有这些关系重庆市民切身利益的问题，公众和媒体不仅一概不知，似乎也再没兴趣追问。一个对历史教训如此健忘或选择性失明的民族，只能在"重庆模式"的黑色怪圈中越陷越深。

事实上，就在审判薄熙来期间，"重庆模式"在中国大行其道。红色法西斯的精髓在于党国和宣传体制的高度一体化，在于国家宣扬某种"真理"并用专政机器消灭一切不同思想和言论的能力。极权主义虽已不合当代中国时宜，但是极权体制资源却一直保存完好，随时可被另一个薄熙来激活。2013 年 5 月以来的反宪政逆流即可被视为一种"唱红"，对许志永、郭飞雄等活跃人士的打压则是对公民运动的违法构陷，而 2013 年以来对秦火火、薛蛮子等网络名人的拘捕才算是"打黑"或"黑打"的翻版；此后各地大肆围剿"网络谣言"，河北清河女子只是网上询问"听说娄庄发生命案了，有谁知道真相吗"即被拘留一周，而在压制网络意见的同时又组织并力挺反宪政言论，可见专政机器对言论的管制已较"重庆模式"有过之无不及。只是当局这几件事均不如薄熙来做得漂亮，不仅未能博取多少掌声，而且还把自己放在正义力量的对立面。

律师陈有西说得好，"重庆模式"就是"中国模式"的"加强版"；重庆那些事在全国各地都算不上新鲜，只是薄熙来为了自己的政治仕途让"重庆模式"高调得有点出格。它与其说是薄熙来的遗产，不如说是毛泽东的遗产，只是薄熙来将其复活了。在某种意义上，我们要感谢他，因为他向我们展示了红色法西斯中国的真实可能性。虽然网络极大丰富了中国人的思想和信息来源，解冻了极权主义社会土壤，公民独立思维开始形成并获得一定的免疫力，但是组织化的公民力量仍然十分脆弱，并只能在体制压抑下艰难成长。相反，毛泽东的群众基础却在官方宣传扶持下显得相当丰厚；毛本人仍然被官方视为"救星"，即足以说明问题。"师爷"健在，安能委屈了"徒弟"？

薄熙来的倒台及其模式的破灭只是"一个巴掌打出来"的偶然事件。下一个"薄熙来"登场的时候，很可能没有"王立军"陪伴，中国还有这么幸运吗？为了不让大大小小的"文革"式闹剧重演，理智清醒的中国公民能做什么？

中国改革该向何处去

十八届三中全会召开在即，坊间对于即将出台的改革措施有不少传闻。虽然决定是否改、如何改本来是政府的事情，但是"天下兴亡，匹夫有责"；在一个健康社会，民间理应对未来的改革走向发表自己的主见，而不能坐等中央的"顶层设计"。事实上，在经过三十年改革之后，中国民间社会已经就改革的基本方向达成初步共识。中国改革应向何处去？答案取决于当今改革究竟出了什么问题。当前，中国亟需在经济、政治与法治三个向度上推进改革，而民间改革共识则分别体现为经济市场化、政治民主化与执政权力的法治化。

一、经济市场化

在经济方面，虽然中国近三十年连年维持 GDP 高速增长，但是由于政治体制改革未能同时推进等原因，经济发展已经出现了严重偏差，经济改革的深化正面临严峻挑战。在"GDP 至上"的政绩思维指导下，中国式"发展"已经成为造就贪官、侵占民利、破坏环境、浪费资源的贬义词。尤其是近二十年来，"国进民退"现象十分严重，具体表现在以下几个方面。

首先，国有企业的垄断地位进一步加剧，民营企业的发展受到排挤，尤其在准入、贷款、融资等方面受到严格限制，明显损害了公平竞争环境，严重制约了中国市场经济的发展活力。其次，国家财政收入增长远远超过 GDP 增长，国家财政占国民收入的比例连年增长。再次，国家财政越来越多地被用于"维稳"、军备等目的，民生、教育、社会保险与环境保护等公益投入却严重不足，贫富差距越来越大，普通百姓面临看不起病、上不起学、买不起房等多重生存压力。最后，1994 年实行"分税制"后，中央财政占国家财政比例显著提高，许多地方靠正常税收不足以支持地方公共事业，加上"GDP 至上"的政绩考核需要和官员个人寻租动力，各地纷纷诉诸"土地财政"，利用宪法第 10 条存在的漏洞将土地征收和城市化绑架在一起，通过压低补偿剥夺农民土地，严重损害了农民利益与社会稳定。

要从根本上遏制"国进民退"、实现还富于民，让经济改革真正惠及多数平民百姓而非少数特权利益，中国未来的经济改革必须坚持市场化方向。第一，要把发展和致富的权利还给人民，遏制各级政府干预经济、与民争利，从根本上扭转"GDP 至上"的发展思路，让地方政府专心投入治安、教育、民生、环保等地方公益事业，而不是借"发展"的名义侵吞人民的利益并为腐败创造机会。第二，国家必须保障民营企业的法律平等地位，放松对民营资本的管制，充分保护企业家的合法权益。第三，改革土地管理制度，落实宪法修正案规定的公正补偿原则，放松农地用途管制，将土地使用权还给农民，并将城市化和征地脱钩。

要改革不合理的土地管理制度，前提是合理分配中央与地方财政，实现事权和财权相统一。同时，国家财政增长必须保持克制。鉴于中国国民实际税负已经相当沉重，应立即实行财政收入和 GDP 增长挂钩、财政收入增长速度不超过 GDP 增长速度的政策。最后，合理分配财政开支，显著增加教育、医疗、低保、环保等民生投入，尽早实现义务教育的地域平等，建立全民医保制度，并为低收入人群提供体面生活的底线保障。总之，国家财政应该恰到好处地为人民做实事，而不是成为贪官污吏的囊中之物。

二、政治民主化

要让经济改革走上正轨并真正对人民有利，必须和政治改革同步进行。事实上，财政改革在本质上是一场政治改革；没有民主监督，就无从实现"取之于民、用之于民"的民本目标。没有配套的政治改革，无论是经济、财税还是法治改革都难以推动。近年来，经济改革走偏、财税改革原地踏步、司法改革不进反退，都是政治改革未能展开的结果。其实政治改革并不需要别出心裁的创新，而只要求政府让宪法规定的人大制度运行起来，让各级人大真正发挥职能，并把各级选举落到实处。

1982 年宪法第 2 条明确规定，"一切权力属于人民"，而要落实"主权在民"原则，关键在于规范各级人大选举，并让各级人大真正发挥代议和监督职能。按照 1982 年宪法的设计，各级人大是实现人民参政议政的基本制度。人大选举是否规范、人大代表是否愿意并能够代表选民的利益积极履职，直接决定了这个国家的基本性质，决定了政府和人民之间的基本关系，决定了广大人民的根本利益能否得到有效维护。近年来，中国社会之所以发生了那么多群体性事件，以至严重损害社会稳定与执政根基，根源在于各级人大角色缺位。

目前，中国人大制度存在两大类问题。首先，各级人大选举普遍走过场，政府干预、贿选舞弊现象十分严重，由此导致人大代表并不能真正代表民意，代表履职普遍缺乏积极性，在重大公共事件中几乎从来不见他们的踪影。个别代表克己奉公、热心履职，积极为选民办实事，却往往被视为另类甚至受到打击迫害。其次，宪法规定的人大职能多流于形式。由于绝大多数人大代表或常委会委员都是兼职的，代表或委员能够投入立法、预算和监督等宪法职能的时间、精力和财力都十分有限，导致人大代表只是在开会时举举手、拍拍手的摆设，人大成了为政府排忧解难的"橡皮图章"。

要改变这种现状，首先要从改革县乡两级人大的直选做起。目前，绝大多数社会问题都产生于基层。规范基层人大选举能够从源头上解决基层社会问题，极大巩固执政基础和维护政府威信。为此，中央有必要严格禁止地方党政干预人大代表候选人的产生和竞选活动，同时保证各级人大代表能够有效履行宪法职能。按照宪法第34 条、第 35 条和选举法的有关规定，公民有自由参与竞选基层人大代表，参选人和选民之间的自由交流不能以"扰乱社会治安"等罪名遭到干涉与限制。按照宪政国家的通例，只要参选人获得一定数量的选民支持，就自动成为合法候选人。现行选举法对候选人设置了极不透明的"酝酿""协商"过程，看似门槛很低，实则赋予地方选举委员会几乎无限的自由裁量，从而为地方党政内定候选人提供了方便机会，必须从根本上予以改革。

在规范人大选举基础上，有必要强化各级人大职能并推动人大代表专职化。人大机构改革宜从各级人大常委会开始，逐年增加专职委员的比例。建议每年增加 10% 的常委会委员作为专职委员，力求在五年内达到一半的常委会委员成为专职委员。建议每年增加 5% 的人大代表作为专职代表，在五年内让四分之一的人大代表成为专职代表。人大代表的履职方式应由代表自己决定，合法的履职活动不得受到地方党政或人大干预。

村委会和业主委员会选举是中国基层民主的自然延伸，同样需要制度保障。近年来，村委会选举普遍受到上级党政干预，贿选等腐败现象越来越严重，村委会在没有村民同意的情况下出卖村民土地等利益的事件时有发生，乌坎事件就是其中一例。要有效解决中国农村土地等重大利益冲突，必须明确禁止地方党政干预村委会选举，有效规范村委会和村民代表会议选举，尽快建立村委会、村民代表会议和选举委员会等村级机构的相互制衡机制。

三、执政法治化

无论是市场经济还是民主政治，都离不开一个基本法治秩序，而法治秩序的建构则离不开公正独立、不受政治干预的法官与律师队伍。司法职业化是自 1999 年即已确立的改革方向，也是实现法治国家的必由之路。十余年来，虽然司法改革也取得了一定的成绩，但是距离司法公正的目标依然相当遥远，司法腐败和行政化现象十分普遍。尤其自 2008 年以来，职业化改革步伐基本停滞，有些方面甚至发生倒退，以至司法改革走到了方向不明的十字路口。

当前，中国司法体制存在诸多弊端，主要体现于以下三个方面。首先，法院严重缺乏独立性，法官判案极易受到政治与行政干预。虽然宪法第 126 条规定："人民法院依照法律规定独立行使审判权，不受行政机关、社会团体和个人的干涉"，但是这项规定在司法实践中并未得到落实。在法院人事、财政、职权都不独立的情况下，司法审判无法抵制当地党政部门干预，各级政法委干预个案的现象十分常见。法院内部实行的院长负责制、审判委员会制度、等级管理及各种考核体制虽然可能有助于监督法官判案，却抑制了法官独立人格的成长。其次，司法腐败仍然十分严重，法官"吃了原告吃被告"现象普遍存在，尤其是判案不透明、判决不公开、判决书不注重说理的现状为司法腐败创造了便利空间。最后，各级党政违法干预司法过程的行为普遍存在，律师正常办案的权利得不到保障，刑讯逼供、冤假错案屡禁不止。薄熙来主政下的重庆"打黑"运动就是一个典型例子。

要提高中国司法素质和威信，只有重启司法职业化改革，让法院职能回归司法定位，为司法公正、依法判案提供制度保障。第一，执政党应有意识地维护司法独立，主动避免干预个案。按照党政分离的基本要求，执政党的职能在于选拔干部并确定国家的大政方针，而非让个案判决直接体现自己的意志，否则很容易造成执政党在司法实践中违背自己主持制定的法律和政策。如果要继续保留政法委机构，那么它的职能应当转变为监督地方党政尊重司法的独立地位，而不是混淆公检法职权。第二，宪法设计应强化司法垂直管理，减少法院在人事与财政上的地方依附，遏制地方保护主义，为法院依法独立审判营造良好的制度环境。第三，法院内部应弱化政治与行政控制，最大程度地赋予法官依法独立判案的权利。行政控制并不是遏制司法腐败的良方，反而是滋生腐败的温床。遏制腐败和司法职业化改革是并行不悖的，坚持审判公开、判决公开并强调判决书的说理质量等职业化改革将最大程度地压缩法官腐败的空间，同时有助于提升司法公信力。

最根本的是，法院职能的基本定位应回归依法审判。法官必须对法律负责，司法审判必须坚持法律至上原则。至于审判结果是否让人民满意，往往取决于多种复杂因素，不应作为评判司法工作的标准。法院当然可以从事部分调解工作，但是不应刻意强调并将其作为工作重点。大部分调解或仲裁工作应分流于法庭之外，由司法行政部门解决。对于某些小额诉讼，可以设计简易司法程序，以提高审判效率、降低诉讼成本，但是所有变通措施都不得使法院偏离其审判本位。

同样重要的是，法治化改革不只是局限于法院，而是囊括所有政府行为。由于目前缺乏有效的法律规范审查机制，不仅具体的行政违法现象十分严重，而且不同等级的抽象规范之间相互冲突，"立法打架"现象相当普遍，进而导致"上有政策、下有对策"，中央利民措施在落实过程中效果大打折扣。因此，有必要建立专门的法律规范审查机构，以有效控制法规、条例、规章及一般规范性文件的合宪性与合法性，进而理顺中央与地方的立法关系，保证中国法律体系的和谐统一。

另一方面，单纯强化中央集权是不明智的。中国幅员如此辽阔、层级如此众多、地方差异如此巨大，单靠中央管控必然力不从心。要有效治理一个泱泱大国，还有必要兼顾辽阔版图下的地方差异、多元性与自主创新的需要，在符合宪法与法律基本原则的前提下充分允许地方自由试验不同模式，形成良性地方竞争格局。过去三十年的改革开放正是 1978 年安徽小岗村引领的地方试验、中央推广的成果，今后的经济、政治与法治改革也需要引入新的地方试验、竞争与融合机制。

如果单向倚靠自上而下的中央管控，而为数众多的各级地方又实际上享有不受控制的自由裁量，那么结果只能是纵容地方官员滥用公权、侵占民利并不断制造新的社会不稳定，进而动摇执政合法性根基。与其中央直接管控各级地方，不如把权利赋予人民，让他们充分行使宪法与法律规定的言论自由、批评监督、民主选举等基本权利，让各级地方官员直接对当地选民负责。中央最需要做的并非事必躬亲、取代地方，而是通过政治与法治改革切实保障人民的宪法权利，实现地方民主自治。否则，如果改革的舞台上人民依旧缺位，那么新一轮改革恐难跳出"一抓就死、一放就乱"的制度怪圈。

"发展"首先是人的发展

三十年来，中国改革一直围绕着"经济发展"这根主轴。在经济决定论的思维指导下，我们不假思索地将经济发展和"人民生活水平的提高"划等号。然而，2013 年冬天北京挥之不去的浓雾重霾足以表明，这个等号是不成立的。如果"发展"让我们拥有了高楼、公路、铁道乃至奢侈日用品，却摧毁了人类生活所依存的环境，污染了基本生存所离不开的空气、水和食品，让人生病甚至早死，让年轻一代不能正常发育，那么我们要这样的"发展"干什么？在经济主义的"发展"思维产生了昭然若揭的后果却依然甚嚣尘上的今天，我们不能不反思改革的目标和方向。如果改革的目的是为了人的发展，而不单纯是为了达到某个 GDP 或人均收入数字，那么我们必须重新思考一些人类生活的基本常识：作为人，我们究竟需要什么？作为生活在社会中的人，我们需要政府做什么？

作为人，我们首先需要一个适合生存的物质环境。我们显然和所有动物一样，需要清洁的空气、纯净的水、充足的绿地和树林……总之，一个远离各种污染的生态环境。在工业化社会，经济活动主体可以给社会产生巨大财富，但是如果没有法律约束，也可以毫无节制地破坏环境。正是因为市场经济不能自动带来一个健康生活的环境，我们才需要政府用法律制裁污染者，环境保护是现代政府义不容辞的责任。同样，市场经济能给我们产生大量食品，问题是人类所需要的是安全与卫生的食品。当外表光鲜的有害加工成为一种产业，让消费者真假莫辨、不能自保，那么保护食品安全也就成了现代政府应尽的义务。

然而，我们的政府目前在这些方面作为如何呢？不可否认，他们做了一定的工作，但是离国民对健康环境和安全食品的需求还远远不够，在污染防治和食品安全方面的投入远远不足。事实上，政府不仅未能有效制止污染，而且其 GDP 主导的发展思维恰恰是环境污染的重要源头。通过各种人为拉动的开发、修路、改造，政府行为极大减少了耕地、森林、绿地，同时加剧了城市灰尘和噪音。经济主义发展思维不仅使政府疏于环境保护和食品安全等本职工作，而且使官员直接插手经济，扭曲市场规律并增加寻租成本，既污染了官场风气、导致集体腐败，又让中国的自然生态陷入官商勾结的一轮轮剥夺与破坏之中。要恢复适合健康生存的自然环境，必须扭转经济主义发展思维，让政府退出微观经济干预。人民并不需要政府帮他们挣钱，如此"帮助"必然蜕化为官与民争利；人民需要的是政府帮助他们治理市场交易过程中产生的后遗症，积极防治环境污染和食品安全隐患。

作为人，我们还需要适当的教育。毫无疑问，现代公民的培养离不开基础教育；一个健全心智的人必须具备人文、数理和伦理方面的基本知识，才能在现代社会中生存并竞争。一个健康繁荣的社会是由一个个具备现代知识的健康个体组成的，其中每个人都可以按照自己的特长、爱好和能力做出自己的独特贡献并实现自我的价值。然而，各人家境不同，许多家庭未必有能力让自己的孩子获得适当的教育机会。为了让每一个人都得以充分发展自己的潜力并获得平等竞争的机会，国家有义务为所有儿童提供免费和大致平等的义务教育。义务教育是每一个家庭的义务，更是政府的义务。如果政府不能提供适当的教育机会，致使相当一部分儿童就不能成长为合格的现代公民，那就是政府的失职。

对于当前相当稀缺的优质高等教育资源，我们还做不到平均分配，但是一定要保证每一个学生都能获得争取教育资源的平等机会，只有这样才能合理分配有限的高等教育资源。在一个外来务工人员的随迁子女还不能在其就读地参加高考的国家，教育方面的歧视不可胜数，其中有些是由政府监管失职纵容的，有些则是长期行政化的教育体制自身造成的。要打破没有理性和人性的户籍歧视，为全国各地的学生开放平等的受教育机会，教育部门有义务重建合理的统一考试体制，并通过法律禁止一切形式的招生歧视。

更重要的是，教育部门必须主动退出教育垄断，让中国教育回归独立与自由发展。政府有义务提供但没有权利垄断教育。事实上，行政垄断与歧视正是造成中国高等教育资源匮乏的制度根源。就和政府不能包办经济一样，政府也不得包办教育；如果说计划经济必然造成物质贫困，那么计划体制下的教育必然造成教育和思想贫困。要营造一个健康繁荣的教育体制，就和营造健康繁荣的市场体制一样，政府需要将自己的定位从全盘垄断转变为适度监管，允许民营力量进入教育领域并和公立教育平等竞争。

一个人所需要的还有很多，不过正常的生存和教育环境是其最基本的需求。只有满足这些基本需求的改革才是良性的，才是值得我们追求的。良性的改革必须以人为本，以人的健康成长和发展为基本导向。经济只是人类生活的一个方面，既不能代表人类生活的全部，更不能无限夸大并以此摧毁人类生存的其它条件。因此，单方面追求"经济发展"的改革目标显然是错误的。事实上，即便经济发展也用不着政府直接插手，过度干预只能为寻租与腐败创造机会。中国改革走到今天，一定要从人性的需求出发进行一次彻底的反思，扭转经济主义发展思维，让政府退出微观经济干预和全盘教育垄断，并担当起教育平等、环境保护、食品安全等本来应当承担的职能。

归根结底，"发展"是人的发展。对于改革方向与政府职能的重新定位，中国还需要一次思想解放的大讨论。

如何评价"中国模式"的优劣

自《炎黄春秋》2014 年第 12 期发表了我的"民主是绕不过的坎"之后，四月网（作者不详）对这篇评论做出了回应（"张千帆 VS 张维为：西方民主还是中国模式"，以下简称"中国模式"），认为我对张维为的《中国震撼》评价过于苛刻，"偏于情绪，少了些君子之风。"其实，这位作者行文一开始即不够严谨，因为他引用我的尖刻批评（"自说自话""漏洞百出""舆论造势"）是针对 2013 年 6 月前后官媒接连抛出的力挺"中国模式"、抹黑西方宪政的短篇评论，而不包括《中国震撼》。我之所以选择评论这本书，也正是因为它还引用了一些数据，尽管不准确或极易产生误导，因而还是值得撰文评论的。"中国模式"和《中国震撼》一以贯之，都涉及如何以外国（如印度）为参照系来评价中国模式的基本问题，因而也有必要直接回应。

"中国模式"的第一个不满是我批评《中国震撼》"死抱住一个对自己最有利的 GDP"，认为 GDP 是"全球通用的、衡量一个国家财富总量和发展状况的唯一指标"。令人匪夷所思的是，就在当局自己都已经开始反思"唯 GDP 至上"的时候，我们的左派却仍然死抱着这一个指标不放。事实上，没有谁否认中国在 GDP 上的成就，虽然这个成就不可避免地带有水分——"中国模式"说中国 GDP 反而被低估了，因为民营企业有少报产值的动机，但是它却只字不提政绩体制下的地方官员显然有多报的动机；过去一年全国实体经济一路下滑，山西等省受影响尤其严重，但是报上去的产值却仍然增长 5%以上。这又如何解释呢？好了，GDP 数值是否存在虚报的问题还是留给经济学家。我自己不是，我感觉张维为和"中国模式"的作者也不是，所以谈起这个问题来不应该像经济学权威那样不留余地、气壮山河的。

　　另一个问题是 GDP 是否衡量国家发展状况的"唯一指标"，我认为显然不是。除了国民幸福不等于人均 GDP、国民不自由会极大压制其幸福感等理由之外，唯 GDP 思维的问题在于只看成果，不看成本；只论产出，不论投入及其产生的后果。有投入，就有产出，但显然不是投入越多、产出越大就越好。"十年文革"，多少家庭付出了惨痛代价？但是 GDP 也只有 1967—69 年三年出现了明显下滑。只要工业保持高增长，多大的社会灾难都未必在经济增长曲线上有所暗示。近三十年来，中国投入了巨大的人力、物力、资源，物产极大丰富本是自然之理，但由此也付出了极其巨大的代价，包括但不限于极大破坏了生态环境，耗竭了属于子孙后代的资源，而所有这些显然不是"发展的必然结果"一句话就能轻轻带过。"中国模式"论却"一俊遮百丑"，闭口不谈盲目发展的诸多代价，而不知哪来的底气认定环境污染、贫富差距乃至政府贪腐都是发展的必经阶段，欧美国家也不例外，只有等工业化结束才能逐步解决，还把美国十九世纪末的进步党运动归因于工业革命。且不论此类论断是否放之四海而皆准的"宇宙真理"——我也认为显然不是，美国进步党运动及其带来的公务系统改革是民主深化的自然结果，和工业化没有直接联系，但即便此论对其它国家成立，也不能不考虑人口众多、资源紧缺、公权约束严重匮乏的中国是否具备足够的承载能力。对发展的代价轻描淡写、竭力回避，恐怕不是一种负责任的态度。

　　最后，不论中国式发展是否健康与可持续，中国经济确实发展了，但是这种发展是不是集权制度的功劳呢？左派似乎认为这是毋庸置疑的，但实际上二者并不能简单划等号。当然，经济增长是多种因素促成的，要弄清哪个是主要因素、哪个是次要因素殊非易事。在我看来，中国经济增长归根结底是国民勤劳的结果，而不是政府恩赐或体制优越性的体现。政府和政治体制有功劳的话，主要体现于两点。一是维持了基本社会秩序，二是执政者足够开明，允许人民享有一定的经济活动自由。不论政府是好是坏，无政府肯定是不行的；高压秩序会压迫自由，但没有秩序也是不行的。虽然从经济增长受益最多的是以官员为核心的既得利益群体，但不可否认的是大多数老百姓也从中受益了。迄今为止，中国经济这块大蛋糕仍在做大；虽然分配极不公平，但总的来说仍然是帕累托最优。然而，所有这一切既不表明中国发生的事情已经好得不能再好，也不表明如果实行民主，中国的发展不会变得更好。如果民主搞砸了，事情当然可能变得更糟，但是启动民主改革究竟会怎么样？这至少是一个值得探讨的问题。我们没有必要想都不想就把自己看扁，认定中国人天性搞不了民主。某些人对中华民族如此卑微的自我评价，似乎和他们天天挂在嘴上的"爱国"极不合拍。

但是《中国震撼》和"中国模式"却全然不这么认为。它们就像"民主是绕不过的坎"一文中说的那样，专找民主政治的"软柿子"捏。除了夸大民主转型的失败之外，他们特别喜欢拿来说事儿的"软柿子"就是印度。这只"柿子"找得很好，因为和某些转型失败的国家不同，印度是世界公认的民主国家，也是一个公认的欠发达穷国。通过印度，民主和贫穷、混乱、低效率之间就建立起牢不可破的必然联系。毫不奇怪，"中国模式"笔下的印度是一片漆黑、一无是处，不仅经济、卫生和教育落后，而且司法腐败、效率极低。作者还颇擅长以其矛攻其顿的策略，用自由主义学者茅于轼的话来抨击印度司法，引用诺贝尔经济学奖获得者阿马蒂亚森来批评印度民主。可惜这些高大上的指控都没有引用任何来源，无从查证。只有作者说张维为去印度讲课，接连发生两次停电。但这种孤证又能说明什么呢？我去印度不多，迄今只有两次，一次是2015年初在或许相对发达的德里讲课，一次是五年前在相对不发达的加尔各答开会，均没有遇到一次停电。事实上，印度高校的基础建设给我的印象还是不错的。凭此个人经历能否说明印度经济与教育发达呢？

既然"中国模式"不负责提供其结论所依据的出处，我只有自己去查证某些事实。"中国模式"在渲染自身优越性的时候，一个比较牢靠的证据是中国人的平均寿命比印度高好几岁。作为一个发展中国家，中国的平均寿命不低，确实可算作一个可喜成就，但印度也不是一无可取之处。根据世界银行提供的平均寿命数据，[1] 1983 年改革开放之初，中国人均寿命为 68 岁，比印度（56 岁）高 12 岁；改革三十年后，2013 年中国人均寿命提高到 75 岁，而印度提高到 66 岁，虽然仍然落后于中国，却比中国进步更快。中国死亡率一直维持在千分之七，而印度死亡率三十年前则高达千分之十二，近年来下降到千分之八，和中国相差无几，可见印度在医疗卫生方面取得了长足的进步。但这些进步在"中国模式"只字不提，能看到的只有"据印度媒体分析"，印度经济落后中国十年，社会发展则"落后 30 年"。真不知后面这个论断是从哪里来的。

　　"中国模式"的另一处惊人之语是饿死数千万人的中国"大饥荒"也不说明什么问题，因为据说 1952—78 年间，中国比印度整整少死 1 亿人。讽刺的是，"中国模式"引用的权威是印度裔诺贝尔奖获得者阿马蒂亚森，因为正是森指出，民主比专制优越的地方是印度至少避免了中国的"大饥荒"。虽然森也批评印度民主的不尽人意之处，尤其是民主政治未能有效转化为公共服务，但是其自由民主的立场是众所周知的。在"中国模式"的笔下，大名鼎鼎的森竟然发生了 180 度大转弯，成为集权专制的辩护人。遗憾的是，这篇大作还是没有提供任何具体出处，能查到的只是王绍光发表在《读书》2005 年第 11 期的书评，其中讲到森在和他人合著的《饥饿与公共行动》一书中批评印度的营养和健康状况不良，远不如毛时代的中国："印度平常每八年填满棺材的尸骨就超过了中国那场严重的三年大饥荒了。"即便我们同意森所描述的事实，也不能把他曲解为印度民主不如中国独裁。我们在评价一种制度的时候，只能谴责制度的主动杀人，譬如过高的粮食征购和抢夺农民口粮造成

1　　参见 http://data.worldbank.org/indicator/SP.DYN.LE00.IN?page=6.

了"大饥荒""发动群众斗群众"造成了"文革"的大量非正常死亡，而不能责怪医疗、卫生和经济落后造成的过早死亡，至少谴责力度要小得多。否则，比中国死亡率低的发达国家也不鲜见，难道我们能因此谴责中国政府或制度造成多死了多少人吗？事实上，除非政府的过多管制剥夺了人民的经济自由，人为造成落后，经济落后和政治制度之间的因果关系是很难证明的，也没有谁能证明一个更加集权的印度能够加速经济发展并提供更好的公共服务。

说到印度司法，"中国模式"涂刷的印象是不仅比中国更黑，还更低效。中国法院好歹有明确结案要求，虽然某些大案根本不按要求来，但印度审判似乎遥遥无期。据不知哪一位"印度大法官揭露"，新德里高等法院积压的案件要 466 年才能审理完，递了诉状好比进了人间地狱。该文还专门引用茅于轼先生的话说，印度告状要等 10 年才知道结果。不论茅老是否在特定场合下说过此话，这种说法的依据何在？如果只是特殊个案，难道中国没有这样的个案吗？我对印度司法不熟，只好请教德里的国家法律学院院长辛默涵（Mahendra Singh)教授。辛教授很谦虚，承认印度司法存在这样那样的问题，譬如审案时间长，但也指出"中国模式"明显夸大了这些问题。譬如司法腐败在基层法院确实存在，但在高等法院就很少了，最高法院则迄今从来没有被指责过腐败。相比之下，中国刚查处了一位最高法院副院长的"经济问题"，还不知其涉案金额多少，而众所周知，这只是中国司法腐败的冰山一角。

印度法院之所以审理时间长，主要还是因为案件量大，而司法精英化导致法院人手不足，并且实行刑事案件优先审理的原则，民事案件相对滞后，但近年来已明显改观。根据辛教授提供的文献资料，印度最高法院定期出版《法院新闻》，[2]显示印度法院总的来说是"收支平衡"的。2013 年上半年，最高法院共立案 22459 起，审结了 20819 起案件。截止 2014 年 6 月 30 日，还有 65970 案件待

2　http://supremecourtofindia.nic.in/courtnews/2014_issue_2.pdf.

审，差不多一年半的时间可以完成。各邦高等法院更加滞后，目前积压总共 448 万起案件。2014 年第一季度审结 48.6 万件，新立案50.9 万件。按此速度，每年审结不到 200 万起案件，大约需要两三年时间审理完积压案件。这个效率和多数法治发达国家相当，何来的"466 年""完全崩溃"等各种惊悚的说辞呢？辛教授对我说，印度法律界承认司法的各种问题，但显然不是要抛弃印度司法制度，而是为了如何改进它。自 1950 年立国以来，印度最高法院作出过大量进步判决，有力保障了包括弱势群体在内的基本人权。在我看来，印度法治和中国一样还有许多方面需要改进，但和中国不同的是，司法制度是印度的骄傲而非耻辱。

"中国模式"特别提到了种姓制度之恶：种姓最高的婆罗门不到人口的 4%，却占有司法的近七成职位和接近半数的国会议席——还是没有提供任何出处，因而无从查证其准确性。事实上，即便这些数字准确，对比我们自己的情况也已经不那么"惊人"了。如果说婆罗门在印度属于特权阶层，那么"党员"也算中国的特权阶层，而其人数占总人口的比例也不过 5—6%，但是如果你调查一下法官和各级人大代表的党员比例，应该远不止七成吧。"中国模式"认为我们用种姓等印度"国情"为其落后现状开脱，这当然是无稽之谈。种姓制度是历史留给印度的不幸遗产，没有谁会像许多"中国模式"的支持者那样认定"存在即合理"。我在这里要强调的是，根深蒂固的种姓制度确实仍然在拖累印度，但是这项制度的社会影响已经远不如印度建国时期，至少在政治领域是如此。而印度之所以能在消除种姓歧视方面取得长足进步，首先要归功于其民主制度。那些认为印度民主一片漆黑的左派们在诋毁民主之前，还是先读一读 2013 年译林出版社翻译出版的《印度民主的成功》这本书，尤其是其中第八章关于印度学者对种姓政治的评价。

在一个种姓歧视无所不在的国家，印度政治原先自然也为婆罗门等高级种姓所主导。1920 年代，印度民主的火车头国大党自身的领导层主要就是高级种姓。最卑微的表列种姓约占人口的 15%，表列部落约占人口的 8%，加起来将近人口的 1/4，但是他们连选民资格都没有，更不用说在政府和政党中选派自己的代表。然而，到 30 年代末期，这一现象就已经在民主竞争和制度完善过程中发生根本改观，许多国大党选区的委员会主席来自低级和中间种姓。印度独立后，他们中的许多人在邦政府中取得了政治实权。国大党内部也因为派系斗争和高级种姓之间的斗争，而增强了吸收中间和表列种姓的能力。独立半个世纪之后，印度多数邦的首席部长（相当于省长）属于非婆罗门种姓，其中有些来自中间种姓，但也有不少来自落后种姓。到 1990 年代，北方邦产生了一名"受压迫"种姓的首席部长。在北方邦和比哈尔邦，印度社会党和社会民主党这两个低种姓政党成为执政联盟的一部分。1997 年，表列种姓成员纳拉亚南当选为印度总统。虽然印度总统没有什么实权，这仍不失为印度民主的象征性成果。

民主政治催生平等机会，而印度式平等并非仅仅是形式平等（不歧视和平等竞争），而是一定程度的结果平等，那就是国家要求把某些岗位保留给落后种姓的"种姓保留"制度。上世纪七十年代，印度的种姓政治开始活跃，低种姓的平等权利成为社会热门话题。七十年代中期，某些邦已经为表列种姓和部落分配将近 20% 的政府职位，为其它落后种姓保留将近 50% 的名额。1979 年成立的曼德尔委员提供了一份种姓清单，把 400 个种姓列为"落后种姓"，其中多数属于劳动者或首陀罗种姓，并要求从政府公职到国企和大学录取的各种公共机会都适用种姓保留制度。1990 年，中央政府宣布为表列种姓和部落保留 22% 的中央政府职位，其它落后种姓保留 27% 的职位。不知是无知还是故意忽略，"中国模式"对印度民主政治带来的这些成就一概不提。

"中国模式"坚守反民主立场，批评我在其它场合下发表的"民主再糟糕也比专制好""民主再腐败，也不及专制的腐败严重"等论断，并引用脸书创始人之一放弃美国国籍、加入新加坡国籍为例，反问"有几个民主国家可以比得上新加坡"？这种诘问只能反映作者个人的威权主义和经济至上价值立场。有的美国公司高管可能为了避税而变成新加坡国籍，但是低税就一定好吗？请问中国的左派们什么时候变成赤裸裸的自由放任资本主义者？究竟又有多少美国人会真的因为此而认为新加坡比美国更优越呢？况且就和印度是民主的特例一样，新加坡是威权的特例，在此不赘述。但虽然新加坡实行一党独大，也不能被简单归类为专制国家。或者说，专制并不都长一个样。毕竟，新加坡是有反对党的，议会当中也有反对党成员，尽管人数不成比例。假如新加坡完全像中国这样禁止反对派的实质存在，迫使任何政治批评沉默，很难说执政党还会这样相对廉洁高效。新加坡的政治转型已经不远，还是等到那个时候再来谈论新加坡吧。至于"中国模式"对欧美民主的杞人忧天的关怀，认定民主必然造就懒惰贪婪的民众、欧债是欧盟过不了的"坎"等不一而足，身在天津爆炸余波中的我们只能"呵呵"了——放心吧，欧盟不会因为希腊而崩溃。民众再懒惰贪婪，也不如专制者的懈怠贪婪可怕；民主的危机再大，和专制的危机相比不过是芝麻。

虽然我不认同"中国模式"和《中国震撼》的论点，但这类争论显然是有益无害的。我真诚希望中国的左右公知能坐在一起，心平气和、就事论事地探讨一些实际问题，不要政府抓右派、左派就兴高采烈，政府打左派、右派就幸灾乐祸。如果还是像现在这样隔空对骂，只能说明中国的意识形态停留在极不成熟的水平。我对国内精英左派的主要意见是投机心理似乎较重，甘愿用极不平衡的"论证"为昭然若揭的制度缺陷和政府不当作为"洗地"，完全背离了西方左派对政府和制度的批评精神。如果论辩双方有一方言不由衷，言论背后还藏着其它目的，那么对话就失去了意义。当然，我希望这种指控是不公正的，也期待左派学者能以令人信服的缜密说理赢得对方的尊重。

两种"宪政经济学"

2013 年 1 月，被称为"宪政经济学之父"的布坎南教授去世。他曾因和塔洛克合著《同意的计算》，获得 1986 年诺贝尔经济学奖。"宪政经济学"可以有两层意思，一是宪政的经济学分析。这就是《同意的计算》所做的工作，它用经济学的成本效益原理来分析不同权力结构安排的效率。让我记忆犹新的是《同意的计算》中最经典的一段决策成本分析：专制者一人决策，成本最低，但是背离公益最远；直接民主人人参与，决策势必就是公益，但是成本巨大；在这两个极端之间，综合成本最小的决策机制就是规模适当的代议制。其实不独代议制，如何评价诸如联邦制、三权分立、责任内阁等宪法结构，最终也都离不开成本效益分析的经济学思路。这个意义上的宪政经济学是颇有价值的，但是制度分析的复杂性使其研究很难推进，而布坎南的辞世是这一领域的重大损失。

宪政经济学的另一种理解是宪政里的经济学，在欧陆国家也被称为"经济宪法"。这就是说，宪法不只是规定了政治体制和政治权利，而且也规定经济权利，有些国家的宪法还规定了经济体制。最典型的经济权利当属财产权和经济活动自由，譬如 1949 年颁布的联邦德国《基本法》第 14 条第 1 款规定："财产权和继承权利应得到保障，其内容与限制则应为法律所决定。"经济体制则是指公有制或私有制、计划经济或市场经济，譬如德国经济体制通常被认为是"社会市场经济"，部分因为《基本法》第 14 条第 2 款还规定："财产施加责任，其使用应该为公共福利服务。"众所周知，社会主义国家的宪法都有大量的经济体制规定，中国 1982 年宪法自然也不例外。事实上，过去三十年内发生的四次修宪主要也是针对不合时宜的经济条款。至于私有财产等经济权利方面的保障，则是迟至 2004 年才入宪。

对于中国来说，第二种宪政经济学的意义主要限于财产权的宪法保障，其中自然也包括对土地所有权属的学理探讨。这倒不是因为经济体制不重要，不足以在宪法层次得到体现，而是因为经济体制在性质上属于立法政策，更适合一般法律规定。一个社会的经济思维也很容易随着政党政治而发生变化。英国工党、德国社民党、美国民主党都倚重带有计划经济色彩的宏观调控，保守党、基民盟、共和党则倾向于自由放任的市场经济——能否做到是另一回事，但至少嘴上都这么说。自由派上台、保守派下台，总不能每次政府换届就来回修改宪法中的经济体制部分。如果宪法规定了经济体制，那么后果必然是这样的规定大而无当，因解释弹性极大而失去意义；或者用更法学的术语来说，经济体制规定是一个"政治问题"，不宜直接获得司法适用。更重要的是，马克斯•韦伯早在一个多世纪以前就指出，只要实行真正市场经济，就没法用法律去控制公有制或私有制，宪法也没有这个神通，因为只要公平交易，私有财产可以国有化，国有财产也可以私有化；国家可以在一夜之间完成所有制变革，而无需改法律一个字。所以千万别把此类规定太当真，以为中国经济偏离了"社会主义"道路，还真去法院诉一下；对于这类应由立法决定的"政治问题"，法院不受理是完全正当的。

事实上，在西方国家，私有产权也早已不再"神圣不可侵犯"；诸如此类的信条只有在私有财产保障尚未确立的国家才可能提出，也才有价值。私有产权确立后，随着凯恩斯时代的来临，国家对经济和财产的干预是全方位的，无需在此赘述。财产征收当然要符合"公共利益"和"公正补偿"的宪法底线，但两者中间只有"公正补偿"是比较靠谱的（即便如此还管不了不构成征收但影响财产价值的"管制"），"公共利益"则很大程度上是由政治过程决定的"政治问题"，西方国家的法院对它也是睁一眼闭一眼，而把工作重点集中于市价补偿标准上。对于中国来说，两者当然都很重要，但是如果没有制度保障，宪法规定了也没用。如果政治过程不够透明公开，征地决策不对人民负责，那么就无法保证征收符合"公共利益"，自然也就无法刹住以"发展"为名的大肆征地。如果法院也不管用，那么公平市价和公正补偿也保不住。两者结合起来，征地成了政府赚钱的一条捷径，那么还有什么不能发生呢？

综上，"经济宪法"并非不重要，但是实现经济体制和财产保障的关节点不在于宪法，而在于经济之外的政治与法律体制。如果能够落实宪法规定的政治与司法制度，那么经济体制应由在这套制度下运行的政治机构自由决定，财产权则应由对人民负责的政治机构和对法律负责的独立司法来共同保障。

政改与经改不可分割

比较两份名单，一份是世界银行统计的 2012 年人均 GDP 排名前 25 个国家：卢森堡、挪威、瑞士、中国澳门、澳大利亚、丹麦、瑞典、加拿大、新加坡、美国、奥地利、日本、芬兰、荷兰、爱尔兰、比利时、冰岛、德国、文莱、法国、英国、中国香港、西班牙、意大利、波多黎各。

另一份是英国《经济学人》2012 年统计的 25 个"完全民主"(full democracies)国家，按综合比分排名依次为挪威、瑞典、冰岛、丹麦、新西兰、澳大利亚、瑞士、加拿大、芬兰、荷兰、卢森堡、奥地利、爱尔兰、德国、马耳他、英国、捷克、乌拉圭、毛里求斯、韩国、美国、哥斯达黎加、日本、比利时、西班牙。

不难发现两份名单的高度相似性，25 个国家中将近 3/4（18 个）是一样的。如果刨去港澳、文莱（石油小国）等带有显著特殊性的国家或地区，两者的相似程度更高。由此可以得出结论，宪政民主和经济发展之间存在高度相关性，宪政民主国家通常也是经济发达国家。

当然，例外不是没有。在《经济学人》统计的 167 个国家中，印度排名 38，在"带缺陷的民主国家"中排位相当靠前，仅排在葡萄牙、法国、南非、意大利、台湾地区、以色列等国家或地区之后，而根据联合国统计，其 2011 年人均 GDP 却只有 1528 美元，在所统计的 211 个国家中排在了第 159 位。相比之下，中国该年的人均 GDP 达到 5439 美元，排名 108，而在《经济学人》的统计中却被列为"威权国家"，排第 142 位。

一、经济发展和宪政民主相关吗

由此产生了两个问题，一是宪政民主和经济发展之间究竟有没有关系。不少人认为，中印对比表明民主并不能促进经济发展。印度是一个相当民主的国家，但是民主制度似乎并没有帮助这个国家摆脱贫困。据世界银行统计，南亚地区 2012 年人均 GDP 只有 1388 美元，撒哈拉以南的非洲地区只有 1433 美元，而这些国家当中不少都在进行宪政转型试验。南非是宪政转型最成功的非洲国家，宪政体制的确立让这个被种族隔离撕裂的国家回避了一场血腥内战，其民主排名第 31 位，甚至在意大利等相对发达国家之前，但是其 2011 年的人均 GDP 也只有 8090 美元，低于东亚和拉美地区的人均水平（分别为 9026 美元与 9578 美元）；虽然高于中国，但是差距并不明显，不足以体现两者在宪政制度上的差距。

宪政民主和经济发展之间的关系只是概率性的，而非决定性的，当然不可能没有例外。一个国家的经济发达程度也取决于资源禀赋、民族文化、国民性格、国际贸易环境等多种因素，宪政民主只是其中一种影响因素，而且经济发展是一个漫长的过程，宪政民主的建立未必对 GDP 的提升产生立竿见影的效果。更何况 GDP 本身未必能衡量一个民族的生活幸福指数。一个加勒比岛国可能没有什么产业，但是如果宪政制度能够有效控制公权滥用并保证国民无忧无虑、幸福安全的自然生活，那也未必不是一种令人向往的生活方式。中国 GDP 连年高速增长，但是过度开发严重透支了环境与资源；如果扣除生态破坏的账单，中国经济的净增长远没有统计数字显现得那么乐观。

更重要的是，"宪政转型"不等于宪政。转型显然有风险，许多国家都在转型过程中"栽"了，不仅未能建立稳定的宪政民主制度，反而造成军事政变乃至内战等社会动荡，人民生活在战乱频仍、颠沛流离的水生火热之中，当然谈不上什么发展。如果威权体制能够维持政府与社会稳定，即能满足经济发展的第一必要条件；只要经济政策大体合理，完全可能维持较高速度的经济增长，尽管这种增长往往伴随着漠视人权、破坏环境和腐败横行等社会代价。一个转型成功的宪政国家完全可以维持同样的经济增长，而无需付出如此昂贵的"学费"。

换言之，即便威权体制没有转型国家的动荡风险，这种体制带来的社会稳定有助于经济增长，但这种增长未必是可持续的。官僚腐败导致大量国民财富向权贵阶层集中，甚至向海外转移；工薪阶层的收入过低导致内需无法拉动，而只能过度依赖脆弱的出口贸易；环境污染不仅让经济增长带来的幸福感大打折扣，而且极大增加患病人群及其家庭经济负担；贫富差距以及征地、拆迁等剥夺民利的"发展"政策制造社会矛盾与对立，威胁社会稳定和政治统治的合法延续……

当然，开明专制不是没有，东亚的新加坡、港澳经常被作为"东亚例外"的典范，但是这些国家或地区不仅都很小，只有一个中等城市的规模，对中国这样的大国借鉴意义很有限，而且都具有殖民地时代留下的法治遗产，因而其经济繁荣在很大程度上得益于母国的宪政传统。如果没有这笔历史遗产，或母国不是民主与法治国家，东亚能否"例外"就很难说了。

不论如何，可持续的经济发展和宪政民主之间的统计关联是不容否认的。据世界银行统计，2012 年世界人均 GDP 为 10171 美元，其中北美人均 GDP 为 50198 美元，欧盟地区为 32677 美元——这个数值受欧盟东扩影响，如果只算欧元区的人均 GDP 则上升到 36551 美元，和 OECD 国家的人均值（36722 美元）相仿。OECD 的 34 国大都为成熟的宪政民主国家，也有韩国、捷克、斯洛文尼亚等少数相对成功的新兴民主国家。尽管未必所有宪政国家都是富国，也未必所有发达国家都施行宪政民主，但是在统计意义上，宪政民主和经济发达程度之间呈现显著的正相关性，少数例外并不足以否定一般规律：经济发达国家也是宪政国家。

二、政治和经济谁决定谁

第二个问题是，宪政民主和经济发展之间的相关性是否构成因果关系？如果是，那么谁是因、谁是果？统计相关性未必是因果关系，譬如打雷和下雨经常同时进行，但是两者都起因于更深层次的气候现象，彼此之间则未必有直接的决定关系。然而，一般认为，经济发展和宪政民主之间确有直接的因果关系，而且这种关系未必是简单的谁决定谁，而是相互决定、相互影响的。

马克思认为"经济基础"决定"上层建筑"，其中也包括民主政治和法律制度，后者对前者至多只有次要的"反作用"。因此，国内流行的说法是政治民主是经济发展到一定阶段的自然产物，似乎只要 GDP 达到某个神秘"拐点"，政治改革就水到渠成了，到那个时候你不想要都不行；反之，目前中国经济还没有发展到那个水准，那么政治改革再努力也是白搭。所谓"中等收入陷阱"理论也是经济决定论的一种形式。虽然经济发展对于提高教育水平、培育公民意识、促进政治参与等作用是不容否定的，但是经济决定论显然过于武断。事实上，在经济发展与政治体制之间，前者对后者的影响还不如后者对前者的影响来得更直接。

经济决定论对于许多个案都没有解释力。譬如现代第一个大众政党是在 1832 年的"杰克逊时代"建成的。虽然那个时代的美国民主只是男性白人的少数人民主，但毕竟是一种大众民主，而那个时候的美国仍然是一个农民占多数的农业社会；根据 Augus Madison 教授的估算，那一年美国的人均 GDP 只有 1702 国际元（1990 年基准），完全没有达到今天的"中等收入"水平。即便到 1920 年，联邦宪法修正案正式取消性别歧视——此前许多州的妇女已有权参加选举，黑人政治权利则早在 1870 年的第十五修正案得到保障，美国人均 GDP 也只有 5552 国际元，相当于中国 2005 年水平（5575 国际元，2010 年为 8032 国际元）。印度民主的发达与经济的相对欠发达也表明，经济发展并不直接决定政治民主的水平和质量；即便在印度这样相对贫困的国家，民主也能做得相当不错。

相反，政治自由和民主却可能对经济发展产生决定性作用。经过东西对垒的四十年"冷战"，这个问题早已得出答案。1950 年代初期，东欧与西欧的发达程度相差并不大，东德和西德、东柏林与西柏林更是原本接壤的同一个国家；究竟是"社会主义"还是"资本主义"更优越，当时是一个悬而未决的问题，但是四十年光阴使得东西两边出现了天壤之别。事实上，东西差别绝不是单纯的经济体制差异造成的；西方尤其是西欧经济体制很难说是清一色的"资本主义"，人均收入最高的北欧三国被公认为带有显著的"社会民主"色彩。关键在于，苏联阵营的极权国家作茧自缚；这种政治体制完全失去了自我纠错机制，即便明知经济政策乃至体制错了都不可能改，只能将错就错，让国民经济在错误的方向上越滑越远。

更震撼的是南北朝鲜对比。1950 年代，南北经济实力相当。按照 Madison 项目的估算，1950 年南北人均 GDP 同为 854 国际元。1953 年，朝鲜半岛战争结束，南北朝鲜的人均 GDP 分别为 1072 国际元和 966 国际元。但是今天，北朝鲜的民主指数在 167 个国家中倒数第一。据联合国 2011 年统计，人均 GDP 在 211 个国家中排名 200，跌落到 506 美元；六十年来经济发展毫无建树，甚至倒退！韩国则已跻身"完全民主"国家，排名第 20 位，和日本（排名第 23 位）同为亚洲国家骄傲；2011 年的人均 GDP 达到 23067 美元，排名第 47 位；而根据世界银行的统计，韩国 2012 年的人均 GDP 排名第 28 位（朝鲜无数据）。不同的政治制度造就截然不同的经济实绩，几十年的政治极权早就了朝鲜的空前贫困；如果不改朝鲜的政治制度，其经济发展永远无法向韩国看齐。

三、为什么经改离不开政改

不同的政治制度之所以对经济发展造成如此巨大的差异，其实是一点不奇怪的。改革开放之后，中国人已经普遍认识到法治、私有财产保障、经济活动自由等宪政制度之于经济发展的重要性，但是政治体制改革则似乎可有可无，至少不是当务之急。然而，这种认识是相当短视的。首先，法治和民主必须齐头并进，不存在谁先谁后的问题；中国近年来司法改革的倒退已经验证，没有配套的政治体制改革，法治改革注定寸步难行。事实上，西方的"法治国家"概念已经蕴含了分权制衡原则。早在两三百年之前，孟德斯鸠已极为透彻地解释了这个基本道理；如果没有任何形式的分权，所有权力都集中于一个机构乃至一个人手中，那么法治如同痴人说梦。薄熙来治下的重庆之所以有法而无法治，出现了大量恶性冤案，正是因为"一把手负责制"导致党政大权过于集中，使之得以呼风唤雨、一手遮天，成了当地无法无天的"土皇帝"。长期处于"文革"状态的朝鲜更是极端的个人专制，没有任何法治的踪影。由此可见，没有起码的分权政治改革，尤其是明确政治不得干预司法的基本原则，法治是不可能实现的。

其次，如果没有政治改革，政府不对人民负责，那么公权必然会侵入私人领域，公民的私有财产不可能受到可靠保障。经济收益必然会受制于重重苛捐杂税，被权贵集团"雁过拔毛"、层层剥皮。在薄熙来主政期间的重庆，企业家甚至被当成任意宰割的肥肉，连基本人身自由乃至生命都保不住，随时可能成为地方官员杀鸡取卵、论罪科刑、充公没收、中饱私囊的对象。经济活动几乎必然受到层层管控，疏通每个关节都需要破费"打点"，寻租成本大量增加。事实上，既然私人领域无力抵制公权侵入，公平市场竞争原则根本无法实现，官商不分、任人唯亲、国有垄断、国进民退现象极其普遍，大量市场资源为官员家族或其"马仔"所垄断，造成市场经济的严重畸形。至于在自由空气压根不存在的朝鲜，只有最高领袖才有腐败的特权，市场经济则连寻租空间都没有而不可能起步。

最后，人们往往看不到的是，民主政治不仅具有推动法治、实现公平、维护市场、遏制腐败等直接的经济与社会作用，而且还至关重要地影响着国民的人格素质和现代工业文明的建构。民主是一种公共生活，公民在其中锻炼理性相处、自我管理的能力。其实，民主政治和市场经济具有极大的逻辑相似性，选择最能代表自己利益的候选人和选择最适合自己的商品在本质上是一回事，都涉及综合信息、对比选项、权衡利弊的理性计算与选择过程。民主政治能够极大促进公民的智力成熟并提高其理性判断能力，使之适应现代市场经济与工业文明的复杂社会生活。归根结底，现代工业文明不仅需要商业诚信和市场信息，而且是建立在一个积极合作、理性思维而有创造力的公民人格基础上的。

无论对于政治选举还是经济交易而言，理性判断的前提是充分而相对准确的信息，而信息社会的前提是言论与新闻自由；在一个言论不自由的国家，新闻可随意受到选择性压制，信息失真必然误导大众选择。压制言论泯灭社会良知，仗义执言者反而受迫害，让人有话不敢说，进而变相鼓励说谎和造假，瓦解社会与市场诚信。民主政治预设了思想、言论、新闻出版、集会、结社、政治参与等公民自由，上述《经济学人》对民主状况的综合评价即包括选举过程、政治参与和公民自由等指标。只有保证思想与言论自由，社会才有不受政府压制的信息和真相；只有让人民放开说话，他们才不会被迫说谎，并养成正直和诚信的习惯，而诚信是社会合作的基础；也只有在自由交流和辩论的环境中，人民才能提高鉴别真理和谣言的能力。这种能力不仅对于政治选举重要，对于经济交易也是不可或缺的。

同样重要的是，政治参与自由也有助于培育一个热心、积极、勇敢而有责任心和创造力的公民群体。只有在一个言论自由的国家，公民才会无所畏惧地自由思考、畅所欲言，并在公共交流中培养积极向上、乐善好施的健康个性。思想和言论禁区必然禁锢思维，并造成懒惰、懦弱、伪善和人云亦云等恶习；只有打破禁区，才能彻底解放思想并释放人类思维蕴藏的巨大能量。在言论自由国家，孩子从小就有自由选择的权利，很早就形成了自主判断的能力。自由宽松的教育环境传授社会生活必需的知识，却并未扼杀自由人格的内在创造力，而这种创造力正是现代经济与文明发展的原动力。多数创意可能归于失败，但没有失败的试验，就不可能有成功的发明。美国之所以是世界上最有创造力的国家，"秘诀"即在于崇尚与保护公民自由，而民主政治正是培育合格公民的试验基地。

反观朝鲜，到处是一片"莺歌燕舞"的美丽谎言。人民的思想和言论自由被剥夺已久，以至丧失了思考能力，日常思维停留于极为原始幼稚的水平。这样的国家不要说创造力，就是说句真话也会引来杀身之祸。在这样的国家，没有真实的信息，没有坦诚的交流，更谈不上实质性的自发合作；人民只会违心奉承"伟大领袖"的正确英明，而没有独立思考和判断的习惯。这样的国民只能做一颗机械的"螺丝钉"，领导把他安在哪里就乖乖呆在哪里，如何承担得起复杂多变的市场主体责任？我们很难将这样的国民人格状态和市场经济联系起来。要知道，市场经济需要的显然不是不会思维的机器或奴隶，而是能够理性判断、随机应变而富有创造力的活人！然而，专制政治却会扼杀所有活的生命，将人降格为一具死气沉沉的行尸走肉，而当自由的空气将其吹醒之后，各种不受控制的私欲会伴随无知一并爆发出来。在一个人格状态完全不适应市场经济的国民群体中，经济改革其实隐藏着巨大的社会隐患。

和朝鲜相比，中国的经济改革足足领先了三十余年。在此期间，中国不仅 GDP 迅猛增长，而且言论自由状况获得极大改善。然而，言论自由并未获得制度性保障，因言获罪的现象仍时有发生。人大选举走过场，人大代表未能发挥其应有职能，既纵容了公权滥用、官僚腐败，也助长社会非理性情绪，国民未能通过货真价实的选举锻炼其理性思维。传统政治体制不仅阻碍了中国法治进步，而且也让经济改革偏离了全民共同富裕的正当轨道，以至近年来"改革"几乎成了一个贬义词。没有配套的政治改革，经济改革必然走偏，与市场经济相适应的公民群体亦未形成；而在这种情况下继续单方面推进经济改革，只能让中国社会面临不可预测的风险。

以共识促改革

　　《律师文摘》主编孙国栋十年如一日，每年"两会"期间都坚持举办关于中国改革的研讨会，影响甚大。以下是我在 2013 年研讨会上的发言整理。

　　感谢《律师文摘》每年举办的这个活动，很不容易。我建议国栋以后不要别人开大会，咱们也跟着开小会。看来还是有人把我们这个会很当回事，但是我觉得我们不一定把他们太当回事。我看大家对今年"两会"基本上没有什么期待，我个人也是如此，今年的期待反而比往年还少。对十八大当然有些期待，其实也不应该有期待，不过是怀着一种侥幸心理，以为会有什么改革的利好。当然，我们要关注，但我想这和期待应该是一种不一样的心情。为什么？因为我们看近二三十年的改革，除了那些恶性的所谓"改革"之外，所有良性的改革有哪一项不是由社会推动的？我们都说改革是民间"倒逼"出来的。对政府形成了足够的压力之后，它才被迫改的。所以我认为改革的生命在民间，改革的希望在民间，改革的动力在民间。

　　过去三十年的过程可以说是以改革促共识。当时国内无论在思想和物质上都是一穷二白，改革开放不仅引进了工业技术和经济活力，而且也引进了大量新思想。现在，思想已经远远走在制度改革的前面，宪政民主已经成为未来改革的基本共识。相比之下，近二十年来，政治改革原地踏步，经济改革走上"邪路"。无论是 GDP 至上的发展模式、分税制引起的"土地财政"、剥夺农民发展致富的土地管理制度还是教育改革，都是被既得利益绑架的恶性改革。今后要推动良性改革，一定要建立在宪政民主的基本共识至上。我希望今后能形成一种格局，以共识促改革。

民间要真正地推动改革，没有一点基本的共识是不行的。没有共识就没有合力，没有合力就没有足够的压力；没有民间的压力，政府就没有改革的动力。所以为了促成民间的共识，我们 2012 年底也发布了一份《改革共识倡议书》。在座几位前辈，像江平老师、张思之大律师、谌和女士都给予宝贵的支持，当然还有在座的一些学者、律师和媒体人。但是我觉得支持力度还是很不理想。有些人认为，在目前这个阶段形成这样的共识没有必要，或者说没有用处；有些共识过于长远，现在一时达不到，诸如此类。当然，绝大多数都是因为恐惧，因为害怕，因为 08 年也曾经有过一个签名，但我说这份倡议书是很温和的，没有必要恐惧。实际上，还有一些人不加入，是因为我们的倡议书太温和，甚至有人认为我们是在"巴结"政府，说了一些很难听的话。

但是我们究竟倡议了什么呢？我们提了六点：推进依宪执政、落实选举民主、尊重表达自由、深化市场经济、实现司法独立、保障宪法效力。说实话，这六点只要得到落实，哪一点不是致命的？你们说是不是？哪有什么"巴结"？再说我们是"倡议"，不是"建议"，不是"上书"。固然，我们也希望政府重视，但是并不对此寄予希望。倡议的主要目的是希望得到人民的重视，达成社会共识。但我认为，中国社会目前还是处于一种缺乏共识的阶段。当然，也有人认为，我们可以在一些具体的制度上达成共识，比如说司法改革、废除劳教、落实异地高考。我们当然可以在这些具体问题上有共识，但我认为在这些零零散散的问题上形成共识还是不够的，因为我想历史留给我们的时间不多了。

说到百年宪政和律师的发展，我的评价是比较悲观的，也许国涌会同意我。我认为我们的发展趋势总的来说是震荡下行的，有点像今天的股市。无论是从制度设计还是道德操守上，过去百年中国都在退化。孙中山的《临时约法》是有些毛病，但是肯定比 1982 年的《宪法》要好。这是用不着争论的一件事情。我们的自然环境也越来越恶劣，北京的空气已经成了一个世界性的新闻。我们的地下水、我们的土壤和资源，问题都越来越大。当然，肯定是有进步的，尤其是从经济发展、工商业发展，包括人权保障，包括律师行业，近三十年肯定是有进步。律师行业在江老师、张老师的人格激励下，有了一个很长足的发展，不过和民国初期相比如何？国涌马上要发言，这个话题留给他。我想比较起来，也不是一件乐观的事情。

我们还有多少时间慢慢改？我刚从日本回来，回来做的第一件事情就是买口罩。是不是再过一阵子要每家都装上很复杂、很高档的净水器和空气净化器？每家是不是都应该有测量 PM2.5 的设备，或者是测量有毒蔬菜、有毒大米的设备？中南海是做得到，但是不是可能普及到千家万户？我们今天聚在一起很不容易，我也很不想说扫兴的话，但是我们要对自己的现实有一个比较真实的估计，而很不幸，现实是悲观的。如果我们还没有一点紧迫感的话，我只怕再过十年，在座的各位不是在为民族而战、而公义而战，而是为各人的空气、水和安全食品而战。

有人说，在我们这个 13 亿大国当中，只要有 5% 的人口能够站起来说话——像章润刚才说的"讲理"，这个社会都会很不一样。我的要求不高，不用 5%；只要有 1% 的人口这么做，中国会是什么样子？1% 是什么概念？13 亿人中的 1000 多万。这么多人积极争取自己的权利——哪怕是基本生存权，这个国家怎么可能成今天这样？！今天中国社会空气这么沉闷，北京的空气这么糟糕，可见积极维权的人远远少于 1%。律师在人口中算是比较精英的，维权律师达到 1% 了吗？中国现在有 20 万律师，1% 是什么概念？是 2000 人。不多，但是我们现在有吗？我不知道，思之大律师比我更有发言权。但是我数不出来，我可能只能数出 200 人来，千分之一的概念。我不知道媒体是不是好一点，学界肯定是不比律师界好，犬儒得厉害。

所以我是希望面对这样的情况，我们自己要有一点紧迫感。我把中国的宪政归结为两条路，一条是官方的路，一条是民间的路。我认为官方的路基本上死了，当然也不是完全失去希望，但是如果没有民间触动，官方宪政是不会启动的。所以宪政改革的希望在于民间，但民间现在这种状况是万万不行的，没有基本共识的改革肯定是要失败的。在今天的中国社会，有三支推动改革的主要力量：一个是律师，一个是学者，一个是媒体。我希望这三支力量能够联合起来，对一些基本问题促成强大的社会共识。只有这样，中国才有 1%的希望。

当代中国的最大危险是缺乏体制共识

近十年来，中国的内外形势确实发生了很大变化。就从开会的架势来看，就有很大变化。和十七大相比，现在这种紧张的程度是前所未有的，我觉得放在以前都不可想象。如果说是因为换届，十六大也是换届，但是绝不像今天这样。中国发展到今天，政府已有了危机感，不过民间似乎还没有；虽然社会批评越来越猛，但我看社会情绪实际上是相当乐观的，至少对于未来来临的危机没有任何深刻意识。这种乐观其实是很盲目的，因为除了我们自己的一厢情愿之外，实在没有什么理由表明中国改革会越改越好。中国一个多世纪来的失败根源也是在于这种乐观，总以为事情已经够糟，无论怎么折腾都不会更糟。推翻帝制、建立共和，终究是时代进步，能有什么错？事实证明并非如此，革命派把事情搞砸了，给中国带来了深重的灾难，以至我们今天仍然生活在革命的阴影之下。中国目前的社会资源，无论是道德上的还是思想上的，很可能还不如那个时候。有什么理由相信我们今天不会搞砸呢？

中国当前的最大危机是什么？就是五四时期保守派杜亚泉（伧父）所说的"国是"之丧失，国家对于基本是非没有共识。当时是保皇派和革命派之间没有共识，今天则是"左派"和"右派"之间打得不可开交，意识形态严重分裂，几乎可以说是"不共戴天"。我所说的"共识"不是一般意义上的价值立场，而关于基本游戏规则的底线共识，尤其是关于这个国家的基本体制的共识。我们说，一个有活力的国家首先是一个价值多元的国家，单一价值观只能造成停滞和僵化。但是一个国家要持续发展，社会各界就必须具备底线共识，否则就像中国的清末民初那样，肯定是维持不下去的。美国大选刚结束，大选的时候两党打得头破血流，但是美国社会是有基本共识，两党谁都不敢跨越基本游戏规则。

因此，一个进步的国家必然是建立在底线共识基础上的价值多元国家。西方知识精英虽然有左右之别，但是在体制上是有基本共识的。这主要是因为左派知识精英放弃了马克思的暴力革命学说，和私有制、市场经济、民主法治这套经典"资本主义"体制妥协。他们在经济体制上做了妥协，但政治体制其实对他们是有利的，因为"一人一票"嘛，发展中社会相对意义上的"穷人"总是占多数，总有希望通过选举掌权。在左派认同了宪政民主游戏规则之后，整个西方社会的体制共识就形成了。

看看中国，整个社会分裂得多么厉害。贫富差距巨大，不同阶层之间没有共同语言。中国现在看上去是世界第二大经济体，但这只是一个内在已被掏空的躯壳。从分税制形成的财政分配格局上，就可以看到这一点。中央先把钱拿走，地方政府需要钱怎么办？再通过征地、拆迁、污染等各种手段把人民掏空，让环境透支。国家是由中央代表的，从外表来看维持得很强大，但其实就是一层硬壳，里面已经全烂了，一点就破。这样的国家必然很脆弱，什么都可能变成危机；许多所谓的"危机"在其它国家看来只是普通问题，但对它来说就成了危机或威胁。危机的根源在于这种政治经济体制已经形成"大鱼吃小鱼、小鱼吃虾米"的剥夺格局，上层不会牺牲既得利益让步，下层普遍有被剥夺感，上下之间不可能形成共识，大概惟一的共识就是"爱国主义"；但凡国际上有关于中国的任何风波，尤其是领土纠纷，都会掀起"反美""抗日"的轩然大波。这是很危险的。

但我认为，最根本意义的分裂还是知识精英的分裂。我们现在有点像二十世纪二三十年代的德国，当时实行魏玛共和，但是社会各派没有共识，左右分裂很厉害，最后走向了纳粹法西斯。中国知识界的分裂除了左派主张国家主义、右派主张自由主义之外，首先在于对中国问题的不同认识。在自由主义看来，中国的主要问题是在国内，国际问题远没有我们想象的那么严重。当然，国际问题是个导火索，有可能击溃脆弱的国民神经，最终影响国内走势。这在五四运动体现得最清楚，凡尔赛条约可能在列强看起来没什么，但是对于中国人来说却挑起了新仇旧恨，对国内的政治、意识形态的变化产生了巨大影响。这种脆弱的民族心态是中国尤其需要当心的地方。中国问题的关键当然还是国内问题，因为治病要治根，中国的病根在内而不在外。我们首先要补养自己的身体，包括修复体制，包括拉动内需等等。如果再像这样歇斯底里"发展"下去，中国的前景确实是很危险的。

左派严重夸大了未来战争的可能性与必要性，很容易利用病态的民族心理将中国引向军国主义。钓鱼岛事件极大激发了民族主义情绪，一些种族主义分子跳出来攻击日本民族，好像所有一切都归咎于日本"人坏"，所以中日终不免有一战。这种种族主义观念其实和纳粹本质一致，完全扭曲了日本军国主义的起因。日本当年之所以走向战争，不是因为日本人好还是人坏；日本人显然不全是坏人，中国人显然不全是好人，人好人坏是一件永远说不清的事情。归根结底，日本军国主义是明治宪法体制的议会失败和天皇实权引起的，当然经济危机和对中国资源的觊觎也是直接原因，但根本原因是日本从民主滑向了集权，天皇被军队拉拢控制了。这个体制在战后得到了根本改变，天皇已经成为"虚君"；议会民主虽然不尽完善，但还是发挥着很大作用。所以今天只要不受某些外来突发因素刺激，日本不会轻易走向战争。反观中国怎么样呢？在体制上，中国很像二十世纪二三十年代的日本，而这样的体制是很容易走向军国主义的。

无论动机是什么，左派煽动战争威胁的客观后果有利于军方为代表的既得利益集团。左派的逻辑是"帝国主义忘我之心不死"，但是现在"帝国主义"为什么要侵略中国呢？以中国如此之低的人均资源占有率、如此之高的民族主义情绪、相当强大的军力及国际舆论的压力，如果还有任何国家想要通过物理方式侵略中国，只能说是脑子进水了。比此可能性大得多的是没有硝烟的经济侵略，通过国际贸易的丛林规则剥削中国劳动力、掠夺中国物质资源，这些可能如左派所言正在进行着，但是经济掠夺之所以可能，一定要有国内政府配合。防止经济掠夺需要的是按宪政文明原则构建国内政府，让政府对人民和公共利益负责，而不是进一步提高军力、扩大政府权力。

因此，保护中国的国际利益和国内利益一样，恰恰要求我们借鉴西方的宪政民主构建政府，而不是拒斥宪政文明。事实上，我甚至怀疑美国等西方国家是否真正希望中国马上实现宪政民主，虽然这是他们本国的核心价值。为什么要改变这一切呢？中国目前这样的行事方式不是对他们很好吗？压榨自己的劳动力，消耗自己的自然资源，为他们提供价廉物美的商品，把环境污染留给自己，他们买不起还要借钱给他们享用，还有哪个政府能对他们更好？如果实行宪政民主，这一切可就都保不住了。在我看来，中国的宪政民主最终要靠自己，但是这首先要求我们对中国未来的体制达成共识。

我认为，中国今后至少需要达成六个方面的共识。一是党内民主化。这个问题有三个层次。一个是党政分开，1987年十三大就已提出，但是1989年之后就不再提了。如果党政不分，执政党什么事都管，什么权力都抓在手里，这不是一个办法。执政党自己说要依法治国、依宪治国，但是在如此集权格局下是不可能实现的。尤其是地方一把手制度给各地带来了巨大的问题，譬如重庆发生那么严重的腐败，完全是因为一把手无法无天。因此，第二个层次是改革地方一把手制度。地方如果像中央这样搞七常委、九常委，可能会好一点。当然，最重要的是第三个层次，就是在党内实行差额选举，至少可以从基层开始。

二是选举规范化，包括党内选举、人大选举以及基层自治组织的选举。众所周知，现在人大被普遍认为是"橡皮图章"，根本是因为人大代表不是真正由选举产生的。如果还是用现在这部宪法的话，人大选举不规范，中国的民主政治不会有起色。三是言论自由化。没有言论自由，也就不可能有真正的选举。现在搞什么选举？

连候选人是谁都不认识，候选人也没有言论自由，不能自由竞选。民主选举的基本条件就是新闻自由，当然还涉及其它自由，如集会自由和结社自由。目前，我们政府对这些基本自由限制得很死，而且从 2017 年之后的事件可以看到，这种限制不只是针对右派的，可能右派受限制的场合多一点，但左派也一样受限制，所以广开言路、放松言论管制应该是左右一致的共识。

四是经济市场化。现在"国进民退"非常严重，无论是从土地管理对农地流转的限制，还是国家财政收入的年增长率，还是中央和地方的财税分配模式，都清楚体现了这一点。要真正推行市场经济改革，一定要刹住"国进民退"的逆流。四是司法职业化。司法改革搞了二十多年，没有搞出太多名堂。今后一定要把司法职业化真正推动下去，否则还说什么依法治国？

最后一点就是宪法实用化或实效化。其实，我上面说的这些东西在 1982 年宪法里都规定了，但从来没有认真实施过。为什么没有实施呢？直接原因是行宪机制不合理。宪法规定全国人大常委会解释宪法，监督宪法的实施，但是颁布三十年来，他们从来没有解释过宪法。所以一定要建立更加有效的宪法适用与解释机制，比如建立宪法委员会，把宪法真正用起来。

有人可能会说我是"右派"，其实以上六点无所谓左右。宪法不仅保护右派，也同样保护左派。我希望以上六点能成为超越左右的体制共识。只有形成这样的体制共识，中国社会才能避免大动乱的危险。

宪政民主应成为海内外华人共识

近年来，宪政民主不仅在国内成为"敏感词"，而且在海外华人圈子里也颇受争议。2015 年 5 月初，加拿大温哥华的华人社团举办了一场中国时局研讨会。参会前，曾有人提醒防范"海外五毛"搅局。其实从整个会议情况看，这种担心是多虑了。参会者一两百人，从提问互动到会后交流，我没有遇到一个"五毛"。相反，我从交流中能够感受到华人移民对宪政中国的普遍期待。

我的发言从问题开始：大陆移民觉得温哥华好不好？回答当然是一片叫好，但是温哥华究竟好在哪里？去过温哥华的人都知道，那里不仅空气好，风景好，而且水土好。论风景，北京也不比温哥华差，但是我们的空气出了问题，水土出了问题。中国本来就水资源贫乏，而且现在受到了很大的污染。土壤污染触目惊心，食品安全也有很大的问题。改革三十年，中国经济得到了很大发展，但是发展到今天，这个国家的日常生活却越来越不让人放心。

中国正在遭遇第三次移民潮，不仅红二代、官二代、富二代，而且有条件的中产家庭也都想出来。移民的最大原因有物质条件、资产安全，还有子女教育。许多家庭是为了子女移民，因为中国的高考压力太大……总体上，大家感觉在海外生活幸福。这种幸福感从哪里来的呢？温哥华比北京好在哪里？温哥华既不是加拿大的首都，甚至还不是 BC 省的首府——BC 省的首府是那个不起眼的小岛维多利亚。我们则要把所有的精华都集中在北京、上海这些大城市。即便如此，北京和温哥华之间仍然差距很大。最大的差别在哪里？就是在制度层面，所有这一切差异最终都是制度的差别造成的。因此，温哥华之所以好，根本在于加拿大的宪政体制好。

人类要居住在一个幸福、快乐、健康的环境中，需要具备三个层次的条件。第一是物质层面，你必须有一个健康的自然环境。第二是伦理层面，第三是制度层面。自古以来，制度都不是中国的强项，原因很复杂，主要是因为缺乏民主。不过，中国古代至少还有儒家思想作为社会的伦理基础。只是 1949 年之后被彻底颠覆了，引进了一套反伦理的世俗观念。现在有人竭力反对"西方价值观"，难道马克思主义是东方的价值吗？马克思主义的问题在于它不是伦理，经济决定论是什么"伦理"？邓小平的"白猫黑猫"论表面上是对毛时代的反叛，实际上是经济决定论的一种延续，都把我们当作侠义的经济动物。中国经济发展对自然环境的破坏足以表明，这种发展模式是不可持续的。伦理的失控造成了各种各样的物质问题，过度开发、资源浩劫、自然环境的进一步破坏。要振兴伦理，最后还是要上升到制度层面，回到宪政民主。

宪政民主有三个基本要素，那就是自由、民主、法治。"自由"形形色色，有宗教自由、言论自由、人身自由、财产权……我通常用言论和新闻自由代表其它自由，因为如果没有言论和新闻自由，其它自由也保不住。不过，我今天要首先强调宗教自由，因为它直接关系人的道德伦理。中国今天很多问题是因为政府对宗教信仰自由进行诸多不必要的限制，譬如对家庭教会的限制。环境污染不仅是政府治理不力造成的，更是大大小小的污染者放弃道德底线的结果。其实，要提升人的道德，并不需要政府来告诉我们去相信什么。上世纪五六十年代，国人比较"单纯"，但是洗脑式的道德教育终究是维持不下去的。今天据说有 9000 万党员，其中有多少是真正相信共产主义的？我想绝对不超过 10%，有没有 1%也难说。所以，我们今天的伦理、教育都出了问题，根源就是没有让宗教自由发展，阻碍了人民自由接触各种信仰的机会。如果人不能自由地去选择，那么我们怎么对自己的选择负责任？

事实上，中国今天的宗教自由空间已经比以往大很多，官方统计的信教人数也有 3 亿多，但是宗教自由在制度上仍未得到保障。言论自由也是一样，进步巨大但是缺乏制度保障。尤其在今天互联网大环境下，私人言论已有很大空间，但是政府还是通过各种方式限制言论。就在不远的历史上，言论自由的缺失曾给中国带来巨大灾难。当年只要有一点点言论自由，"大跃进"就不会演变成大饥荒，至少饥荒不会那么惨烈。今天发生饥荒的可能性不大了，这是中国和北朝鲜的区别。这种区别与其说体现于中国的经济发展，不如说体现于今日中国事实上的言论自由。政府今天对言论的管制虽然不至于造成饥荒，却也造成方方面面的恶果。目前某些不负责任的反宪政言论之所以被放大，就是因为政府对言论的操控造成的。大饥荒不让谈，"文革"不让谈，致使某些年轻人的历史观仍然停留在虚无缥缈的莺歌燕舞之中，误以为"文革"是无腐败、无污染的清平世界，严重加剧了历史意识的社会割裂。只要保证言论自由，这种人为造成的割裂就会自然消失，因为言论自由允许我们多元化表达，可以对某些基本事实进行没有保留的揭露，进而让这个民族对某些基本问题形成共识。

民主和法治的重要性显而易见，无须赘述。没有民主，哪怕你骂破嗓子，政府不听还是没用。你只有能用选票把官员选下来，政府才能真正感到压力。"第四政体"项目曾对各国民主指数做过历年统计，我用他们的数据算了世界民主平均值的历年变化，发现从1800年到今天，民主处于不可遏制的上升趋势，虽然在两次大战和冷战时期出现过两次低潮，但是八九年以来的"第三波"以及2011年以来的中东变革正在助推民主涨势。民主是当今世界不可遏制的大趋势，中国不可能置身之外，宪政民主是中国未来的唯一出路。这一点理当成为海内外华人的共识和常识。

在中国历史的发展关头，海外华人都发挥了积极作用。康有为海外流亡的时候，第一站就来到了温哥华和维多利亚。无论是孙中山的革命还是30年前的改革开放，都少不了海外华人的参与。但是海外华人以往参与似乎都有"胜王败寇"的特点，改良派得势就支持改良，革命派得势就支持革命。如今互联网时代，各种意见都出现了，这本来是好事，但是在国内处于"半自由"的特殊时期，有些不负责任的言论被不正常地放大，以至对今后的发展方向产生了一些迷惑。此次会议期间，何清涟老师谈到中国当下的政治、经济、伦理、环境四大危机。其实，所有这些问题的总答案就是实现宪政民主，除此之外没有别的出路。

中国宪政转型之路必然是曲折多变的，但是这个过程已经开始并无法停滞下来。海外华人要看清不可逆转的历史大势，不要为暂时的波折所迷惑。我相信，在这个伟大的历史变革过程中，全世界的华人一定会比以往做出更加杰出的贡献。

中国宪政转型的三种可能前景

从清末至今百年有余，中国宪政改良功败垂成，在某些关键的历史点功亏一篑，以至和宪政失之交臂。要成功转型，必须符合一定的社会与政治条件。中国宪政失败其实并不奇怪，因为中国有利于宪政转型的社会基础原本相当薄弱，1949 年后的极权体制更是消灭了转型基础。极权和一般意义的威权不一样，但两者还是有共性，前者范围更大，可以包容后者。威权统治可以有不同版本。1949 年后，前三十年实行的极权体制可被视为威权 3.0 版，主要从思想、经济和人身三个层次上对民众进行管制。人身管制是"硬暴力"，国家直接动用警察和军队管制人民。这个层次的管制在所有形态的威权国家都存在，构成威权 1.0 版。只有 1.0 版的威权国家才可能发生宪政转型。

思想和经济层面的管制则属于"软暴力"，也是极权有别于一般威权的特征。思想管制通过洗脑控制人民的思维，使之根本不用实施硬暴力就衷心拥戴政权。这是威权统治的最高境界。经济管制则是通过公有制造成对政权的经济依附，如果思想或言论出现偏差就要承担失业等经济后果，譬如说出版了一本禁书就要关闭出版社，出版社的全体工作人员都得丢饭碗。威权统治版本越高，社会控制越全面，专制越深重。威权 3.0 版的极权国家热衷于各种"专政""斗争"，根本不会去想什么转型。只有逐步摆脱思想管制和经济依附，从威权 3.0 变成 1.0，才可能发生宪政转型。

改革 30 年，中国首先从经济上取得突破，带来思想与信息的多元化。以前是靠枪杆子和笔杆子这"两杆子"治国，加上经济控制实际上是"三杆子"，但是现在国家调配经济资源的能力越来越有限，而笔杆子基本上已全面失灵。我曾将 1949 年后的中国意识形态变化分为三个阶段。第一个是五六十年代的"全民洗脑"阶段，第二个是以 1978 年真理标准辩论为标志的"精英反思"阶段，现在则已进入"全民觉醒"阶段。主要是因为互联网的发展，以 2003 年的孙志刚事件为标志，每个网民都有条件对历史和现状进行反思，极大加大了对制度合法性的反思和批判力度。正是在这种背景下，上演着一场新的意识形态战争，官媒先后出现了夺回意识形态上的"上甘岭"、对宪政民主思想进行"亮剑"等极左话语，教育部重新强调高校政治思想工作。这些措施可能会有点一时之效，但长远来看肯定是无用功。

因此，现在基本上是靠警察这"一杆子"治国，通过公安等维稳力量来管制思想言论。这是为什么目前中国大致处于威权 1.5 版，也许正在向 2.0 版演变，但不可能回到以前的 3.0 版。当然，极权这套体制还在，互联网也呈现出它的双面性，局势比较复杂。民间可以通过网络信息进行反思，官方也可以利用网络来进行新的洗脑，例如刺激强烈的民族主义情绪。但除非发生突发事件，思想倒退的可能性不大。中国转型自 1978 年即已启动，中间虽然会出现波折，却不可能长期停滞。

已故哈佛大学教授、《第三波——20 世纪后期民主化浪潮》作者亨廷顿（Samuel P. Huntington）提出过三种转型模式：第一种是自下而上的革命，第二种是自上而下的改良，第三种是两者结合、上下互动的变革。革命造成的社会动荡较大，是我们都不愿意看到的，成功的可能性也很小，目前几乎没有成功先例。像罗马尼亚推翻齐奥塞斯库的街头革命只是一个转型的例外，而且本身也有一定的前提条件，如军队转向或至少保持中立。这些条件在中国目前还不具备。有人认为，极权国家不可能成功改良，其实这是一种误解。苏联、东欧等绝大多数极权国家都是和平改良的先例。当然，前提是逐步丢弃极权特征，变成一般意义的威权国家。

上下互动的变革是多数人希望看到的中国发展方向，但是变革或改良需要符合一定的政治与社会条件。如果体制内可大体分为强硬的保守派和开明的改良派，体制外大体分为愿意与改良派合作的温和派与革命激进派，那么改良派必须在体制内战胜保守派，温和派则在体制外压倒激进派。另外，军队要保持中立，拒绝与体制内的保守派合作。在转型成功的国家，这四者的关系呈现良性循环。体制内外的改良派和温和派联合起来，通过渐进改良来解决社会问题。这样能让执政党得分，增强改良派的话语权。体制外有强大的温和派存在，与体制内的改良派互动，相得益彰。转型失败的国家则陷入恶性循环之中。激进派占上风，而执政党显然不能接受他们的主张；保守派向改良派摊牌，直接动用军队镇压，改良派也失去全部阵地，体制内外的对立越来越严重。

和体制外相比，体制内的条件更难满足。体制内的条件也分为不同阶段。首先，要有改良派的公开存在。然后，改良派的力量还得超过保守派。但是现在，中国体制内的"改良派"是谁？这个问题就说不清楚。胡温时代，还有温家宝公开主张普世价值，不管是否作秀，现在连这样的人也没有了。即便党内有派也不公开活动，至少外界缺乏信息。这种封闭状态的派系斗争对于国家良性转型是没有作用和动力的。

既然党内没有公开的改良派，体制外力量也会逐步激进化。温和派的建设性主张对牛弹琴，甚至在外人看来是热脸贴冷屁股，徒然让激进派嘲笑，甚至被指责为"变相维稳"。总体上讲，中国现状是强硬派压倒改良派，还掌握军队的绝对忠诚。八九风波导致改革派悉数出局，保守派全面执政。此后，体制内强硬派一直占据主导地位，导致体制外激进情绪和势力不断上升。温和派则遭遇两面夹击，"左右不是人。"

整体上说，中国当下仍然处于强政府—弱社会状态。威权体制的一大特征是中央通常集中了所有权力，下放给地方的权力较少。中央集权体制本身对维持政权有利，可以调动优势资源来对付地方危机；国家规模越大，抗争成功的机会就越小。在国家管制下，中国民间力量仍然很弱，一盘散沙，欠缺行动能力。改革三十年，中国社会力量虽然壮大了许多，但总体上仍未走出无信仰、无组织、无共识的"三无"状态。中国传统文化中没有宗教因素，儒家伦理主要限于士大夫精英阶层，对普通民众影响有限。道德资源缺失让绝大多数人都成为消极被动的"围观者"，给中国已很困难的转型雪上加霜。民众对不幸的忍受度比其它国家都高。在中国发生的许多事情在其它国家可能早就引发激烈的社会对抗，如 2011 年突尼斯因小贩自焚而发生革命、总统下台，但是类似的事件在中国屡屡发生，譬如 2015 年 5 月即发生黑龙江警察枪杀上访村民事件，却没有激发什么民众反应。

当然，伦理危机并非当今中国最严重的问题。由于国家已逐步失去了控制思想和信仰的能力，宗教管制逐步放开是大势所趋，中国信教的人数迅速增加，传统道德也可能会有一定程度的复兴。道德伦理在本质上是一个宪政制度问题。只要有一定的宗教信仰自由，中国社会修复伦理的能力是不用担心的。

在此背景下，中国未来的走向主要有三种可能性。第一种是集权与社会危机长期并存，不要低估这种可能性。中国确实是一个危机频仍的国家，经济、人口、伦理、环境危机越来越频发，但是如果执政党在处理过程中没有大的闪失，没有什么理由认为这些危机一定会导致翻盘。第二种是危机大爆发，社会失序、政权坍塌。这种前景令人担忧，因为恶性土壤长不出良性的果子，危机下产生的政权一般会比原来的更糟糕。第三种可能是威权局部失灵，体制内开明派主动考虑政治改革，体制内外形成新一轮良性互动。这种可能的前景最为光明，但目前还不见端倪。如何规避前两种可能性、让第三种可能变成现实，是中国朝野的温和改良派共同面临的严峻课题。

叁、律师、法治与权力制衡

1999 年启动的中国司法改革本来即已迟到，比 1978 年开始的经济改革和次年的大规模立法改革整整晚了 20 年。开始不到十年，2008 年进入胡温二期，"法盲院长"王胜俊上任，司法改革又走回头路。在肖扬院长主政的十年中，中国的司法改革研究十分活跃，制度改革则多限于皮毛。法官不穿军装了，穿上了法袍、拿起了法槌，但脑子里面的思维究竟改变了多少？伴随法学研究与教育水平的提高，法院的知识层次也水涨船高，不仅"退伍军人进法院""舞女法官"现象几近绝迹，甚至本科毕业都未必进得了法院，今天至少发达城市的法院非法学硕士博士的不要。然而，法院内部的权力结构并没有发生根本变化，《法院组织法》规定的"法官独立"仍然只是一个"笔误"。事实上，和知识结构未必完整但"党性"或个性更强的某些老一辈法官相比，年轻一代的法官检察官抗压能力更弱。

即便 2014 年最高法院出台了司法改革第四个五年计划，纠正了之前的"司法大众化"倾向，但是在"党领导一切"的大环境下，表面务实甚至有点激动人心的改革措辞改变不了苍白的现实。司法改革之冷暖，从浦志强律师正是在这个时候被抓捕一事中即可感觉得到。没想到仅仅一个月之后，和"死磕律师"过不去的"政法王"周永康也被抓了。再到后来，抓浦律师的前北京市公安局长兼公安部常务副部长傅政华也被抓了。没有司法独立，就只能日复一日地重复同一个笑话：反对周永康的人进去了，支持周永康的人也进去了，现在连周永康自己都进去了！

中国改革的前途在于深化法治

2012 年 4 月，中共高层决定对薄熙来的"严重违纪问题"立案调查，[1] 引起众多网民热议，有人甚至将其和 1976 年打倒"四人帮"相提并论。虽然这种比喻明显高估了事件的"级别"，但是鉴于"重庆模式"倡导的"唱红打黑"确有"文革"遗风，再联想到总理温家宝此前在答记者会上对"文革"回潮的警告，两次事件确实存在一定的可比性。且我们有理由相信，这项决定的意义远不只限于个别高官的人事调整，而是涉及中国今后改革方向的大问题。事实上，中央对薄熙来及王立军事件的处理方式本身即已表明，中国改革的前途在于法治而非人治。

遥望 1980 年，我还清楚记得自己作为一名刚进校的大一学生，在南京大学教学楼教室观看最高法院公审"四人帮"的电视直播；审判现场和教室里都坐满了人，最高法院院长江华面对黑压压的人群铿锵有力地宣判了被告们的罪行，引来阵阵响亮的掌声。当场就有学生议论，江华的威严气势已把那些"坏蛋"给"震"住了。这场"公审"通常被认为是中国法治的里程碑，但是其实今天中国法学界的主流已不认可带有群众运动色彩的"公审"。这种"公审"看似气势磅礴、震撼人心，台上义正词严，台下一片欢呼，没有一个人敢在这种氛围下说个"不"字，但是"集体狂欢"的背后隐藏着滥用公权的严重风险，往往蜕变为政治斗争中的胜者对群众舆论的操控，而"文革"时期的大量冤假错案就是这样造成的。

三十年后，虽然中国法治还有待实现，人民的法治意识已经发生极大进步，公平正义、正当程序、司法独立等法治理念已深入人

1　"坚决拥护党中央的正确决定"，《人民日报》2012 年 4 月 11 日。

心。虽然"重庆模式"吸引了不少眼球，尤其是当地居民似乎多数支持"唱红打黑"，但这些做法还是受到了社会的广泛质疑。李庄案等法治事件显示，在没有法律正当程序的保障下，"打黑"很容易蜕变为"黑打"，"文革"式办案必然导致冤假错案盛行，而这显然不是司法改革的正确走向。此次事件的官媒评论强调"依法治国""以事实为依据，法律为准绳"，也体现了中央处理政治事件的法治化导向。虽然从王立军进入美国领馆起，整个事件迂回曲折、扑朔迷离，但是在互联网时代，人民还是跟踪参与了整个事件的进程。和1976 年相比，中国老百姓今天对政治事件的知情程度已有很大提高。

就和"四人帮"倒台不只是高层人事变动，而是关系到中国改革方向一样，重庆的人事变动对于中国今后的改革方向也具有标志性意义。如果 1976 年基本上确立了此后三十多年的经济改革方向，那么此次事件则有助于推动今后的政治与法治改革。事实上，肇始于 1978 年的改革开放本来应该是政治、经济、法治、文化等全方位改革，但是实际上长期囿于经济改革一个方面，法治尤其是政治体制改革严重滞后，从而在改革过程中引发了贪污腐败盛行、贫富差距扩大等诸多后遗症，严重影响了社会和谐与稳定，甚至让一些不明历史真相的群众怀念起没有人权和尊严的"文革"年代。所谓的"重庆模式"就是在这样的政治土壤上兴起的。正如温家宝警示，如果再不及时推进政治体制改革，就有"文革"复辟的危险。

以重庆为鉴，今后的中国改革一定要沿着宪法所体现的民主、法治和尊重人权方向，在有序推进政治体制改革的同时，重新回到司法职业化的改革方向，用公正的司法程序为每一位中国公民赋予宪法所保障的权利与尊严。此次事件的处理程序正是体现改革新思维的恰当起点。即便"重庆模式"的始作俑者抛弃了法治与人权，以违背法治原则和规律的方式治理地方，我们也不能以"其人之道还治其人之身"，而是要通过公开透明的法律程序，让当事人享有充分的辩护权利，让确凿的事实和公正的法律决定他们的命运。只有这样才能以理服人，让赢者赢得光明磊落，让输者输得心服口服，否则就难免造成"胜王败寇"的印象并埋下更大的"文革"隐患。事实上，我们所反对的并不是某个特定领导人，甚至不是"左派"或"右派"的不同"路线"，而是"文革"所标志的那种高度集权、专横跋扈、暗箱操控、表面莺歌燕舞、实则万马齐喑的无底线人治方式。

都说"人民的眼睛是雪亮的"，但是这一论断只有在言论与新闻自由受到保障的前提下才能成立。只要允许获得事实真相，人民在知情基础上不难判断"重庆模式"的真伪或优劣。在这个意义上，中央所需要做的只是保障每一个公民在宪法上的言论自由和选举权。中国未来的改革方向最终是由人民选择的，但是只有在民主、法治和自由的体制环境下，人民才能做出明智的选择。

"党管干部"不能干预法官独立审判

法官也上访？吉林四平伊通县法院郭学宏的遭遇表明，法官不仅可能上访，而且还可能因上访而被劳教。其实法官上访在中国不是第一次，关键还要看为什么上访。郭学宏曾是伊通县法院分管民事的副院长，就因为办理一起普通的经济纠纷案，查封了被告的财产，而受到吉林省与四平市整治和建设经济发展软环境领导小组办公室（"软办"）的调查。谁知道"软办"不软，径自认定法院在该案件中"不正确履行职责，违法超标查封"，"严重影响了企业的生产经营，给企业造成了重大经济损失。"四平纪委将其作为典型"涉软"案件进行通报，法院院长因负有重要领导责任而被建议免职，分管副院长郭学宏则因负有主要领导责任、负责审案的庭长因负有直接责任而被建议撤职。郭学宏从此走上了上访路，为的就是对"软办"和纪委如此干预办案讨个说法。

长期以来，"党管干部"一直是不可动摇的组织原则，但是这项原则的意义并不明确。譬如地方党政认为郭学宏负责的这起案件判决错误，是不是应该"管一管"？这一"管"就把法官彻底管死了，无法按宪法要求依法判案。根据现行宪法第 126 条和《法官法》的有关规定，法官"独立行使审判权，不受行政机关、社会团体和个人的干涉"。但是如果郭学宏因为判了一起案件——就算完全判错了，而给自己惹了这么大的麻烦，当地还有哪个法官敢依法办案？结果还不是上面说什么就是什么，法官完全成为领导的附庸。正如郭学宏自己所说："这个事不解决，以后法官都不敢办案了。"如果不能解决郭学宏上访所反映的问题，将无疑在全国树立一个党政违法干预司法的恶例，进一步抑制各地法官的人格独立并加剧其对权力的人身依附。

　　因此，问题不在于党要不要管干部，而是管谁——谁是"干部"？怎么"管"？首先，法官是不是管辖范围内的"干部"？作为法院副院长，郭学宏无疑是通常所理解的"干部"，但他又是一位法官，而普通意义的法官恐怕不能被归为"干部"范畴；法官并不是真正意义上的"官"，也不需要、不允许别人管。即便郭学宏本人是"干部"，但如果他所履行的是法官份内的职责，那么不论他做对还是做错，党政都不应插手干预。如果判决确实有误，那么纠正错误的正道是上诉，而不是党政直接干预。事实上，伊通县判决的这起案件已经被吉林省另一个地方法院重审并获得肯定。在这种情况下，"党管干部"实际上已成为违法干预司法程序的借口。吉林省"软办"的做法显然是以权代法，属于地方公权的严重滥用。

　　其次，更重要的是党应该怎么"管"干部？即便可以管一管作为副院长的郭学宏，也不能师出无名。按照宪法规定，法院领导由同级人大选举产生并对人大负责。当然在人选过程中，执政党发挥很大作用，但是随意调查并撤职显然不仅侵犯了法院的独立审判权，而且也有违宪法规定的以人大为主导的人事监督制度。纪律检查仅限于对干部个人的法纪监督，而不是一种无所不在、无法无天、想用就用的权力。只有在有证据表明郭学宏确实有贪污腐败等犯罪嫌疑的情况下，当地纪检才有权介入。至少对于法官来说，法律就是"纪律"；只要法官个人不贪赃枉法，就没有纪检干预的余地。

　　总之，"党管干部"必须建立在依法治国的基本前提之上。虽然宪法序言明确规定了"共产党领导"，但是"领导"并不等于全面包办或直接干预政府事务。宪法意义上的"领导"是指执政党的政治领导，主要包括通过民主决策机制决定大政方针，经由人大立法程序使之变为国家法律和政策，向国家机关推荐干部人选，并监督党员干部廉洁守法。但是执政党不宜直接干预政府人事决定或介入行政和司法事务，尤其不应干预具体个案判决，否则必将导致人治、损害法治并破坏执政党自身主持制定的法律。这显然不是"共产党领导"和"党管干部"的本意。

司法改革首先要改立案制度

2014年4月28日，8名非京籍初三学生因不能在京平等参加中招考试，将北京市教委告上法庭，但是北京西城区法院认为他们提交的材料不合格。5月4日，西城区法院终于接收了他们重新提交的起诉材料，但表示在7日内决定是否立案。换言之，即便非京籍学生提交的诉状表面合格，法院是否受理仍然是悬而未决的未知数。事实上，早在一年前，非京籍学生代表也曾因不能在京参加普通中考而起诉北京市教委，而海淀区法院以北京市教委注册地及"组织机构代码"不在海淀（而在西城）为由拒绝受理，西城区法院则以教委现办公场所在海淀区为由拒绝受理。对于许多关系重大民生的案件来说，立案早已成为一个绕不过的拦路虎。

"立案庭"本身就是一个奇特的存在。立案过程其实哪个国家的法院都有，但立案只是一个极其简易的程序，只需要检查是否有原告、被告和诉由(cause of action)。你只要在纸上写出来就完事了，"立案"审查即告通过。至于原被告是否适格、诉因能否在法律上站住脚、法院是否有管辖……统统留给法官在审查案件时处理，因为这些看似简单的程序问题往往比案件的实体法律问题还复杂；美国最高法院大法官们经常就为这些问题打得头破血流，不同意见四分五裂，譬如环保组织是否环境公益诉讼的适格主体就是如此。更夸张的是，著名的马伯里诉麦迪逊就是法院管辖问题闹出来的。这些问题显然不是一个"立案庭"处理得了，所以美国也从来不存在"立案庭"这样的机构。假如美国当年也设了"立案庭"这么个不伦不类的东西，以"管辖地不在最高法院"为由，一句话把马伯里打发回家，还会有"世界宪政第一案"吗？

如果问题很简单，那也好办，法官可以写一个相对简单的

summary judgment，驳回了事。德国宪政法院每年接到大量"宪法申诉"，其中 95%均不符合诉讼条件。德国也没有因此而建个什么"立案庭"来敷衍他们，而是把法官分为三人一组，简易处理这些申诉材料；即便申诉人显得法律上很无知，法官也要写明为何不能接受其申诉的理由，也算是一种"公民宪法教育"吧。当然，如果确实存在当事人无理取闹、恶意滥讼、浪费司法资源的迹象，是可以追究其法律责任的。

总之，没有"立案庭"的事儿。因为立案过程本来极简单，法庭书记员就能处理的事情；如果要细抠其中的法律构成要件，譬如原告是否适格、法院是否有管辖，则区区立案庭又处理不了，因而它的存在纯粹是一个鸡肋。且不止于此，一旦设了立案庭，这样的机构很容易成为法院枉法的便利工具。在现实生活中，大量本来完全符合法律规定的诉讼因为涉及"敏感"问题等原因，都在立案阶段就被擅自排除在法院大门之外，严重削弱了人民的合法权利和法院消解社会冲突的功能，直接导致"上访"现象愈演愈烈。更有甚者，法院作为既得利益的一部分，和地方政府部门沆瀣一气，通过不予立案剥夺人民的诉权，纵容公权的滥用和贪腐。例如最高法院多年前即指示各级法院受理征地拆迁诉讼，但是众多地方法院出于显然的原因，就是不予立案。和驳回诉讼请求不同的是，不立案往往连个裁决文书也没有，索性来个"死无对证"，以免当事人再拿着裁定书"讨说法"、惹麻烦。

当然，中国立案过程并非没有任何司法规范。1997 年，最高法院曾颁布《关于人民法院立案工作的暂行规定》，其中第八条要求法院审查诉讼是否具备原告主体资格、明确的被告、具体的诉讼请求和事实根据、属于法院受案范围和受诉法院管辖等事项。我们看到，这些要求当中有些合理，譬如是否有明确的被告和诉讼请求，但是有些显然不合适，譬如原告资格、事实根据、受案范围等，因为这些可以是相当复杂的程序法问题，完全不属于立案阶段的考虑范围。第九条还规定："人民法院审查立案中，发现原告或者自诉人证明其诉讼请求的主要证据不具备的，应当及时通知其补充证据。"
立案过程并非实体审查，如何判定是否具备"主要证据"？

即便立案审查合格，第十三条还规定"根据案件的不同情况，
由负责审查起诉的审判人员决定立案或者报庭长审批。重大疑难案
件报院长审批或者经审判委员会讨论决定。"诸如此类的规定只能
让原本极其简单的立案过程人为复杂化，进而使立案变成极易受到
政治化、任意滥用和滋生腐败的权力，彻底背离立案的正当功能。

立案本来只是一个程序，而非任何意义的权力。要使立案回归
其本来目的，司法改革必须从根本上改革立案制度。只要起诉具备
原告、被告、诉由和可能合适的管辖，即应被视为通过立案。剩下
的问题等诉讼开始后，由庭审法官决定。如果还是像现在这样，在
立案阶段就夹带各种程序和实体问题，当事人没机会开口就被扔出
法院，法院还没开始庭审就已涉嫌违法审判，如何实现司法改革所
要追求的法治理想？

刑诉法解释应实行司法集中制

　　虽然《刑事诉讼法》修改已经在争议中通过，但是文本修正只是一切的开始，而远非终结。尤其因为中国立法规定粗疏宽泛，往往为法律适用留下了很大空间。因此，法律解释就成为一门至关重要的艺术；如果在适用过程中遇到立法含糊不明的疑难问题，解释者甚至可以发挥立法者的作用。然而，谁解释法律？在中国，这不仅是一个问题，而且问题的答案不止有一个。据说此次刑诉法修正案通过后，最高法院、最高检察院、公安部、全国人大常委会法工委等单位的实务界人士及众多高校学者已出版十余种释义专著，在律师会见是否需要侦查机关审批、如何认定"特别重大"贿赂犯罪、如何确定证人是否有必要出庭作证、是否需要说明拘留或逮捕犯罪嫌疑人的原因和羁押地点、特殊审限是否可以无限延长等不少重要问题上见仁见智、颇多分歧。当然，学者或官员显然有发表见解的言论自由，但是如果各个部门固守自己的法律解释，那么刑诉法将遭遇被部门"肢解"的危险。

　　迄今为止，中国法律解释一般采用相当复杂的"分散制"，也就是有多个解释主体"各自为政"，做出基本上同等效力的法律解释。此次刑诉法修改采取的思路是由特定法条所涉及的机关负责解释：涉及一个机关或部门的，由本机关或部门根据新刑诉法修改原有的解释；涉及多个机关或部门的，由各相关机关、部门根据新刑诉法共同修改，或制定统一的刑诉法实施细则；不同解释的条文之间有交叉、矛盾或者认识不一致的，则需中央政法委会同全国人大常委会法工委，与各机关、部门协调解决。由此可见，一部法律的解释牵扯多个机构，难免出现多处解释冲突，而部门协调又耗时费力，最后往往不了了之。

　　分散解释机制存在诸多弊端。首先，刑诉法解释沿用"谁制定、谁解释"的传统思维，由法条所涉及的机关负责解释法条，不利于犯罪嫌疑人的权利保障，也不利于如实体现立法者的修法精神。刑诉法的重要目的在于规范与限制公安部门与检察机关所行使的公权力，而如果由这些部门负责解释约束自己的法律条文，显然违背了法治的基本原则，也就是任何人不得做自己案件的法官。长期以来，"部门立法"之所以饱受诟病，正是因为部门立法必然保护部门利益，而和全体国民的公共利益相抵触。现在刑诉法实行"谁负责，谁解释"原则，等于将部门立法引入了原本应按立法意志统一实施的法律，结果必然是向部门权力与执法便利倾斜，而难以充分体现立法本身对犯罪嫌疑人的权利保障。

　　更重要的是，分散释法显然将破坏法治统一、割裂法治秩序，进而违背宪法第 5 条所要求的维护"法制的统一与尊严"的国家义务。如果一部法律在一个部门是一种解释，在另一个部门是另一种解释；在一个地方是一种解释，换一个地方又是一种解释，那国家法律成何体统？统一解释是法治的基本要求，任何法治国家都不可能置之不顾。我们看到，即便在强调高度自治的联邦国家，法治统一也是不可撼动的基本原则。早在 1816 年的"地产充公案"，美国联邦最高法院就确立了联邦宪法与法律由联邦法院统一解释的基本原则，从而维持了美国两百多年的团结和统一。在霍姆斯大法官看来，这一先例所确立的法治统一原则要比 1803 年"马伯里诉麦迪逊"建立的司法审查制度更重要，可想而知法治统一在美国法律体系中的地位。这样，虽然联邦只能在宪法授权的某些领域立法，但在这些领域内联邦法律是高度统一的，既不可能一地一个解释，更不可能一个部门一个解释。作为联邦国家，美国高度强调地方多元化，但是多元化限于各州自治领域，联邦立法领域则必须凸显统一；如果在联邦法律领域内再谈什么"多元化"，必然意味着国家分崩离析、法治荡然无存。

　　如果"多元化"在美国都必须让位于法治统一原则，在其它法治国家就更不用说了。纵观各法治国家，我还没有发现一个会纵容部门多头释法。当然，在执法过程中，每个部门都必须释法，并按照部门对法律的理解去执法。但是众所周知，部门释法显然不具备最高或最后的权威。在所有法治国家，这个权威在于法院；如果各级各地法院的法律解释出现冲突，则通过逐级上诉由最高法院做出最终的权威解释。如此，则法律解释"尚同"于最高法院，国家法律在全国获得统一的理解与适用。正是通过司法尤其是最高法院的集中解释，国家法治才归于统一。

作为中央集权的单一制国家，中国理应更注重国家法治统一。但似是而非的是，中国的法治其实并不统一，其中一个重要原因在于未能确定法院释法的权威地位，造成部门释法盛行。宪法规定了人大至上的国家权力结构，并赋予全国人大常委会以解释宪法和法律的最高权力，司法只是处于次要地位。然而，出于种种原因，人大释法只是例外而非规则，多数法律疑难问题并不能得到常委会的及时解释。虽然最高法院出台的司法解释有助于统一全国法律解释，但是它并不像在法治国家那样享有理所应当的最高地位。因此，正如刑诉法解释所揭示的困境那样，法律究竟是什么？这个问题在中国往往引发一团众说纷纭的乱象。

要实现国家法治统一，中国必须借鉴法治国家的普遍经验，彻底抛弃"谁负责、谁解释"的反法治思维，确立司法在法律解释中的权威地位和最高法院统一全国司法解释的集中释法模式。以司法为中心的集中释法模式和宪法规定的人大常委会机制并不矛盾，因为宪法第 67 条只是规定了全国人大常委会的最高解释权而非排他性解释权；如果最高法院的司法解释和人大解释相冲突，那么仍以人大解释为准，但是对于众多人大未曾解释的立法，最高法院的司法解释应具有最高权威。

当然，集中解释也有风险：万一最高法院误解了立法精神，或出台的司法解释不符合变化发展的社会需要怎么办？为了防止司法任意专断，最高法院在司法解释过程中有义务广泛征求意见，不仅包括各相关部门的意见，而且也包括学者和社会大众的意见，在此基础上对主要意见分门别类、归纳总结，并向社会说明采纳或不采纳的理由。事实上，司法解释在出台前征求社会意见已经成为最高法院的"惯例"。如果能够完善后续的意见公开与说明理由，那么统一司法解释将更具有民意代表性和权威性。

总之，新修刑诉法应采取"先民主、后集中"的司法解释模式。

从王书金到聂树斌
——"疑罪从无"的适用错位

2013 年 9 月，河北省高院维持了王书金案的死刑判决，并支持检方提出的"石家庄西郊强奸、故意杀人案不是王书金所为"的结论。众所周知，王书金案之所以引人注目，并不在于这个案件本身，而是在于他主动承认了自己就是聂树斌案的真凶。也正是在这里，我们看到了戏剧性的一幕：被告不断供认自己就是某案的真凶，公诉方却坚决否定是他干了这事！公诉和被告仿佛角色互换，在被告是否一桩强奸杀人案的凶手这个重大问题上相互"谦让"起来；被告一再表白不让别人替自己"背黑锅"，检方却坚持"疑罪从无"，一副要将被告权利捍卫到底的样子。然而，后者的出发点似乎不在于保护被告，而在于一旦承认王书金是聂树斌案的真凶，也就等于承认聂树斌的死刑判决是一起发生在河北的陈年冤案。

河北高院不认定王书金为聂案真凶的理由是其提供的杀人证据不尽符合被害人的勘验笔录和尸检报告，主要是具体作案时间差了几小时、被害人身高差了 20 公分，尤其是王未能供述被害人的颈部缠绕了一件花衬衣"这一关键、隐蔽性细节"。据此，河北高院支持了检方提出的王书金并非石家庄西郊案真凶的结论。如此听起来，河北高院和检察院在这一起案件中成了坚持"疑罪从无"原则的典范。

然而，在石家庄西郊案适用"疑罪从无"显然是一种时空错位，河北高院认定该案"不是王书金所为"的结论也带有很大的误导性。"疑罪从无"原则并不能帮助我们推断被告是否作案，而只是要求国家在证据有疑点的情况下不能给被告定罪，因而是对国家权力的限制、对被告自由的保护。譬如美国法院适用"疑罪从无"，判定辛普森"无罪"。这只是说检方起诉辛普森杀人的证据中有疑点，未能达到"超越合理怀疑"的举证负担，因而不能判他有罪，但这并不是说法院就此宣布杀人案不是他干的。事实上，很多人都怀疑这桩案就是他干的，可能连法官本人也不例外，只是证据未达到让国家动用暴力把他铐起来的地步。打个比方：法院给被告定罪需要99%的证据，现在政府只拿得出90%的证据，法院只能宣判"无罪"释放，但凭这个能说法院是在判决这起案件"不是"这个带有90%嫌疑的被告干的吗？

现在河北检方根本没有起诉王书金犯了石家庄西郊案，"疑罪从无"从何谈起？如果证据有疑点，只能说国家不能因为这个案件判他有罪，而绝不能断定这起案件"不是王书金所为"。换言之，以现有的证据，河北高院既无权宣判石家庄西郊案是王书金干的，也无权以"疑罪从无"的名义宣判此案不是他干的。如此适用"疑罪从无"，显然是对这一原则的误用，目的是把他从聂树斌案中彻底抹掉。王书金的自供确实和勘查笔录存在一定的出入，但他完全可能是石家庄西郊案的真凶。如果该案真凶不是他，他有什么理由主动冒名顶替呢？检方给出的理由是以此获取轻判，但是这种理由恐怕是很难成立的。撇开石家庄西郊案不说，他已经犯了强奸三名妇女、杀死其中两人并杀害一人未遂的死罪；冒名顶替之后，他的罪变成了强奸四名妇女并杀死其中三人。这种主动交代即便算是"立功"，对他来说也是得不偿失，只能加重罪责。

至于被害人颈部的花衬衣，也许对于公诉人来说是"关键细节"，但在普通人看来未必是什么重要证据，未曾招供也不难理解。毕竟，王书金是在案发多年之后招供的，记忆模糊、细节出入纯属正常，不能用"疑罪从无"认定他和该案无涉。更何况他还供述出现场的一串钥匙等符合勘查笔录的关键证据，而这个细节在聂树斌的口供里却没有。如果不是作案人，很难解释他会知道如此微小的现场细节。因此，现有证据确实不足以为王书金是否石家庄西郊案的真凶定罪，但是证据中的疑点亦同样不能否定该案真凶很可能是他，而非聂树斌。

真正应该适用"疑罪从无"的对象是聂树斌，而王书金的自供不论有什么疑点，都构成聂树斌的重大"疑罪"。作为聂树斌案的关键证人，他对重新审查聂树斌死刑判决的合法性具有重要价值；在这个时候判他死刑，给人的印象恐怕不是"疑罪从无"，而是"杀人灭口"。众所周知，聂树斌案的判决已遭社会质疑达十多年之久，而最高法院也曾责令河北高院再审，但是后者一直未能拿出一个令社会满意的答复。王书金的自供让社会看到再审聂树斌案的希望，而河北高院对其死刑的维持不禁让人担心，为聂树斌讨回公正的希望会否再次泯灭？

当然，如果河北高院像对待王书金那样对待聂树斌，严格适用"疑罪从无"，那么聂案的公正判决不难实现。然而，这一原则用在了一起不该用的案件，却未必表明它也会用在该用的案件上。鉴于河北法院系统以往对聂树斌案的态度，社会有理由怀疑它能否公正处理聂案或与其相关的案件，譬如王书金案中的自供部分。事实上，河北司法和聂树斌案已经产生了一种"利害关系"，判决聂树斌无罪即等于给河北司法"抹黑"。我对河北司法系统没有偏见，但是在这种利害关系影响下，很难指望任何司法系统能够公正审判。在这个意义上，河北司法已经失去了处理和聂树斌案相关案件的资格，而由河北高院对王书金的自供证据定性也是不能令人信服的。

如果要再审聂树斌案，最适合的主体当然是最高法院。如此也能妥善衔接聂树斌案的再审与王书金的死刑复核，等到王书金在聂树斌案再审中做完证人之后，再复核其死刑判决。否则，如果匆忙核准并执行王书金的死刑，聂树斌案的再审又遥遥无期并失去关键证人，中国司法的公信力无疑将又一次受到重大伤害。

司法职业化改革：集权颁与放权并行

在经历 2008—13 长达五年的停滞乃至逆转之后，中国司法改革的步伐骤然加速。2014 年 7 月 9 日，最高法院发布了《人民法院第四个五年改革纲要(2014—2018)》，针对八个重点领域，提出了 45 项改革举措，其核心主要体现在四个方面：完善司法人员分类管理、建立司法责任制、落实司法人员职业保障、实现省以下法院、检察院人财物的统一管理。12 日，上海市正式启动了司法改革试点方案。"上海方案"旨在明确法官、检察官的人员构成，削减院长和庭长的行政性权力，调整审判委员会的地位与功能，加大司法专业活动的权重。这些改革切中长期困扰中国司法的顽症，为其成为真正意义的司法初步奠定了基础。

长期以来，中国司法受制于四大"综合症"：人员太多、太杂，人均待遇和专业素质低下；司法资源匮缺，在人财物上完全倚赖地方，造成严重的司法地方保护主义；外部与内部权力干预无处不在，严重抑制了法官人格独立与责任担当；审判不透明、不公开，判决书如千篇一律的"八股文"，说理严重欠缺，进而为相当普遍的司法腐败提供了便利温床。这种状况导致中国司法并非真正意义的司法，而只是一个按领导指示办事的官僚机构。

反观法治国家的司法，其核心即在于少而精的司法队伍和去行政化的司法结构。法官只有一个任务——依法判案，只接受一种指示——法律的命令，其余一切"管理"都是多余的障碍和干扰。但受制于旷日持久的政治化、行政化影响，中国司法队伍人员庞杂，法官超过 20 万，检察官也有 15 万之多，但许多"法官"常年不判一个案件，院长、庭长更是忙于种种"管理"和"领导"事务，无暇亲自判案。对于法治而言，这些人其实都是"不务正业"的冗员，本来就不应被冠以"法官"头衔。此次"上海方案"精简了司法队伍，明确法官、检察官占 1/3、司法辅助人员超过一半、行政管理人员约占 1/6 的合理司法结构。这是司法职业化的基本要求。

精简了司法队伍，却不能保证司法人员的独立性，则法官仍然不是真正的法官，检察官也不是真正的检察官。以法官为例，中国法院长期以来受制于内部和外部行政化的双重管制，法官独立性严重欠缺，造成司法判决成为领导意志而非法律推理的产物。只要院长、地方党政或上级领导想干预某个判决，法官根本无力抵制。加上司法人员的待遇和办案经费均控制于地方政府之手，法院的首要任务成了保护地方利益而非执行中央立法，否则必然遭到地方党政打击报复。在 2003 年的"洛阳种子案"，法官李慧娟的遭遇即可说明问题。

此次改革的重点在于司法去行政化及省以下司法人财物的上收，体现了司法改革集权与放权同时并行的趋向。法院与检察院人财物上收省一级统一管理，有助于加强地方法院的资源保障，削弱司法的地方依附与地方保护主义倾向。但是如果只有集权而没有放权，司法权不能落实到法官和检察官个人，那么中国司法仍然不可能摆脱长官意志的掌控，而成为真正意义的司法。只有打破司法内部的权力控制结构，把权力下放到法官和检察官，让他们真正对自己承办的案件负责，才能建立合格称职的司法队伍。只有当中国法官成为真正的法官，中国法院才能成为真正意义的法院。

增强法官个人独立性会不会削弱司法监督、加剧司法腐败？这种担忧不无道理，但是解决之道不在于回到司法行政化的集权老路，而在于把放权进行到底，强化审判公开和判决书说理，让全社会监督司法权力的运行。这些要求在司法改革方案中亦均有体现。

虽然"四五纲要"和"上海方案"赢得了不少喝彩声，但社会对改革成效的隐忧仍然若隐若现。这不仅因为司法改革涉及方方面面的既得利益，方案良好、落实不力早已司空见惯。即便现行方案得到基本落实，其效果仍不好预测。即便司法人员的分流和精简得以顺利进行，"上海方案"仍然留了一个"行政管理人员"的尾巴。在法治国家，法院的构成只有法官以及秘书、书记员、法警等辅助人员；法院并不需要多么复杂的管理，因而也不存在"行政管理人员"这一类别。在目前的改革方案中，这一类别仍然占 1/6 之多，而并未具体说明他们的权力和职责。"管理"会不会成为行政权力的据点？

另一方面，现行改革方案也要提高司法人员待遇，但是在司法绩效明显改善之前，显著提高待遇的正当性与可行性不大。司法责任加强，而待遇得不到显著提高，可能会造成法院、检察院留不住高素质人才。这是否会成为一个制约改革的现实问题，一时也不得而知。

最后，人财物上收于省一级固然有助于减少省以下的地方保护主义，却不仅对来自省级的行政干预未必有所助益，反而可能为上级对下级司法的干预提供便利。事实上，对"洛阳种子案"的干预正是来自河南省人大常委会的压力。诸如此类的种种问题，只能在具体的改革过程中，按法治的要求和规律逐一破解。

法治国不能没律师

2014 年 6 月，北京市公安局以涉嫌"寻衅滋事罪""非法获取公民个人信息罪"正式逮捕了律师浦志强。在批捕前的一段时间，浦案消息滴水不漏，致使外界猜测纷纷，不少朋友为浦律师的命运担心。批捕决定一公布，许多人反而暂时松了口气，因为两项罪名较轻，且均难成立。其中"寻衅滋事"的起因应为他在六月"敏感"期间参加的一个家庭聚会。他正是在参加聚会之后，和其他几位参与人同时被拘留。家庭聚会竟能构成"寻衅滋事"，应该是这个国家有史以来第一回。唯一可能"寻衅"的行为是有人把一张打着横幅的聚会合影放到网上，但是似乎谁也没有看到这张合影"滋"了什么事。以"寻衅滋事"为名拘留聚会者，显然违法。敏感日子，政府紧张可以理解，但是因一时紧张而让"寻衅滋事"变成可被随意用来构陷公民的口袋罪，无疑是对法治的极大破坏。更何况敏感日一过，徐友渔、郝建等会议组织者和参与者陆续"取保候审"，可见"寻衅滋事"并不成立。

当然，批捕通知还留了个尾巴："对浦志强涉嫌的其他犯罪事实，公安机关正在进一步侦查中。"在此后几个月，北京警方加大调查力度，也许能查出点什么问题。人无完人。用显微镜观察，明星脸上也有斑孔。如果浦志强被查出问题，难道不该抓吗？逮捕公告发布在网上，已有人这么问。当然该抓，问题是怎么抓法。人无完人，哪个国家的律师都可能犯法，但是如何抓人则是区别法治国家和人治国家的试金石。一个法治国家会不会先把人抓起来，安两个不成立的罪名，然后再慢慢调查、找更合适的"罪名"？如果这么做，当然就不是法治国家，而是警察国家、流氓国家。法治国家要依法办事，抓人要有正当的目的和程序。《刑法》规定了 37 天侦查期限，在这期间必须发现足够的证据表明罪名成立，否则就得放人。如果可以安个不成立的罪名，再留条后路，加上"涉嫌其他犯罪事实"，那么其实也没有必要找前面的罪名，索性以"涉嫌其他犯罪"抓人好了；抓谁都行，然后慢慢"进一步侦查"。有人甚至开玩笑说，反正《刑法》有四五百个罪名，一条条查过来就足够把人关在看守所里几十年。

如果一时找不到合适的罪名，而硬要把人关起来"进一步侦查"，那么原来的罪名就成了"欲加之罪"，而这种方式的"依法逮捕"只是高度人治化的选择性执法。最后即便确实查出来什么"其他犯罪事实"，政府于是理所当然适用刑法，看起来严格依法办事，但其实从一开始就背离了法治的初衷，因为政府的真实目的并非是为了调查那个"犯罪事实"，而是要找个罪名安在被告头上。政府行为的目的不当，即构成典型的"公权滥用"。这个问题我在薛蛮子事件中已经论述，不再重复。这次为什么轮到浦志强？理由并不难猜。浦是著名维权律师。从《中国农民调查》的"名誉侵权"案到河南农民"诽谤"案，从唐慧劳教案到重庆任建宇劳教案，他一直冲在国内维权的第一线，也是"死磕派"律师的代表人物，得罪公权之处在所难免。如果"死磕"超越了法律边界，固然应当受到法律追究，但是政府必须就事论事，而不能罗织其它罪名来惩罚合法维权。这样的行为貌似合法，其实只是目的不正的公权滥用。

事实上，浦志强显然不是惟一受到拘捕的维权律师。河南律师常伯阳曾发起毒奶粉受害儿童志愿律师团，并多次为未成年人、农民工、艾滋病人等弱势群体代理维权案件，却因"涉嫌扰乱公共秩序"而被传唤，并随后转为刑拘。数名律师前往郑州并依法申请会见，却被警方拒绝。只是在集体强烈抗议下，律师们的合理要求才得到满足。维权律师似乎已被各地认定为"麻烦制造者"，随时都可能因为"寻衅滋事"或"扰乱公共秩序"而失去人身自由。他们的执业权利也随时会受到限制乃至剥夺，好几名律师的年检注册已经遇到麻烦。湖北律师张科科在当地律协门前举行"绝食抗议"，才通过了年检手续。律师基本自由屡屡受限，显然不是中国法治的福音。

　　毋庸置疑，法治国家不能没有律师。这个道理和小学生讲都能懂。近 30 年来，中国律师成长迅速，律师队伍难免良莠不齐，但总的说来，律师群体是当今中国社会最健康的一支力量，是中国走向法治的希望。从废除收容遣送到废除劳教制度，中国近年来的制度进步离不开律师的努力推动。在司法不独立、法治不健全的环境下，尤其需要浦志强、常伯阳这样有勇气、有担当的"死磕"律师，否则当事人的合法权利难以受到尊重和保护。如果所有律师都在公权面前唯唯诺诺，那么律师群体与其说是法律的守护人，不如说是不公体制的维护者。"死磕"律师强硬维权，必然和公权发生冲撞；如果公权力以"寻衅滋事"等名义把他们统统关起来，或以种种手段阻扰他们合法执业，那么律师群体的存在也就徒具形式，而中国法治将不可避免发生倒退。

　　对于当代中国来说，一个没有律师的年代是何其遥远而模糊。记得 1980 年，我作为大一学生在教室里观看"四人帮"公审，却全然不知还有张思之大律师在为"四人帮"成员辩护。我们愿意回到那个时代吗？回得去吗——1976，还是 1966，还是 1957？

治国切忌"胳膊管脑袋"

2015 年 5 月，北京市检察院第二分院的起诉书以"煽动民族仇恨"和"寻衅滋事"两项罪名，对律师浦志强提出指控。起诉书称被告利用新浪微博，"借云南暴力恐怖袭击事件等，先后 8 次发布多条微博，利用信息网络挑拨民族关系，引发大量网民浏览后转发和评论，破坏民族团结"，并"针对社会热点事件等，以侮辱性语言对相关人员田某某、申某某等多人肆意辱骂，引发大量网民浏览后转发和评论，造成恶劣社会影响"，由此认定被告"利用信息网络，煽动民族仇恨，情节严重"，"公然辱骂他人，情节恶劣，破坏社会秩序"。

以上即是起诉书的全部要点。掐头去尾，起诉书的实质内容不到一页。这就是公安、检察拖了一年多、数次退回补充侦查的"合作成果"，不禁令人愕然。起诉书对被告的"犯罪"事实简单罗列、语焉不详，全部定罪证据就是被告过去几年发表的若干微博，因而是典型的以言定罪。这么做不仅涉嫌侵犯被告受宪法第 35 条保护的言论自由，而且体现了公安与检察对于公民的基本人身自由缺乏敬畏，而在行使剥夺这一自由的公权力过程中显得过于轻率。浦志强的表达方式或许辛辣尖刻，但都是经过自己思考发表的负责任的言论。究竟是对是错，应该在言论自由、畅所欲言的环境下让每一个听众来决定，而不是被国家机器动用刑法手段强制沉默。如果把公安和检察比作国家机器的"胳膊"，那么让他们来决定公民能说什么、不能说什么，就如同"胳膊管脑袋"一样，如此治国显然是极其危险的。

人类之所以建立国家，首要目的是保障人民的安全。人民之所以在建立国家时授权它垄断全部的合法暴力，正是为了防止私人行使暴力相互伤害。国家建立之后，所有私人暴力即属非法，除非是为了正当防卫。国家的任务是以暴制暴，通过垄断的正当暴力来镇压与防范不正当的私人暴力，而暴力垄断机构就是负责"公共安全"的警察。作为"国家机器"和国家权力的终极后盾，他们负责保卫人民的安全。然而，警察也是会犯错的凡人；如何防止他们以权谋私，将国家赋予的公权力变成自己的私权力？如果这样的话，那么警察就成了人民的压迫者而非保护者；公安不仅不会带来公共安全，反而会损害人民的安全。

安全和自由是人的最基本需求，而这种需求恰恰在国家面前显得十分脆弱，因为国家机器对暴力的合法垄断排除了有效的私力救济。一旦暴力垄断的合法性得不到保障，国家公权力失控并沦为个人私器，那么不受控制的公权将蜕化为最可怕的私权滥用。如洛克指出，这样的"国家"还不如没有国家的自然状态，因为在无政府状态，私人尚可利用一己之力保护自己，但是如果国家机器的掌控者可以通过威胁人民的自由来达到自己的目的，那么国家就成了统治者奴役人民的工具，在本质上与黑社会绑架勒索无异。

控制国家公权滥用的利器正是宪政与法治。法治要求公权力的行使必须依据法律，任何超越法律的权力皆属违法；尽管其行使主体是国家的某个部门，非法权力在本质上是行使者的私人权力。违法的警察权是警察行使的私人暴力，从根本上违背了立国初衷。它们和其它的私人暴力一样，应当为正当的国家暴力所制服。宪政则比法治更进一步，要求所有的法律符合宪法；人民受宪法保护的基本权利不得受到任何公权侵犯，即便以法律的名义。只有当警察权被关进宪法与合宪的法律所制作的"笼子"里，它才不会无法无天，沦为危害公共安全的凶器。这也是依宪治国、依法治国的意义所在。

依法治国不仅要依靠政府的自觉，更离不开社会的监督，尤其是律师的作用，而此次作为律师的浦志强却因为言论而受到公权力起诉，对于中国法治而言是一个不详征兆。依法治国意味着警察权的行使必须严格按照法律规定的权限与程序，而其基本条件则是律师权利必须受到尊重与保护。固然，公安的权力也受到法院与检察院的约束，但不可否认的是，在一个分权原则没有得到承认和保障的国家，公检法往往是在当地"一把手"指挥和协调下的既得利益共同体，彼此不能有效监督约束。律师则天然代表着社会利益，是监督公检法依法治国的社会力量。改革三十多年来，中国律师已经成长为推动法治的中坚力量。事实上，浦志强律师本人即通过个案为废除劳教等制度进步立过汗马功劳。如果律师的基本权利和人身安全得不到保障，警察可以因为言论等莫须有的罪名而剥夺维权律师的人身自由，中国法治无疑将发生严重倒退。

除了必须严格依法行使之外，警察权还有其不得涉足的宪法禁区，那就是公民受宪法保护的基本权利，尤其是宗教自由、思想自由与言论自由。这是因为国家的基本目的是以暴制暴，警察权的正当行使仅限于防控对社会有害的行为，而信仰、思想和言论一般不会产生任何直接社会危害。恰好相反，宗教、思想和言论自由对于社会的健康、稳定与繁荣发挥着不可替代的作用。宗教自由对于维持公民的道德信仰至关重要，而道德信仰是社会自治的前提条件。思想自由是社会活力的基础，言论自由是公民交流信息、理性决策、监督政府的基本保障。只有通过自由的言论、出版、集会与结社，社会信息才能以没有扭曲的方式充分流通，不同观念才能得到自由交锋、优胜劣汰，政府腐败等社会阴暗面才能得到充分暴露，社会治理才能走上健康理性的正道。如果把国家比作一个人的话，那么思想和言论就是他的脑子，警察权是他的胳膊大腿；胳膊大腿虽然粗壮有力，却不能代替脑子思考，更不可能判断思想和言论的对错。如果说一个胳膊指挥脑袋的人很危险，如此治国岂不是更危险？

当然，言论当中可能包含某些错误或有害信息，但是这些错误只有在一个自由交流和交锋的环境下才能得到辨别。换言之，要纠正言论的错误，必须通过更多的自由言论，而不是强迫沉默；如果国家强行中断讨论，真理和谬误反而会变得不清不楚。事实上，和人民相比，国家自身并没有什么发现真理或至善的"特异功能"。价值判断因人而异，国家无权把统治者自己的立场强加于人民；事实判断建立在经验归纳基础上，而没有什么证据表明政府有能力垄断发现科学真理的手段；宗教信仰则涉及经验无法证实或证伪的超验存在，更是政府不得涉足的雷区，否则国家就将退化到政教合一的中世纪。因此，国家既不能为人民提供"正确"的观念和信仰，也不能禁止人民接触和相信"错误"的观念和信仰。什么是"正确"或"错误"、什么对社会"有利"或"有害"，都必须由人民在信仰与言论自由环境下做出自己的判断。只有当言论会产生"清楚与现存的危险"，也就是直接有害的行为后果，因而来不及讨论就必须制止，譬如在漆黑一片的剧院里高呼"失火了"，导致人们纷纷夺路而逃、引起踩踏伤亡，政府才能依法禁止其传播并予以惩罚。

本案起诉书宣称浦志强发表的某些微博言论构成"寻衅滋事"乃至"煽动民族仇恨"，但我们只看到"情节严重""破坏社会秩序"等一堆空洞的帽子；时隔一年多，并未发现这些言论产生了任何不良的现实后果。至于起诉书中的受害人"田某某""申某某"或为政府部门的新闻发言人，或为全国人大代表，其作为公众人物的名誉理应在言论自由面前做出让步；即便名誉受损，也应该由他们自己站出来维权，而不是由国家公诉机关出面惩罚言论。如果警察可以因为公民说了什么话就随便抓人，那么我们每个人都生活在一个"胳膊管脑袋"的危险国家，任何人的言论自由和人身安全都得不到基本保障。

作为准司法机关，检察院本来应该管一管公安这只"胳膊"。宪法第 131 条还特别责令其"独立行使检察权，不受行政机关、社会团体和个人的干涉。"但是这份单薄的起诉书只能表明，北京第二分院此次根本没有履行其应尽的宪法职责。

关于浦志强案的法律意见

北京市检察院第二分院的起诉书以"煽动民族仇恨"和"寻衅滋事"两项罪名，对浦志强律师提出指控。起诉书称被告利用新浪微博，"借云南暴力恐怖袭击事件等，先后 8 次发布多条微博，利用信息网络挑拨民族关系，引发大量网民浏览后转发和评论，破坏民族团结"，并"针对社会热点事件等，以侮辱性语言对相关人员田某某、申某某等多人肆意辱骂，引发大量网民浏览后转发和评论，造成恶劣社会影响"，由此认定被告"利用信息网络，煽动民族仇恨，情节严重"，"公然辱骂他人，情节恶劣，破坏社会秩序"。

在查看了浦志强涉嫌上述两项罪名的 30 余条微博之后，我认为这两点指控完全不成立。这些微博的每一条都是公民言论的正常表达，受中国 1982 年宪法第 35 条的保护。如果法院判决指控成立，将严重侵犯浦志强作为公民的言论自由。关于言论自由和警察权之间的一般关系，我已专文论述，请见附文"以言定罪是法治大忌"。以下具体分析相关微博是否构成违法。

首先，关于"寻衅滋事"罪的网络适用，我已在 2015 年第 4 期《法学》杂志上发表的"刑法适用应遵循宪法的基本精神——以'寻衅滋事'的司法解释为例"中专门阐述。2013 年 5 月 27 日，最高法院与最高检察院联合发布《关于办理寻衅滋事刑事案件适用法律若干问题的解释》。根据其第 5 条对"公共场所"的解释，我在文章中特别指出：

为防止"寻衅滋事"成为"口袋罪"，应严格界定"公共场所秩序严重混乱"等法律要件。只有当言论确实严重扰乱了现实公共场所的秩序，相关行为才可能构成"寻衅滋事"；而要构成"严重混乱"，言论所产生的危害必须是清楚和即刻发生的。

　　换言之，要证明浦志强的微博构成《刑法》第 293 条意义上的"寻衅滋事"，必须提出充分证据表明这些微博在实体"公共场所"产生了严重混乱，譬如大量人群因为这些微博而聚集在"车站、码头、机场、医院、商场、公园、影剧院、展览会、运动场或者其他公共场所"，只有网民在网络虚拟空间的争论或围观显然是不够的。

　　在公安部门指控的 30 余条微博中，20 多条均针对"寻衅滋事"这个罪名。这些微博的主要内容是嘲讽雷锋、毛新宇、张召忠、申纪兰等公众人物，或质疑共产党的地位不可替代的说法。其中有些言论虽然尖酸辛辣，但也说不上多么激进。网络上各种观点立场五花八门，不乏比此更为激进极端的言论。如果判决浦志强的言论构成"寻衅滋事"，而对更加激进的网络言论不闻不问，无疑构成了选择性执法和公权滥用。最根本的是，浦志强的言论或许在网上引起围观和争议，却从未在实体公共场所产生任何清楚与现存的危害，显然不构成《刑法》第 293 条意义上的"寻衅滋事"。这些微博言论或有不当，但都属于宪法第 35 条保护范围之内，政府和法院并非公民思想与言论是否"正确"的裁判者。

　　其次，关于涉嫌"煽动民族仇恨"的微博数量较少，不到十条，主要分布在三个时段。一是 2012 年 1 月 25 日，针对藏区寺庙"九有"、禁止穆斯林戴面纱等宗教政策；二是 2013 年 11 月 17 日，针对"巴楚袭击案"中全部击毙九名暴徒的警察行为的必要性与合理性；三是 2014 年 3 月 2 日、5 月 1 日针对昆明暴恐事件与宗教政策之间的关联，认为"疆独"势力是王乐泉等领导在治理新疆期间的不合理宗教政策造成。这些言论或有不当，但是显然不构成"煽动民族仇恨"。

　　《刑法》第 249 条规定了"煽动民族仇恨"罪，"情节严重"者可被判处三年以下有期徒刑。和网络"寻衅滋事"一样，"煽动民族仇恨"罪也必须在尊重宪法言论自由的大原则之下得到解释与界定。言论自由的宪法原则要求，只有当相关言论产生严重、清楚和即刻发生的现实危险时，才能依法受到禁止或惩罚。族群问题在中国是一个"敏感"问题，但问题越是敏感，就越需要开放言论、集思广益，找到问题的症结与解决之道。也只有开放言论，让汉族和维族等少数族群畅所欲言、自由交流，才能及时发现族群政策中存在的弊端，并增进族群之间的相互了解、信任与感情，去除隔阂、误解与仇恨。因此，言论自由是防止民族仇恨的根本之道。只有当充分证据表明言论确实存在煽动不同族群之间仇恨的效果，并有攻击政府、扰乱秩序、伤害或歧视族群等付诸行动的倾向，才能被界定为构成"煽动民族仇恨"罪。

以此标准衡量，浦志强的上述微博显然不构成任何意义的"煽动民族仇恨"。恰好相反，它们是一个汉族公民对少数族群政策的难能可贵的自省与反思。浦志强的表达方式可能是比较尖锐的，并明确提到了他认为应该对不合理政策负责的个别领导，但是这些微博的意思却明白无误，无非是要政府和大汉族反思当前族群政策中可能存在的失误，并及时采取有效措施加以纠正。由此可见，他的用意不是"煽动民族仇恨"，而恰恰是通过政策调整来消弭族群仇恨、增进国家团结。如果压制和惩罚这类言论，那么其结果必然是加深族群隔膜和仇恨、损害族群团结和国家统一，甚至可能被外界认为是个别领导利用司法对他进行打击迫害的结果，进而严重损害中国司法的形象和权威。

综上，浦志强的言论处于宪法第 35 条的保护范围之内，并不构成"寻衅滋事"或"煽动民族仇恨"。如果上述任何微博侵犯了个别人的隐私或名誉，可以由当事人提出法律诉讼，由法院裁判是否构成诽谤。但是诽谤和本案提出的寻衅滋事罪无关，在一般情况下也无需政府提出公诉。法院应当尊重宪法言论自由，判决浦志强无罪并立即还其人身自由。

维稳不能违法

有人总结，中国式"维稳"往往是"越维越不稳"。从"奥运"前夕的贵州瓮安到 2012 年 7 月的四川什邡，莫不如此。2014 年 7 月 5 日，随迁子女家长去教育部门前请愿，要求取消高考户籍限制，也是遭到警察堵截和驱打，两名女性家长还因为散发或佩戴志愿者标志被拘留到深夜，激发了许多不满和抗议，幸好未酿成更严重的事端。警察的出发点本来是维持社会稳定，最后的结果却是进一步扩散乃至制造了社会不满情绪和不稳定因素。之所以造成这种讽刺，直接原因往往正在于违法的"维稳"方式。要脱离"越维越不稳"的怪圈，维稳首先要合法。

在群体性事件频发的今天，维稳固然重要，但是并不超越法律。"维稳"不是一个旗号，只要一打就能做一切违法勾当。正当合法的维稳必须符合比例原则所要求的几个基本条件。一是目的正当，也就是维稳措施必须确实是为了维护社会秩序等基本公共利益。以随迁子女家长请愿为例，假如他们确实有冲击政府、扰乱秩序等暴力行为，固然需要维稳；但是如果他们的行动完全是温和理性的，根本没有任何扰乱治安的嫌疑，酿成冲突、扰乱治安的恰恰是警察自己，那么"维稳"师出何名呢？换言之，维稳的前提是"有稳可维"。社会本来好好的，警察出手为哪般？

如果"维稳"的目的是不让公民反映正常的诉求，譬如阻碍家长们要求教育部改革高考政策，那么这样的"维稳"显然是违法的。这个"法"首先是宪法。宪法第 35 条规定："公民有言论、出版、集会、结社、游行、示威的自由。"当然，公民集会需要政府批准，但无缘无故拒绝批准本身就是违宪的。许多地方政府一看到公民集会就如临大敌，立即动用"维稳"力量，却偏偏不问公民为什么集会。如此漠视公民宪法权利的"维稳"怎么可能不加剧社会不稳定呢？和平的公民集会可能会让个别官员的面子下不来或"政绩"上不去，但是不仅不会以任何方式损害社会治安，而且有助于引导政府和公众发现和解决现存的社会问题（如随迁子女的受教育权），防止这些问题愈演愈烈并流变为不稳定因素，因而恰恰是最有效的社会维稳器。

二是手段必要。"有稳可维"的前提条件本身就隐含了手段的必要性要求，在社会秩序良好的情况下"维稳"自然是不必要的。必要性条件进一步要求，即便维稳的目的正当，社会确实存在不安定隐患，维稳手段对于实现正当目的来说也必须是必要的。假如有人在市政府门前静坐，妨碍了政府正常工作，经反复劝说不肯离去，那么必要的手段可以是让警察将他们抬走，而不是使用警棍、催泪瓦斯乃至鸣枪威慑等暴力措施。只有当示威人群确实出现了打砸抢烧等暴力骚动，政府才能以暴制暴，而且只能将暴力维持在对于控制暴力来说有所必要的最低限度。换言之，维稳手段必须和现场实际需要"合比例"。

三是手段合理有效。事实上，手段不合理往往预示着目的不正当。如果本意是不让随迁子女家长或污染工程的受害者反映正常诉求，但是如此昭然若揭的违法目的又不便直白，便只有拿"维稳"做挡箭牌，但是如果社会存在不稳定因素的话，造成不稳定的不是公民集会，而恰恰是引发集会的户籍限制、污染风险、司法不公、滥用公权等制度因素，试问"维稳"能解决其中的哪一个呢？如此"维稳"除了保护官员乌纱帽和制度性腐败、贻误改革并加剧矛盾之外，又能给中国社会带来什么呢？

维稳必须目的正当、手段必要且合理有效，这几个条件一个都不能少。否则，所谓的"维稳"其实就是换个说法的违法而已。

周永康案是公权失控的产物

　　哪里有权力，哪里就有腐败。2014 年 7 月，"大老虎"周永康落马，再次验证了这一条亘古不变的真理。至少在中国语境下，腐败是公权和私利之间的不正当交易。要防治腐败，各国各有各的招数，但其共同点无非是从制度上控制国家权力、保护私人权利。反之，如果私人权利不受保障、国家权力不受控制，那么腐败就成了人类求利天性使然的常事，而大大小小的"周老虎"们及其形成的各种腐败共同体是怎么打都打不死、打不完的。

　　公权力之不受约束乃至飞扬跋扈，从财新网为"周永康的红与黑"一文的配图即可看出。这张照片摄于若干年前的全国先进司法工作人员表彰大会，图中的周永康作为中国政法界的最高领导，饶有兴致地接见司法人员模范代表，被接见者则显得颇为受宠若惊。这张照片相当形象地体现了中国的司法现状。对于绝大多数司法人员来说，这样的表彰不只是一种荣誉，也意味着升迁、奖励等实际利益。不要说国家领导人亲自接见，即便是单位领导的公开表彰也会让他们诚惶诚恐。然而，荣誉的施予也是一种权力，而权力掌握在领导手里。领导有权奖励你，也就有权责罚你。这是为什么我们的司法总是那么"听话"。

　　我从来没听说美国总统可以为任何法官"颁奖"。假如美国总统有这个权力，那么最高法院那九位牛逼哄哄的大法官瞬间就成了"总统的人"，都忙着争抢总统的颁奖提名去了。这张照片显示，当大小"老虎"滥用公权的时候，至少我们的司法是不会出来为法律做主的。如果你碗里有几块肉是由别人决定的，你自己都做不了自己的主，还说要监督、约束那个人，这话能靠谱吗？在周永康主政中央政法委期间，中国司法发生了严重倒退，却没有遇到任何体制上的阻力，本身足以说明问题。

如果公权不受有效制约，那么防治腐败的另一招是最大程度地界定与保护私权。这是因为公权滥用一般不只是一种任性恣意，而总是有清楚的目的和对象。周永康及其巨大的腐败关系网显然不是为了揽权而揽权，而是最终为了套利。说穿了，每一起腐败背后都是一个利益共同体，利益是将腐败者团结在一起的共同纽带。如果可供腐败的资源有限，那么腐败共同体就不可能做大，腐败利益链的延伸也会因为明显越过法律边界而备受注目。

在社会资源有限并得到适当界定的国家，公权夺利必然会侵蚀受法律保护的私人利益。纵然国家制度未必能有效保护私人权益，但是这类公权力的违法性十分明显，而受到侵害的私人则会不遗余力为自己呐喊，甚或多少让公权滥用者心存忌惮。譬如说，如果土地私有或土地使用权的界定相当明晰，那么政府在征地之前就知道自己想用别人的地，无论在法律上还是道义上都要尽先行告知的义务，而不会像中国许多地方那样理直气壮地征地拆房，直到最后一刻才勒令被拆迁者限时搬迁。

遗憾的是，中国长期实行的公有制和计划经济不仅将过多权力和资源集中于国家，而且也打破了公私界限，导致私有财产边界模糊，进而为公权掠夺准备了巨大空间——事实上，既然财产权边界不定，在这种场合下使用"掠夺"一词已带有一定的道德判断。从周永康腐败关系网的发迹史不难看出，中国式腐败的源流主要有三个：公有土地、国有企业以及国家对经济领域的介入与管制。三个领域都涉及"国家"或"公共"，这也难怪——"国家"拿"国家"的，自然很方便。

当然，两个"国家"的性质是不一样的：前者是指掌控国家公权力的人，后者是指国家所有的财产和资源；前者是"公仆"，后者是"主人"的财物，是不可为仆人染指的。但凡是学过点经济的都知道，主仆关系其实不好分，"代理问题"可以很棘手；即便法治发达国家都不例外，法治不健全的国家自然更是如此。无论如何规范国家的职能，无论在理论上国有企业应当如何为民造福，或土地征收应符合什么样的"公共利益"，只要国家还在全面而直接介入经济，保留众多的国有企业并任免众多领导，只要国家还不准备告别"土地财政"，并把土地使用权还给市场，那么大大小小的"老虎""苍蝇"们总能找到源源不断的腐败与寻租资源。

周永康从石油工业部副部长转任中石油副总经理及总经理的经历说明，中国政企不分问题并未得到解决。虽然九十年代即开始企业改制，实行所有权和经营权相分离，但是国企运行离市场经济所要求的法治模式相差甚远。企业主要领导由政府任免，在本质上和官僚任免机制无异。董事会一般由总经理主导，并不能对其权力行使和决策行为形成有效监督。和私企相比，国企领导的权力更大、责任更轻，因为无论是赢是亏，毕竟都不是自己的钱，而任人唯亲、拉帮结派更为严重。蒋洁敏就是因为抱准了周永康的大腿，一路飞黄腾达，成为周在中石油的接班人。在买官卖官动辄明码标价的今天，自上而下的组织任免本身就是滋生腐败的温床，而国企高层腐败和中层既得利益相结合，很容易产生层层贪腐、相互包庇、极难渗透的腐败共同体。

当然，更大的腐败来自国企的垄断地位。平等的市场竞争本来可以将国企内部的腐败空间压榨殆尽，因为市场会淘汰承担腐败成本的企业，但是一旦以"国家利益"的名目搞垄断，竞争压力自然消失得无影无踪，而由全国消费者为之买单的"利润"不仅为国企内部腐败创造了巨大空间，而且也为各种招标、转包项目中的次生腐败及其形成的庞大利益链提供了丰厚的物质基础。

国企只是中央政府直接介入经济的一种形式，各级地方政府还以各种方式直接参与地方经济建设。例如周永康党羽李春城主政的成都成立了几十家政府投融资平台公司，包括大大小小的城市建设投资公司、城建开发公司、城建资产经营公司等，以国有资产存量、财政性资金投入、土地储备收益和专营权等方式注入资本，涉足旧城改造、新城建设、工业、交通、文化旅游等领域。这类"平台公司"为权力寻租、官商勾结的利益交换提供了便利机会，由此产生了众多"红顶商人"。

这些人多为前司局级官员，他们被"派入商海"后保留着原来的行政级别和组织关系、原来的顶头上司和权力关系以及获得与调动稀缺资源的能力，并以此和"灰顶"乃至"黑顶"商人进行利益交换，而后者则需要地方政府为其攫取廉价的公共资源，并为其摆平地方矛盾。譬如成都会展旅游集团董事长邓鸿即依靠政府在土地、信贷方面的支持，为成都市操办了新旧会展中心等一系列"门面工程"，其中"环球中心"因违背市政府生态环境规划而被当地《经济日报》揭露，但一位亲属在会展中心持股的省领导却找到这家报纸，希望不要再发表此类报导，此事遂不了了之。其实，如果邓鸿等投资者依靠自己的能力帮助四川建设并盈利，本来完全正当，甚至求之不得，但是一旦政商勾结，其社会后果就不是"发展"两个字所能概括的了。

邓鸿以及被认定为"黑社会"的刘汉之所以能在四川呼风唤雨，除了依靠政府在经营和贷款方面的支持之外，还得益于低价拿地的公权保障。说到土地所有制，实在是一笔糊涂账。国有土地为"全民所有"，却不知究竟为谁所有。幸亏城市土地的使用权基本确立，受市场交易支配；即便如此，城市血拆仍时而发生。农村土地为"集体所有"，最后往往沦为"村委会所有"，村主任和地方官员沆瀣一气、背着村民卖地的事情早已见怪不怪。管理者往往会僭越所有者，理所当然地行使起所有权。这是任何公有制都难以避免的现象。地方官员因为自己要从开发中获利，非但不会主持公道，而是剥夺农民土地的帮凶乃至主凶。刘汉低价拿地，其手下砍死了带头抗争的村民，却如无事一般，均赖地方政府为其提供"保护伞"。

如此，则政府和开发商其实都已成黑社会，贪婪瓜分底层人民的土地利益，而这种瓜分之所以变得肆无忌惮，是因为土地公有制的所有权说不清，因而不得不把管理权也拱手交给政府，由其代行所有者的权力。众所周知，土地早已成为各级政府控制下的最重要资源，而当控制资源的权力不受约束的时候，理论上的公共资源即成了官员私人的囊中之物。当然，地方人大等宪法机制如能启动起来，也许能对地方政府征地、花钱等行为发挥一定的监督作用，但是在人大选举走过场、人大职能被虚置的情况下，这种约束恐怕一时指望不上。

周永康显然不是一个孤案，而是公权失控的制度所造就的产物。撇开民主、民主等显而易见的外部控权因素，即便只是做到政企分开、取消国企垄断、界定土地权益，并把政府经济活动维持在对于公共利益确有必要的最低规模，周永康的贪腐集团也不至于如此做大。要消灭周永康这样的"大老虎"，只是强化反腐力度是不够的，更重要的是改变以国家为主导的发展模式，因为由此衍生出不受控制的公权力恰是腐败的根基。

肆、思想与言论的自由与界限

　　浦志强律师之所以遭到起诉，主要是因为他行使了自己的言论自由，罪名是网络"寻衅滋事"。为此，我曾专门写过一篇学术论文，从宪法与刑法关系的视角论证为什么这个罪名不能用于网络言论。但惩罚言论的罪名远不止于"寻衅滋事"，还有用于谢朝平和刘福堂及后来耿潇男的"非法经营"、许志永的"聚众扰乱社会秩序"、薛蛮子的"嫖娼"和网络犯罪乃至陈平福的"煽动颠覆国家政权"等众多"总有一款适合你"的"口袋罪"。2013 年开始，这些罪名即被频繁用于各类大 V 和公民行动者，不过之后纪念，一般性的批评言论仍有一定空间。因此，我在这个阶段对这个领域的评论也尤其多。

　　言论自由不仅对于一个健康社会来说必不可少，而且和养成宽容的民族性格互为因果。只有在言论自由的环境下接触各类不同观点和事实，国民才会宽容不同意见；只有在宽容基础上，言论自由才有意义，否则所谓的"自由"就是唯我独尊的独裁。2016 年特朗普当选美国总统后，这个问题在中国自由派身上开始发酵，但其实早在一年之前柴静的雾霾纪录片和毕福剑调侃毛泽东事件中已经显现出来。没有宽容，中国社会只会因为对不同问题上的意见分歧而越来越割裂。

言论自由的宪法边界

2013 年 7 月 21 日，女歌手吴虹飞发表了"想炸"北京人才交流中心的居委会和建委的微博，被北京警方拘留，引起了不小的网络争议。有的网友认为吴有言论自由，但也有不少网友认为吴的言论已构成《治安管理处罚法》第 25 条第 3 项禁止的"扬言实施放火、爆炸、投放危险物质扰乱公共秩序"的言论，甚至已构成《刑法》第 291 条规定的"编造、故意传播虚假恐怖信息罪"。应该说，现有法律对此类行为的禁止是相当明确的，但是这些规定的解释与适用必须和宪法第 35 条规定的言论自由统一起来。

宪法第 35 条规定了言论自由，但是言论自由的边界在哪里？可能不少人认为，言论自由的边界是法律界定的——法律保护的言论就有自由，法律禁止的言论就没有自由。这种理解虽然不能完全算错，却把宪法架空了。固然，法律可以限制言论自由，但是如果法律想限制就限制、想怎么限制就怎么限制、想限制多少就限制多少，宪法第 35 条的效力究竟体现在哪里呢？毕竟，宪法是国家的最高法律，"一切法律、行政法规和地方性法规都不得同宪法相抵触"，一切与宪法抵触的法律规定都是无效的。然而，这种理解把言论边界的决定权完全交给法律，从而使宪法第 35 条形同虚设，显然不符合立宪的本意。因此，划定言论自由边界的法源还得来自宪法本身，而不能纯粹取决于法律规定。

如何理解宪法规定的言论自由？这个问题的答案涉及我们对法治的基本理解。众所周知，国不能一日无法，否则什么都乱套了。如果有人真的去炸北京建委或人才交流中心居委会，或在飞机上安炸弹或实施任何类似的暴力犯罪，政府岂能坐视不管？《刑法》之所以规定好几百种罪名，正是为了授权政府采取必要措施，预防和惩治社会危害严重的行为。换言之，人的自由不可能是无限的，因为某些行为会损害他人的基本利益；在这种情况下，某些人的自由就是其他人的灾难。任何一个文明社会都需要政府和法律去控制这些有害行为，保护社会的公共利益。反之，如果特定行为对社会并无危害，那么法律显然不宜干涉，否则就不正当地限制了当事人的自由。在危害微不足道的情况下，自由是一种善，至少对行为主体是如此，而不正当的国家干预就成了恶。这是为什么 1789 年《法国人权宣言》第 4、5 条规定："自由在于能够做不损害他人的任何事"，"法律只能禁止对社会有害的行为。"

法律之所以一般不宜干预言论，正是因为言论和行为不同，一般不会直接产生社会危害。当然，诽谤言论会损害人的名誉，因而各国法律都严格禁止并严厉惩罚。但除此之外，因为言论而产生严重危害的情况并不常见。泼妇骂街再难听，也不如无赖群殴的害处大。所谓"一言兴邦、一言丧邦"的说法，只是专制社会将某些大人物的只言片语奉若圣明的写照。在一个思想与言论自由多元的社会，各种话语如酸甜苦辣五味俱全，如赤橙黄绿众彩纷呈，谁有一语定乾坤的能耐？恰好相反，中国历史教训充分证明，"一言堂"的害处是巨大的。有些言论可能不中听，但是如果因此而限制言论自由，那么社会就危险了，因为人作为一种理性动物是靠信息生存的，而言论是传递社会信息的主要载体。假如 1958 年有言论自由，"大跃进"引发的饥荒就不会饿死数千万人；假如 1976 年老百姓有知情权，唐山地震也不会有 24 万人葬身于瓦砾之下；假如今天的中国社会突然变得"这里的黎明静悄悄"，一切嬉笑怒骂喧闹都在一夜之间神秘消失，我们的日子怎么过？

因此，要将言论纳入法律规制范围，一定要证明言论具有直接的社会危害性。用美国最高法院判例的话语表达，就是政府有义务证明言论带有"清楚与现存的危险"(clear and present danger)。如果言论的危害模糊不清，那么所谓的危害可能只是某个领导神经过敏的揣测；如果言论的危害不会马上发生，那么还有时间讨论、争论、辩论，最后即便证明那种言论确实有害，效果也比强制沉默更好，因为辩论过程将让更多的人更清楚地看到特定言论的害处。因此，要禁止或惩罚某种言论，一定要证明这种言论的危害是清楚的、可见的、马上就要发生的。一个常用的例子是有人在漆黑一片的剧院里高喊"失火了！"，或"我有炸弹！"，不明真相的观众们顿时陷入恐慌，纷纷夺门逃命，后果是可想而知的。几年前，在一次光天化日的伊拉克宗教庆典中，有人高喊"恐怖袭击来了！"，结果导致成千上万的信众遭踩踏死亡。当国家依法严惩肇事者的时候，他显然不能用宪法言论自由为自己开脱责任。

以此标准来衡量吴虹飞的言论，"想炸"北京建委和某地居委会的言论是否构成"清楚与现存的危险"？譬如它是否会让某些建委工作人员因此而不敢上班、扰乱正常工作秩序，或造成住在建委附近的居民"惶惶不可终日"？虽然对此类言论的定性带有见仁见智的主观成分，但是绝大多数人恐怕不会拿她的言论当真。假如她谎称已在建委周边安了一个炸弹，导致警察如临大敌、连日搜索而不得结果，那又另当别论，但是她的语气显示发表这则微博的动机是泄愤："我不知道建委是什么东西，是干什么的，不过我敢肯定建委里全是傻逼。所有和建委交朋友的人我一律拉黑。"更何况她后来可能意识到不妥，特地加了一条"搞笑"微博为自己解围："我想炸——北京人才交流中心的居委会旁边的麦当劳——的鸡翅，薯条，馒头……"由此可以断定，所谓"想炸"的言论在性质上属于"恶搞"，可能是因为她和建委或居委会有过不愉快的经历，或有些做法她看不惯，因而借微博来抒发愤懑。即便一时产生一点紧张，也早已被跟进的微博所化解，而完全成为一场热闹。

这样的言论显然是不理性的，尤其是吴虹飞是知名歌手，发表情绪化言论确实会比常人发表同样言论产生更大的不良社会影响，但是仅此并不足以构成清楚、可见和严重的社会危害，因而仍然处于宪法第 35 条的保护之下。值得注意的是，宪法不仅保护正确的言论，也保护错误的言论，只要后者没有产生清楚与现存的危险。

我们每个人一生中要说多少话，谁能保证每一句都公允正确、理性克制、不带情绪呢？如果说错一句，就可以动用国家机器予以惩罚，还有谁敢说话？事实上，如果一部宪法保护不了错误的言论，那么它必然也保护不了正确的言论。宪法第 35 条的目的正是要消除法律对言论的"寒蝉效应"，为每个人保证畅所欲言的最大空间；在言论自由的宪法边界内，不论说对说错，法律都不得予以追究。

如此解释宪法并不表明我们认同吴虹飞的言论或要纵容其中的非理性倾向，而是过去的惨痛教训验证了罗隆基的名言："压迫言论自由的危险，比言论自由的危险更危险。"公民言论可能是理性平和的，也可能是激进极端的，甚至带有暴力恐吓的迹象，但是只要还有讨论和说服的空间，就不能动用国家机器压制言论，即便是以法律的名义。其实，即便没有激进言论，社会就更太平吗？本拉登在实施恐怖袭击之前，是不会把计划公布于世的。当冀中星和厦门公交爆炸案的肇事者诉诸非理性行动之前，我们倒宁愿他们说出自己的想法并引起社会关注，至少让不知情的公众和警察有所准备。更重要的是，我们需要一个言论自由的环境去了解他们、同情他们、帮助他们化解自己的苦难，而这么做也就是在帮助社会化解危险。

如何解释"煽动颠覆国家政权"罪

2012 年 9 月，甘肃兰州市中级法院开庭审理了陈平福煽动颠覆国家政权的案件。2007 年 7 月至 2012 年 3 月，陈平福在博客与微博上发表或转载了"向埃及人民学习，我们不想再忍受花言巧语的愚弄""不当奴化教育的帮凶""中国特色——领导创造思想""抗拒民主和法制，全民族都是输家""我在自己的祖国被自己的仆人欺负"等文章。检方认定他"通过互联网攻击党和政府，诋毁、诬蔑国家政权与社会主义制度"，其"行为"已构成煽动颠覆国家政权罪。

1997 年修订的《刑法》第 105 条有两款，其中第 1 款规定了"组织、策划、实施颠覆国家政权、推翻社会主义制度"的罪名，第 2 款规定了"以造谣、诽谤或者其他方式煽动颠覆国家政权、推翻社会主义制度"的罪名。虽然所要保护的实体目标是共同的，但两款的性质是截然不同的；第 1 款惩罚的是"组织、策划、实施"等行为，第 2 款惩罚的则是被称之为"煽动"的言论。兰州检察院的指控首先混淆了行为与言论——陈平福的"行为"是点鼠标、敲键盘等动作，但它们显然不是起诉对象；所起诉的是他通过这些行为所传播的言论，而言论自由是受宪法第 35 条保护的，因而上述第 2 款必须根据宪法精神得到谨慎的解读。

在中文语境下，"因言获罪"是一个贬义词。常识告诉我们，言论在一般情况下不应该受到惩罚，尤其不应该成为国家公权力动用刑法惩罚的罪名。这不仅因为我们每天生活所依赖的全部信息都是通过言论提供的，言论的自由传播是理性社会生活所必不可少的条件，也不仅因为言论所产生的后果通常是间接的，远不如行为直接和严重（所谓"君子动口不动手"，动手的后果一般要比动口的后果严重得多），而且更因为如陈平福案所显示的，有一部分重要的言论正是针对政府自己；无论这些言论是对是错，都不能由政府自己动手压制。

众所周知，政府不是神，官员也和百姓一样会犯错误，因而要接受百姓的监督和批评。在中国历史上，压制言论所产生的恶果罄竹难书，无需赘述。这也是为什么宪法不仅笼统规定了言论和出版自由，而且第 41 条特别规定了"公民对于任何国家机关和国家工作人员，有提出批评和建议的权利"。批评和建议可能是温和理性的，也可能是激烈刺耳的。如果政府不愿意听就能以"造谣""诽谤""煽动颠覆国家政权"的罪名进行惩罚，那么还有谁敢提出哪怕是温和的批评和建议呢？宪法第35条和第41条规定的重要权利又如何得到落实？

当然，言论自由不是绝对的。如果言论确实会产生直接和严重的后果，那么这类言论当然可以受到法律的禁止与惩罚，但是要保护言论自由、防止因言获罪，必须提供充分的证据证明言论所产生的后果是直接、可见和严重的。猜测和假想的后果是不够的，只是证明言论的错误甚至严重错误也是不够的，因为错误的言论未必产生任何后果，因而也无需采取任何措施。至于特定言论是否会产生实际后果，往往取决于特定环境。譬如限制言论通常用的一个例子是有人在漆黑一片的剧院里突然高喊"失火了！"，导致大量人群在恐慌和混乱中拥堵踩踏。但是这样的言论之所以不受保护，是因为人们在这样的环境下不明就里、不辨真假、慌不择路，进而导致严重伤害。如果在青天白日之下有人在马路上喊"失火"，恐怕人们只会把他当作精神病。这样的言论是显然错误的，但是这种错误是无需国家出面纠正的；甚至可以说，越是错误得离谱的言论，就越不需要公权干预。

陈平福的言论也是如此。至少从标题上看，他所传播的文章并不比平时在网上看到的许多言论更激烈。也许他所采用的某些表达方式是激烈或尖刻的，但是从 2012 年 3 月起，我们还没有看到他的言论产生任何严重的直接后果。兰州市检察院似乎没有提出任何证据表明，有任何人因为他的言论而诉诸"组织、策划、实施颠覆国家政权"的行动。如果这些言论的内容是错误的，甚至是严重错误的，那么人民心中自有一杆秤，"群众的眼睛是雪亮的"；如果认为许多人会因此而受到蛊惑并产生广泛而有害的影响，甚至起来"颠覆国家政权"，那是对人民辨别能力的不信任，而宪法之所以保障言论自由，正是因为信任普通人的智慧和判断力。试想，如果政府在人民心目中地位很高，即便有人在市政府门口高喊"给我冲啊！"，"煽动"的后果会和在光天化日下喊"失火"有什么两样呢？

反之，如果他的某些言论并非显然错误，甚至在不少人看来具有一定的说服力，因而可能产生一定的社会影响，那么它们正是宪法第 35 条和第 41 条所要保护的"批评与建议"，政府更不应该以《刑法》的名义动用公权力压制。

"非法经营" 不能成为限制言论的借口

自 2010 年北京作家谢朝平自费出版《大迁徙》而遭到陕西渭南警方"跨省追捕"以来，"非法经营罪"时而被用于惩罚那些未经正式出版（因而没有书号）的印书行为。2012 年 10 月，海口市龙华区法院开庭审理了年近古稀的环保人士刘福堂"非法经营"案。检方称，刘福堂涉嫌非法出版、销售或赠与《天地良心》等环保话题的图书，"扰乱市场秩序。"[1] 然而，你不需要是刑法专家，就知道这条指控是无中生有的，而这类无中生有的指控构成公诉权的滥用，其真实目的在于钳制公民言论。

《刑法》第 225 条原文照录于此："违反国家规定，有下列非法经营行为之一，扰乱市场秩序，情节严重的，处五年以下有期徒刑或者拘役，并处或者单处违法所得一倍以上五倍以下罚金"（忽略"情节特别严重"的规定），其中非法经营的行为包括"未经许可经营法律、行政法规规定的专营、专卖物品或者其他限制买卖的物品""买卖进出口许可证、进出口原产地证明以及其他法律、行政法规规定的经营许可证或者批准文件""未经国家有关主管部门批准，非法经营证券、期货或者保险业务"，以及"其他严重扰乱市场秩序的非法经营行为"。最高法院曾对此发布《关于审理非法出版物刑事案件具体应用法律若干问题的解释》，其中第 15 条规定："非法从事出版物的出版、印刷、复制、发行业务，严重扰乱市场秩序，情节特别严重"，可"以非法经营罪定罪处罚"。

不难看出，第 225 条所惩罚的是以盈利为目的的职业经营行为；作为刑法构成要件，涉嫌"非法经营"的行为不仅要有违法动

---

[1] "刘福堂书案，期待经得起考验的法律裁量"，《南方都市报》2012 年 10 月 14 日。

机，而且还得达到相当的经营规模，否则既不足以构成"情节严重"（更不用说"特别严重"），也不能构成未经许可而经营法律、法规规定的"专营、专卖物品"，更谈不上其它规模更大的业务，或"严重扰乱市场秩序的非法经营行为"。如果某公司在没有获得版权的情况下大批量复制图书并低价出售，或许构成"扰乱市场秩序"。但是按照龙华区检察院提出的证据，"《天地良心》等图书曾在淘宝网上销售 14 本，获款 300 余元"，还有私人之间的少量销售或赠书活动。请问如此小规模活动能构成"专营、专卖"吗？能"严重扰乱市场秩序"吗？

刘福堂的人生经历显示，他根本没有"非法经营"的动机。作为公益事业的积极分子，他一直奔走于各种地方环保活动。他在任政协委员的时候，就因为积极履职而被视为"官场扫把星"，退休后依然是生态破坏者眼里的"麻烦制造者"。闲暇之余，他总结自己多年环保维权的经验得失，本来对于生态环境急剧恶化的中国社会大有裨益，但是出于种种原因未能正式出版，自费印书不失为一种私力救济，也算实现了其著书立说的夙愿。即便书的内容有任何违法或自费印书行为违反了《出版管理条例》，那也是属于新闻出版机构管的事情，轮不到公检法插手。自费印书少不了花费，因而获得读者的自愿补偿也纯属人之常情，怎么就构成"非法经营"呢？如果说这点销售就是刘福堂的"非法经营"，那只能说明他"经营"得太失败了！

再看龙华检方，他们真的是要追究刘福堂这点微不足道的"非法经营"吗？我们的执法机关什么时候变得如此锱铢必究起来？"毒大米""毒蔬菜""毒奶粉"、地沟油等真正的非法经营活动大行其道，他们为什么放着这些规模和害处不知大多少倍的非法经营不管，单单关心刘福堂这点小生意——如果构成任何意义的"生意"的话？常识告诉我们，公诉恐怕是"醉翁之意不在酒"；龙华检方真正关心的不是刘福堂的"经营"，而是他长年推动地方环保的"异端"言论或行为，甚至也不能排除地方利益部门对其积极参与阻止毁林等多起生态公共事件怀恨在心，现在利用公诉"秋后算账"的可能性。如此，则《刑法》第225条就成为公权私用、钳制言论的借口。对于此类表面上煞有介事、程序上完美无缺、实质上却别有用心的行为，法律上是有一个专有名词的，那就是"滥用职权"。

既然"非法经营"的罪名显然不成立，刘福堂只能被宣布无罪，否则就坐实了龙华检方的公诉权滥用。

如何界定"聚众扰乱社会秩序罪"

2013 年 7 月，北京警方以"聚众扰乱社会秩序"的名义，拘留了许志永博士等"新公民运动"的参与者，让人联想起最高检察院当年 6 月发布的《关于充分发挥检察职能深入推进平安中国建设的通知》。该通知一方面要求严厉打击危害食品药品安全、公共卫生、环境污染、破坏能源资源以及火灾、矿难、重大交通事故等重特大安全事故涉及的犯罪案件。这些犯罪活动会产生明显而严重社会危害，检察院确实需要发挥批捕起诉职能予以有效打击。另一方面，《通知》要求依法严厉打击危害国家安全犯罪，切实维护政治安全，坚决打击以颠覆国家政权为目的进行的非法集会、聚众扰乱社会秩序与公共场所秩序等犯罪活动。对于实施间谍、策反、泄露依法正当定密的国家秘密等损害国家安全的活动，固然应依法打击，但是为了和依法治国、保障人权等宪法目标相适应，有必要严格解释"颠覆国家政权""非法集会""扰乱社会秩序"等宽泛概念，否则不仅会损害公民的宪法权利，而且也和建设平安中国的理念背道而驰。

《刑法》第二编第一章规定了"危害国家安全罪"，其中第 105 条惩罚"组织、策划、实施"或"以造谣、诽谤或者其他方式煽动颠覆国家政权、推翻社会主义制度"的言行。根据《国家安全法》第 4 条的定义，"危害国家安全"属于行为罪，譬如"阴谋颠覆政府，分裂国家，推翻社会主义制度"，这里的"颠覆""分裂""推翻"都是指代行为的动词。只有策划武装暴动、从事间谍活动、泄露国家秘密等实际违法活动，才可能构成危害国家安全的行为。当然，《刑法》第 105 条把罪名扩大到"煽动颠覆国家政权"的造谣、诽谤等言论，但是这种扩大化必须谨慎对待。

要指控某种言论方式构成"煽动颠覆国家政权"，必须证明言论带有颠覆国家政权的意图，而且确实有可能造成颠覆国家政权的事实。这是因为第 105 条的目的不是限制言论，而是制止颠覆国家政权的行为。如果煽动言论确实会引发颠覆行为，那么可以依法禁止，但是如果无限扩大，则很容易将针对政府的正当批评上纲上线，作为"煽动颠覆国家政权"的犯罪言论而加以打击压制，从而践踏宪法第 35 条与第 41 条赋予公民的言论自由和批评建议权。宪法之所以保障公民的言论自由，并特别规定公民"对于任何国家机关和国家工作人员，有提出批评和建议的权利"，"对于任何国家机关和国家工作人员的违法失职行为，有向有关国家机关提出申诉、控告或者检举的权利"，"任何人不得压制和打击报复"，正是因为言论自由对于维护整个社会的安全稳定是至关重要的。

值得强调的是，维护国家安全、社会稳定的日常机制不是动辄适用《刑法》惩罚敢言公民，而恰恰在于保障公民的言论自由。这一点对于一个泱泱大国尤其重要。当今中国社会种种不稳定因素的最大来源，莫过于不受控制的公权滥用。迄今为止，中国治理官员腐败的主要机制是自上而下的组织控制。然而，中国这么大，地方这么多，层级这么复杂，一个中央很难盯得住每一个省部级高官，一个省则很难盯得住下属的各个市、县、乡镇官员……自上而下的组织监督效率有限，自下而上的民主监督又出于种种原因无从发挥作用，贪污腐败、滥用公权自然变得肆无忌惮。

幸好，近年来随着网络的兴起，公民言论对于政府监督发挥越来越大的作用，许多贪腐行为正是通过网络等途径揭发出来，为自上而下的法纪监督提供突破口。然而，如果罗织罪名惩罚言论，那么公民言路和社会监督将被彻底堵死，贪官污吏又将横行无忌，及至民怨沸腾、震动中央，则早已对社会造成不可挽回的损伤，进而为更加剧烈的社会动荡积累隐患。由此可见，如果不能严格界定"危害国家安全"领域的罪名，那么该法的不当适用所造成的社会后果恰与保护国家安全的初衷背道而驰。

同理，《刑法》第二编第六章第一节规定的"扰乱公共秩序罪"

也应该受到严格解释。其中第 290 条规定了"聚众扰乱社会秩序罪"，而所谓"聚众扰乱社会秩序"，是指"情节严重，致使工作、生产、营业和教学、科研无法进行，造成严重损失"的行为。由此可见，如果只是聚众，但是情节不严重，并未导致工作、生产、营业、教学"无法进行"或"造成严重损失"，则不足以构成"扰乱社会秩序"，不应随意适用《刑法》，否则亦有违背宪法第 35 条的言论自由之嫌。如果公民聚集只是为了表达某种诉求，并未冲击政府、阻碍交通或以其它方式影响他人的工作和生活，那么就应该让他们把话说出来。既然公民聚集实际上并未扰乱公共秩序，压制言论不会在任何意义上改善公共秩序；恰好相反，它只能激化民怨、纵容腐败、加剧官民矛盾、制造新的不稳定因素，最后实质性地损害公共秩序。

与此相关，《刑法》第 291 条规定"非法集会罪"，适用于"举行集会、游行、示威，未依照法律规定申请或者申请未获许可，或者未按照主管机关许可的起止时间、地点、路线进行，又拒不服从解散命令，严重破坏社会秩序"的行为。在此，"严重破坏社会秩序"应参照前条"扰乱社会秩序"的理解，其构成要件应包括"工作、生产、营业和教学、科研无法进行，造成严重损失"。如果只是未经许可集会，但是并未造成任何严重损失，则不能构成"严重破坏社会秩序"，"非法集会"的罪名亦不能成立。

尤其需要指出的是，公民集会是现行宪法第 35 条保护的表达自由之一，并不属于法律通常可以限制与惩罚的行为范畴，因而适用《刑法》惩罚集会须慎之又慎。在一般情况下，和平集会是理性表达公民诉求的一种方式，尤其是小规模的集会不会造成任何严重的社会后果，因而并不能构成以严重扰乱公共秩序为要件的"非法集会罪"或"聚众扰乱社会秩序"，更不可能构成"煽动颠覆国家政权"等危害国家安全的行为。

目前有一种普遍的误解认为，集会是"行动"，因而和一般言论之间存在本质界限。公民一旦集会，就算构成"行动"了，有关部门就能依据《刑法》严厉打压。这种理解显然不符合宪法第 35 条的规定："公民有言论、出版、集会、结社、游行、示威的自由。"显而易见，集会、游行、示威是和言论、出版并列的，都是广义的"言论"或"表达"的一部分，都作为广义的言论自由受到宪法保护。当然，如果集会过程中出现骚乱、纵火、攻击等暴力事件，则早已进入行动领域，国家有权力也有义务依法禁止。但和平集会显然是言论，即便法律程序上有瑕疵也不能动用《刑法》处置。

《刑法》第291条要求集会依法律规定申请许可，未申请或未获得许可的集会即为"非法集会"。申请许可确实是合法集会的法定条件，几乎所有法治国家都有类似要求。但需要注意的是，这项要求的目的是为了保障公民集会在不影响他人工作、交通、休息的前提下和平有序地进行，而非变相剥夺集会自由。审批者不得因为自己不认同集会所要表达的观点或出于对公民聚集的莫名恐惧而拒绝批准，否则即构成审批权的滥用。这是为什么在法治国家，集会许可申请只是一道程序。审批者只能对集会的时间、地点、方式行使程序审查，而不得对集会的内容进行实质审查。凡是没有暴力倾向的集会都会被批准，因而集会也是公民和平表达诉求、聚集人气的常用方式。我们甚至可以说，一个社会越是井然有序，公民集会越是家常便饭。

不可否认的是，目前中国各地的公民"散步"等活动之所以成了"非法集会"，很大程度上是因为地方有关部门视正常集会为洪水猛兽，极少批准公民的集会申请；拒绝批准千篇一律以集会将"严重破坏社会秩序"为由，但从不具体解释理由，往往甚至连一纸决定都没有，而按照《集会游行示威法》的规定，法定期限内不答复的视为批准。可是一旦公民上街，则又出动警力打击"非法集会"，如此行事不仅不能维护真正的公共秩序，反而人为激化社会矛盾。由此可见，适用《刑法》第291条不能简单以集会是否"非法"为依据，而要重点考察集会是否构成"严重破坏社会秩序"，尤其要审查有关部门对集会申请是否依法行使了许可审批权。

　　总之，实施《刑法》是公安与检察部门的职权，但是要恰如其分地行使这一重要职权，必须首先建立尊重宪法的职业习惯，因为宪法第 35 条所保障的言论自由才是实现社会平安的主要路径。《通知》要求依法查处重特大安全事故背后的腐败犯罪，严肃查办有关贪污贿赂、渎职侵权等职务犯罪案件。这个期许固然可嘉，但是根据近年来的经验教训，这个国家的腐败渎职光是靠检察院是查不过来的。尤其在检察权的独立行使得不到充分保障的大环境下，许多官员贪腐等职务犯罪都是靠民间爆料才得以揭发出来。如果堵塞各种形式的民间言路，甚至动用《刑法》惩罚热心公益、富于良知、勇于表达的责任公民，那么结果只能是让天下君子寒心，各路小人则更加有恃无恐，而"平安中国"就很难实现了。

许志永案一审判决违宪

2014 年 1 月 26 日，北京市第一中级法院依据《刑法》第 291 条，认定"许志永无视国家法律对于公民正当行使权利的规范，利用群众关心的社会热点话题，多次组织、策划在政府机关周边地区、商业繁华地带及人流密集地区等公共场所，实施多人聚集及张打横幅的活动，且参与人员在现场抗拒、阻碍国家治安管理工作人员依法执行职务，扰乱了公共场所的秩序，情节严重。许志永作为首要分子，其行为已构成聚众扰乱公共场所秩序罪"，并判处其有期徒刑 4 年。（（2013）一中刑初字第 5268 号）

一审判决认为北京市检察院"事实清楚，证据确实、充分，指控的罪名成立"。这个结论下得过于匆忙，因为"事实清楚，证据确实"并不等于被告违法；要确定被告行为是否违法，显然还要分析法律规定及其适当解释。《刑法》第 291 条规定：

聚众扰乱车站、码头、民用航空站、商场、公园、影剧院、展览会、运动场或者其他公共场所秩序，聚众堵塞交通或者破坏交通秩序，抗拒、阻碍国家治安管理工作人员依法执行职务，情节严重的，对首要分子，处五年以下有期徒刑、拘役或者管制。

即便控辩双方对法院认定的事实没有争议，许志永的行为是否发生在"公共场所"？是否构成"阻塞交通或者破坏交通秩序"？情节是否"严重"？对于这一连串的法律问题，一审判决统统没有交代。长达十几页的判决书 99% 都在陈述事实，法理分析却只有一两句话轻轻带过，即直接跳跃到判决结论，显然是一篇不合格的刑事判决书。如此判决是对法律的严重误用与亵渎。

更严重的是，一审判决只是引用了《刑法》条文，却对国家的最高法律——宪法——只字不提，以至严重曲解了《刑法》规定，并错误为许志永定罪。由于一审判决的法律适用与解释存在明显错误，其判决结论不能成立。

一、法院有义务适用宪法

众所周知，1982 年颁布的《宪法》是"国家的根本法，具有最高的法律效力"；"一切国家机关……都必须以宪法为根本的活动准则，并且负有维护宪法尊严、保证宪法实施的职责。"（《宪法》序言）"国家机关"显然包括法院，法院对于宪法实施具有不可推卸的责任。事实上，中国境内的每一个法院都是按照《宪法》及根据其制定的《法院组织法》建立的，每一个法官都是按照《宪法》及根据其制定的《法官法》任命的。如果司法判决拒绝适用法律，那么法院和法官自己即沦为非法的存在，他们行使的权力亦失去合法性根基，而变成赤裸裸的私人暴力。如果一个法院不依据宪法判案，那么它就已经把自己送上了宪法审判的被告席。

既然宪法是国家的最高法律，所有法律都必须符合宪法的相关规定与原则，所有法律都必须以符合宪法精神的方式获得解释。譬如《刑法》第 291 条中的"情节严重"如何界定，必然取决于相关行为本身的性质。如果行为本身是无足轻重的，那么对于公共交通的瞬间堵塞即可被认定为"情节严重"；但是如果有关行为涉及极为重要的公民基本权利，那么即便严重的交通堵塞都可能是政府和社会必须容忍的——因为如果不容忍的话，对基本权利的压制可能会产生更为严重的社会后果。

许志永的行为恰恰涉及最为重要的宪法权利——《宪法》第 35 条保障的言论与集会自由。面对这项对于社会健康生存至关重要的基本权利，"一切国家机关"必须慎之又慎。如果《刑法》的某些规定和《宪法》第 35 条存在明显抵触，那么《刑法》规定是无效的。如果《刑法》规定笼统模糊，那么法院就有义务以符合《宪法》第 35 条的方式解释这些规定，使之符合《宪法》；否则，法院即放弃了自己作为"审判机关"（《宪法》第 123 条）的职责，而如此作出的司法判决必然违宪无效。

二、适当解释《宪法》第 35 条

《宪法》第 35 条规定："公民有言论、出版、集会、结社、游行、示威的自由。"在这一条规定的六项权利当中，集会、游行、示威独占三项，可见这一权利的重要地位。一般认为，集会是言论的延伸和放大。人们之所以诉诸集会，是为了引起更多人的围观和关注，以利扩大诉求的影响范围。只要不发生暴力冲突，集会在本质上是言论的一种形式，或可被视为广义言论自由的一部分，应和其它形式的言论一样受到保护。

言论自由是所有宪法权利中的皇冠，因为言论之于一个健康社会具有不言而喻的重要性，在此无需赘述。在中国近六十年历史上，对于言论自由的压制曾造就最为惨痛的人道主义悲剧。只要有一点点言论自由，如果彭德怀的反对言论不受压制，"大跃进"就不会发展到饿死几千万人的惨烈地步；如果林昭、遇罗克的言论没有随着他们的肉体被一起消灭，毛泽东就不可能把整个民族绑在如痴如狂的"文革"战车上长达十年之久；如果马寅初的《新人口论》可以自由出版，中国早在几十年前就能以更人道的方式实施有限度的计划生育，而不会面临今天的全面资源紧张；如果唐山地震前夕允许发布各种预报，那么 24 万人就不会被埋葬在钢筋水泥之下；如果藏族与维吾尔族同胞可以自由倾吐自己的苦水，分离主义势力远不会像当代这么兴旺发达，而少数族群和汉族之间的感情绝不会像今天这般水火不容……

总之，言论赋予信息；真实的信息是理性决策的依据，同情与理解的基础，驱除黑暗的力量。一个言论自由的社会可能看上去是乱糟糟、闹哄哄的，但是它绝不会发生"三年自然灾害"静悄悄饿死几千万人的悲剧。反之，这个民族早已用血的教训证明，一旦言论受到压制，各种邪恶势力悄然滋长，各种人间灾难不期而至，一项强迫沉默的禁令最终必然会被一个个再也掩盖不住的爆炸性新闻打破。当然，压制言论所产生的最大邪恶是政府腐败与公权滥用。所有专制国家都迫不及待地把言论自由扼杀于摇篮之中，结果却无一例外对整个社会乃至政府自己都是一场灾难。要避免重蹈覆辙，这个民族只有一条出路，那就是有效实施《宪法》第 35 条规定的各种言论自由。

即便在交流十分便捷的网络时代，集会自由仍有其不可替代的意义。网络交流固然便于传递信息，但是许多有价值的诉求被淹没于信息爆炸之中；不露面的虚拟交流降低了信息成本，但也为不负责任的极端言论乃至人身攻击提供了充分空间。集会游行有助于壮大支持者的声势，面对面的交流有助于公共问题的严肃讨论。当然，集会自由也附带一定的风险，游行人群的"从众心理"及其中混入的非理性因素可能会产生现实的社会危害，但是所有这一切都不能否定集会自由本身的价值。集会的风险只是表明，集会需要受到法律规范，但是政府并不得以此为借口禁止集会。

为了保证集会的和平进行，各国法律均要求集会事先获得治安部门的批准，但宪法规定的集会自由意味着集会审批必须是程序性的。换言之，政府部门只能规范集会的时间、地点、场合，而对集会本身并不掌控生杀大权。只要没有证据表明集会将引起社会骚乱、交通堵塞或政府职能失序，那么就必须允许集会，而不是以"聚众扰乱公共场所秩序"等名义拒绝批准之。即便集会可能隐含一定的暴力冲突风险，政府也不能简单扼杀之，而应该允许集会正常举行，并部署足够的警力予以疏导、以备不测。如果政府拒绝批准的决定缺乏法律依据，公民有权诉诸法院撤销之。

令人遗憾的是，中国自 1949 年以来，除了 2008 年奥运期间的短短两周，我们尚未发现一起地方公安部门批准集会申请的公开报道。虽然 1989 年 10 月颁布的《集会游行示威法》也规定了和其它国家类似的审批体制，几乎所有集会申请都遭到各种名义乃至没有名义的拒绝。这种状况显然不符合《宪法》第 35 条对集会自由的保障。针对这种现状，公民自发集会只要目的正当，且未引发暴力冲突，即不得被随意认定为非法。既然政府拒绝批准已违法在先，又不能通过司法救济等途径及时消除违法状态，公民即有权诉诸自力救济。自 2007 年厦门市民为了抗议 PX 项目而"集体散步"以来，上海、广州、江苏启东等地居民均采取过类似的自发集会。总的来说，这些过程是和平理性的，不但没有产生严重不良后果，而且确实引起了社会与政府的重视，有助于社会问题的有效解决。

当然，在此过程中，公民对集会产生的社会后果承担法律责任。如果集会过程中确实发生了打砸抢烧事件，那么肇事者显然应受到相应的法律制裁，组织者也可以按照《刑法》第 291 条等规定而受到适当惩罚。然而，为了保证《宪法》第 35 条受到适当的尊重，必须严格解释《刑法》第 291 条。事实上，这一条本身并没有什么问题，问题在于如何解释其所规定的各项要素。只有在有充分证据表明集会确实造成了交通堵塞或破坏交通秩序等社会后果，且后果是明显和严重的情况下，才能认定被告行为构成"聚众扰乱公共场所秩序罪"。反之，则被告只是在合法行使其受《宪法》保护的集会自由，而在这种情况下适用《刑法》第 291 条，只能是对公民宪法权利的违宪侵犯。

总之，《刑法》保护这个国家的交通、秩序、安全等公共利益，而《宪法》保护的言论自由是更基本的公共利益。没有言论自由，《刑法》很容易沦为维持专制腐败、纵容公权滥用、剥夺公民权利的工具。在绝大多数情况下，两种公共利益并不冲突；言论自由是一个国家的正常秩序、安全与健康的制度保障，安全与秩序则是自由言论和理性交流的前提。在两者确实发生直接冲突的情况下，需要妥善平衡两种不同利益。一般来说，维持社会秩序并不要求完全压制某类言论，而只要求对于表达此类言论的时间、地点与场合有所调整；而要让至关重要的言论自由作出任何让步，《刑法》所保护的公共利益必须同样是至关重要的。如果一个国家为了一点鸡毛蒜皮的小事即动辄限制公民的言论自由，那么它正徘徊于"大跃进"或"文革"式万马齐喑的边缘。为了体现对言论自由的适当尊重，只有对社会产生切实而严重危害的行为才能受到《刑法》惩罚。

三、许志永的言行不构成危害

让我们以此标准来检验许志永案的判决。一审法院认定许志永"聚众扰乱公共场所秩序"的事实有两类：一是组织动员非京籍家长去教育部或北京市教委门口集会，要求尽快实施随迁子女就地高考；二是组织少数人士在北京街区打横幅，呼吁官员公开财产。毫无疑问，这两类活动的目的都是正当的，并已获得政府的肯定与支持。在就读地高考是随迁子女的受教育权，教育部等四部门已经联合发布文件，指示各地接纳随迁子女就地高考；官员财产公开则是各文明国家通例，中国领导人也明确肯定，有些地方已开始试点推行。问题是许志永参与或组织的活动是否在效果上对社会造成了严重危害，以至违反了《刑法》第 291 条。

对于前一类活动，一审判决提到了两起事件。第一，"许志永利用群众关心的社会热点话题，组织、煽动百余名人员于 2012 年 7 月 5 日到国家教育部门前聚集。"许志永承认，自己曾发过"7 月 5 日上午九点半教育部请愿，欢迎围观"的微博，希望 7 月 5 日有更多人到教育部去围观。据部分证人说，当日"有 200 多人在教育部门口打横幅、喊口号"；"警察进行制止时，有很多上访人员不听劝阻，并且阻挠执法。其中一人用手机拍照并对处置警察破口大骂，随后还有一人也带头闹事，警察将二人带回派出所。"

在此，一审判决以先入为主的方式，采用"利用""煽动"等字眼抹黑被告行为，在法律上显然是无效的。任何一种需要民众推动的诉求都需要"利用"或"煽动"群众起来维权，这正是《宪法》第 35 条保护的公民权利。如果许志永确实选择了"群众关心的社会热点话题"，这样的"利用"或"煽动"有何不妥？至于他发微博传递活动信息并号召更多人围观，更是行使其普通意义上的言论自由，除非他所组织的活动违法。然而，一审判决自始至终回避了活动本身的合法性问题；事实上，判决完全没有引用《集会游行示威法》并认定其构成"非法集会"。在这种情况下，根据上述标准，我们只能认定活动本身是合法的。

虽然一度有200多人聚集在教育部门口，但是一审判决未曾提到集会本身造成了任何混乱、冲突、影响教育部工作秩序等不良后果。集会人群只是"打横幅、喊口号""不听劝阻"，只有一个人对处置其拍照的警察"破口大骂"，还有一个人"带头闹事"，但是未说明如何"闹事"。"破口大骂"也许显得不文明雅观，但是公民并无法律义务在政府工作人员面前毕恭毕敬，而有宪法权利批评政府的所作所为，更不用说警察干扰其拍照的行为本身未必合法。判决书引用的这一段事实表明，活动整体上是有序和平进行的。事实上，据许多未能参与作证的非京籍家长反映，活动秩序正是被警察的粗暴干预打破的。判决书没有提到的是，被警察带回派出所的"二人"均为女性家长。其中网名"胡杨"的家长被扔进警车，网名"跳舞"的家长则被拽着头发拖了一路。二人均被扣押至深夜才放回家中。如果要追究整个过程谁在违法，那么违法者不是上访人，而恰恰是阻碍公民正常表达诉求的管制者。

第二，"组织、策划、煽动近百人，于2013年2月28日，前往北京市教育委员会门前长时间聚集，且不服从现场警察的指挥、疏导，造成北京市教育委员会门前周边地区秩序严重混乱。"据部分证人说，当日的聚集人数一度达到90余人。这些人在教委南门外的便道上站着，造成"在北京奥运大厦办公的相关委办局工作人员无法正常出入，影响了正常办公秩序"。下午仍有40余人坚持在市教委南门处聚集，造成"北四环辅路上的车辆也都减速行驶"。

第二次活动的规模比前一次更小，但是因为地形等因素影响，集会可能确实对北京市教委等单位的办公带来一时不便，并影响了"北四环辅路"上的交通。然而，判决书并未说明，这些影响如何构成了"周边地区秩序严重混乱"。北四环辅路的交通只是"减速行驶",并未完全拥堵,更无迹象表明主路交通受到影响。如果地势狭窄,90 多人的集会也许确实会影响附近办公人员出入,但这种影响至多只是构成轻微的不便而已,并无证据表明当时的工作秩序因此而有所中断。更何况警察的职能是疏而非堵,他们完全可以组织集会人员适当站队,让出一条通道,而非简单阻止集会。阻碍公民行使正常权利,遭到抵制乃至反抗也很正常;如果只是让公民换一个地点或时间表达自己的诉求,那么绝大多数人均会欣然听从,原本没有必要发生任何冲突。

后一类活动发生在 2012 年 12 月至 2013 年 3 月间,许志永"利用群众关心的社会热点话题,组织、策划多人在公共场所聚集并实施张打横幅、发放传单等行为"。2013 年 1 月 27 日,四人在北京市朝阳公园南门附近打横幅并拍照,"且不服从现场警察的制止,造成现场秩序混乱。"2013 年 2 月 23、24 日,数人先后到中关村海龙大厦、海淀黄庄地铁站、北京大学东门、清华大学西门等地打横幅、发传单。在清华西门,上述人员不服清华保安人员的制止并发生相互推搡,引发三四十人围观,部分证人说"场面挺混乱的"。2013 年 3 月 31 日,四人在西单文化广场打横幅、发传单、持扩音器演讲,并对现场进行拍照、录像,引发四十多人围观。在此期间,几个便衣警察要没收其中一人手里的横幅,双方争抢了"好长时间"。

和非京籍家长相比,涉及官员财产公开的集会规模小得多,通常只有四五人,至多引来四五十人围观。如果说一人独自打横幅、发传单或表演行为艺术是其严格意义上的个人言论自由,那么四个人凑在一起做同样的事情都很难构成严肃意义的"集会"。虽然这些表达方式引来了一些人的围观,但是并无证据表明他们造成了任何不良后果。清华西门口有红绿灯,如果围观人数过多可能造成交通堵塞,但是判决书并未提及,而只是笼统提到"场面混乱"。事实上,在北京这样的大都市,交通堵塞等混乱场面已成常态,没有必要大惊小怪。每年暑假,清华西门几乎每天都集聚大量想入校参观的游客，不时造成交通堵塞；商场举办活动也时常有多人围观，乃至造成交通不便，而有关部门均未采取任何行动。如果因为个别人打横幅引起围观就出面干预，难免显得"别有用心"——换言之，干预的实际目的并不是为了保证交通流畅或公共秩序，而是为了压制言论及其表达方式。政府一旦这么做，就突破了《宪法》第 35 条的底线。

打横幅、喊口号本来是公民表达诉求的正常方式。某些政府官员之所以感到不适应，是因为这个国家的宪法权利受限制太多，公民自由表达的能力被压抑太久，公权则从来习惯性地目空一切、恣意妄为。当警察违法收缴属于公民的财产，自然会引起自卫和反抗，进而导致官民冲突。事实上，似乎每次"现场秩序混乱"都是在警察干预后才发生的，警察才是混乱的始作俑者；假如他们放手不管，这些活动本来可以是唤醒更多公民关注官员财产公开的愉快经历。即便发生了一些警民摩擦，即便公民也分担其中一点责任，也绝不至于构成"情节严重"的罪行，至多仅构成治安管理处罚。试想，如果这些公民的自由呼吁推动了官员财产公开，有效遏制了无所不在的官场腐败，那将为这个国家节省多少宝贵资源！如今一个处级甚至科级干部就能涉案上亿资金。与此相比，公民和便衣警察之间的一点"争抢"算得上什么！

综上，即便许志永确实参与或组织的一审判决书中指称的各项活动，这些活动均未造成严重的公共场所秩序混乱。一审判决认定"许志永明知组织、策划、煽动不特定多数人在同一时间段集中于公共场所表达某种诉求和张打横幅将引发社会公众围观，极易造成公共场所秩序混乱并出现抗拒执法的情况，仍通过各种方式组织更多人员到现场，且未采取任何有效措施避免出现秩序混乱"，是没有法律与事实根据的。从众多未能参与听证的非京籍家长那里了解，许志永在每次活动之前均叮嘱家长们和平理性，完全履行了一个活动组织者的道德义务；一审法院不让这些证人出庭作证，本身即构成程序不公，在此且不赘述。

从实际发生的过程和结果来看，这些活动并未造成任何严重的社会后果；假如只是因为这些活动"极易"造成秩序混乱即予以禁止，那么任何集会都不可能发生，因为无论多么不起眼的集会都"可能"造成当局眼中的"混乱"。这样的司法解释将彻底抽空《宪法》集会自由的内涵，沦为剥夺公民权利的帮凶。

至此，许志永案的结论只能是一审判决无视《宪法》第 35 条对集会自由的保障，错误解释了《刑法》第 291 条，其对许志永的判决不能成立。许志永完全在《宪法》第 35 条所保护的范围之内行使作为公民的权利，因而应被立即无罪释放。

把属于言论的还给言论

2013 年 8 月，北京警方以涉嫌"网络造谣""寻衅滋事"的名义，相继拘捕了网络推手"秦火火"、《新快报》记者刘虎，并以"嫖娼"的名义拘留了微博名人薛蛮子，一场声势浩大的网络整肃运动似已拉开帷幕。虽然此举声称是为了肃清"网络谣言"、净化网络环境，但背后的用意显然是"敲山震虎"，警告热衷于"传谣"的大 V 们：造谣、传谣都是要受到法律惩治的！然而，看了官方新闻针对秦火火的"批判"之后，我的感觉是秦火火的言论即便真是谣言也不可怕，可怕的恰恰是动辄用国家机器惩治"谣言"的公权行使习惯。

针对秦火火的不当言论可以分为两类：一类是对政府或名人的攻击，涉嫌侵犯他们的名誉权；一类是以不道德方式包装、炒作个别女性，并从中不当牟利。如果后一种行为侵犯了特定人的权利并触犯刑法，可以依法惩治，但是一般需要受害人自己出面起诉，而且此类官司多属于民事纠纷，无需公检直接出手，在此且不赘述。前一类言论如果伤害了特定人的名誉，一般也需要受害人自己出面；如果雷锋的名誉受到损害，那么雷锋的家人可以出来维护他的名誉，"群众举报"不是动用公权的理由。问题是秦火火所涉及的都是"名人"。虽然名人也有受法律保护的名誉，秦火火不能恶意诽谤，但是为了便于社会监督公众人物，证明诽谤的举证责任很高。在名人的名誉权和秦火火的言论自由之间，宪法的天平向后者严重倾斜。

无论是雷锋、张海迪、杨澜还是军队将领罗援、戴旭，秦火火的造谣对象显然都是"名人"。他说雷锋的道德楷模形象完全是由国家一手制造的，真实的雷锋生活奢侈、为人虚荣，根本不是什么道德榜样，因而被认为严重玷污了雷锋的光辉形象。他说残联主席张海迪拥有日本国籍，说罗援的哥哥罗抗在外企工作是"卖国"，说戴旭在禽流感期间发表的言论"反人类"，组织网络水军骂《环球时报》总编胡锡进是"狗"，并编造了"红会郭美美"事件、"温州动车事故"处理事件和"李天一事件"中的某些细节。

先说雷锋——雷锋有什么不可"玷污"的？他是一个五六十年代打造的政治形象，现在早已失去了"神圣不可侵犯"的光环，但仍然是一些人的道德偶像。对于他们来说，尤其有必要还原一个真实的雷锋。如果崇拜了一辈子，最后发现自己的偶像原来只是一个虚构的故事，未免太遗憾了；与其如此，不如早点醒悟，另找其它更靠得住的精神支柱。如果秦火火编的雷锋生平是虚构，也犯不着动用国家机器；国家需要做的，至多是发布正版的雷锋生平，自然可以起到辟谣的作用。即便这件事情也大可不必国家出面，一个没有任何公权色彩的历史学者即可完成，他的说话还比政府直接发话更具公信力。

张海迪、罗援事件也同样如此。张海迪有没有日本国籍、罗援是否有哥哥在外企工作，都是可以公开验证的事实问题，自己出来澄清就完事了，没有必要搞得那么义愤填膺。张海迪是中国残联主席，具有官员身份；她是否具有外国国籍，是社会普遍关心的公共问题。如果没有，她也并非因为秦火火造谣就百口莫辩。作为公众人物，她完全可以亲自出面澄清。罗援的家族关系也是不难查清的。其实，即便他有哥哥在外企工作，难道就意味着罗援本人"卖国"吗？这种无厘头"推理"只能是"愤青"的思维方式，值得当真吗？秦火火得出罗援"卖国"这个没有事实根据的结论，只能是他自己的主观价值判断。

秦火火对戴旭、胡锡进的攻击更是出于个人价值判断，而不涉及捏造事实，因而法律没有干涉余地。简单地说，他就是表达一个意思——"我不喜欢你！"。戴旭曾发微博建议，禽流感造成的损失并不比其他灾难如转基因更严重，并很有可能是美国的生物战武器。他说过此话是一个没有异议的事实，但这样的言论是否构成"反人类"，则见人见智。戴的粉丝会咒骂美国以表达对他的认同，秦火火则用"反人类"来表达对他的排斥。这种表达可能是理性温和的，也可能是尖刻粗鄙乃至不堪入耳的。骂脏话显然不可取，但并不能为法律所禁止。网上骂脏话的多了去了，法律有能力制止吗？如果法不责众的话，为什么单单惩罚秦火火呢？

宪政常识是，人民有选择好恶的自由，也有选择表达方式的自由。如果说国家不能强迫我爱上帝，就更不能强迫我喜欢雷锋、戴旭或胡锡进。就和选择自己的婚姻一样，我有自由选择自己喜欢的人，而没有义务喜欢任何特定的人，并有自由以自己的方式评论我不喜欢的人。当然，我没有权利造谣，我不能捏造不存在的事实来达到自己的目的，我没有诽谤任何人的自由。在任何文明社会，人的名誉是受法律保护的，雷锋死了也是有名誉的。但是为了保障公众知情权，诸如雷锋等公众人物的名誉必须在言论自由面前退让，尽管不是退让得一无所有；如果稍有失实即被当作"网络谣言"或"寻衅滋事"治罪，还有谁敢讲话？宪政国家对这个问题的普遍标准是，原告有义务证明被告具有"实际恶意"。换言之，只有证明秦火火及其团队确实明知故犯、恶意编造大量不实信息，才能依法追究其言论的责任，而信息是否属实则需要在自由举证基础上进行公开鉴定。

事实上，即便秦火火等人的言论失实，也是没有必要大动干戈的。俗话说，"谣言止于智者。"其实，我们每个人都是这样的智者，都有分辨真假的能力，但前提是具备充分信息，而只有自由言论的环境才能保障信息充分。如果张海迪没有日本国籍，罗援没有在外企工作的哥哥，他们完全可以站出来澄清真相，而以他们的话语力量，我相信多数网民会还他们清白。相反，如果一旦出现不同声音就动用国家机器使之消失，那么一个直接后果就是真相反而不可能弄清楚了。公权力可以将任何造谣者打入大牢，却没有能力消除谣言——即便货真价实是谣言——在人们心中产生的疑惑。对于秦火火捅出的这些"篓子"，我还没有看到令人信服的回应，因而仍然心存疑惑。这种疑惑并不是一条新闻联播的声明或秦火火这个人的消失就能消除的。

这样也就不难解释为什么政府出手整治网络言论的效果总是适得其反：一个社会的言论越不自由，政府公信力越差，谣言越多。当然，更不用说这样的政府透明度低，公权滥用的机会多，其中包括封锁新闻、掩盖真相的权力，而在没有新闻自由的国家，不少小道"谣言"真的成了"遥远的预言"。刘虎举报工商总局副局长马正其渎职，也许是无中生有、"寻衅滋事"，但是如果国家因此出手使之消声，则不仅涉嫌动用公权庇护一个潜在的渎职者，而且可能把不久前刚刚掀起的"网络反腐"扼杀在摇篮里。没有网络的监督，各类渎职者、贪腐者、滥用公权者无所顾忌、大行其道，其对社会造成的实际危害是任何"网络谣言"不能望其项背的。

还是把属于言论的还给言论吧。网络是一种新生事物，难免泥沙俱下、鱼龙混杂，但不可否认的是，其主体正在对中国社会转型发挥越来越大的正能量；抗拒和压制是不明智的，它只能使政府进一步丧失威信，甚至为"造谣者"造势。与其如此，不如还网络自由；除非网络言论构成商业欺诈、煽动暴力等真正意义的犯罪，公权还是不要介入的好。

别让抓薛蛮子成为公权滥用的标本

2013 年 9 月，新华网的一则消息——薛蛮子因涉嫌网络犯罪而遭刑事拘留，证实半个多月前北京警方以"嫖娼"名义拘留这位微博名人是公权滥用之举。当时，央视高调报道"大 V 嫖娼"，竟占《新闻联播》3 分钟之久，简直够得上"常委待遇"；《环球时报》总编胡锡进则发微博建议，要挑政府毛病的人首先要保证自己"屁股干净"。这当然可以作为一种善意的提醒，但是也可以被解读出这样一层意思：批评政府的人必须是自身没有瑕疵的"道德圣人"，否则就别怪政府找你的麻烦。这种说法同时假设，只要公民违法，政府就可以理直气壮执法抓人。其实不然。这种假设违背了行政法治的一条基本原理，那就是如果抓薛蛮子这种行为构成"滥用职权"，那么也是法律明文禁止的违法行为的一种。

中国《行政诉讼法》第 54 条第 2 款明确规定，法院可以撤销"滥用职权"的行政行为。和一般的程序或实体等"客观违法"不同，滥用职权是一种"主观违法"行为。如果薛蛮子明明不是嫖娼，而警察以"嫖娼"为由拘之，显然属于客观实体违法。但即便薛蛮子确实嫖妓了，警察拘留就一定合法吗？未必。如果警察"心术不正"，抓薛蛮子嫖娼只是一个由头，真正的目的是不让他讲话，或"杀一儆百"，震慑一下热衷"传谣"的大 V 们，那么行政行为就构成滥用职权。换言之，合法的行政行为不仅必须客观合法，用合适的法条和程序处罚个人违法行为，而且还必须有合适的动机。要抓薛蛮子嫖娼，那就是为了抓他嫖娼，而不是为了别的不可告人的目的，否则即构成滥用职权。

禁止滥用职权是法治国家的普遍原则，对于行政法治刚起步的国家尤其重要。早在 19 世纪，行政法母国法国的行政法院即要求政府行为必须遵守基本行政道德，不得想一套、说一套、做一套。在 1924 年的案例中，法国市政当局禁止海滩开设裸体浴场，但其真实目的却是为了让更多的人去使用市政府所开的浴室；在 1934 年的案例中，某市长颁布法令限制跳舞场所，但真实目的却是为了让人们去租用他自己开的旅店。以上行为都有冠冕堂皇的理由，但是实际目的并不正当，因而都构成了滥用职权。同理，欧洲共同体也禁止"别有用心"的公权滥用。在 1976 年的案例中，共同体理事会希望提拔一位长期在共同体任职的内定人选，所规定的任职条件完全按此官员"量体裁衣"，结果被欧洲法院判决构成了滥用职权。虽然在成熟法治国家，滥用职权并不常见，但是在行政法治尚未落实的中国，这种行为屡见不鲜。

北京警方事后发布了此次抓捕行动的经过，试图让公众相信，薛蛮子并未被"设套"，而只是一次普通"扫黄"行动的"意外收获"。但是从事件发生的前后来看，抓薛蛮子显然不是真的因为他嫖娼，而是因为他是经常挑政府毛病的大 V，而有关部门要用他给大 V 们敲敲警钟。这一点从警方非同寻常地高调爆料一起普通嫖娼事件，以及央视等官媒不失时机的报道重点即可看出。假如警察是在履行公务、查获"黄窝"时偶然发现了薛蛮子，当然是属于正常执法。但是在这个时间点上恰好抓获薛蛮子嫖娼，似乎过于"巧合"。刚刚抓了秦火火，而谁都知道薛蛮子是尔玛公司的"后台"，于是就有人预言薛蛮子会"出事"，而他果然就出事了！即便有安慧北里小区的"群众举报"，但是何以就锁定 1809 那一户？而且如果租户是妓女的话，为什么早不查晚不查，偏偏等薛蛮子完事出门的时候恰好遇上警察在门外守候？这一切恐怕难以都用"巧合"二字解释。当时即有小道消息称，警方早已"盯上"他了，对其一举一动洞若观火。但是神州大地熙熙攘攘，嫖客娼妓不知几何，为何偏偏对薛蛮子嫖娼那么感兴趣？为什么上海高院法官集体嫖妓，也没有让公安那么关注，只是在私人费尽周折调查取证之后才被揭露？什么时候算不上犯罪的私人嫖娼变得如此重要？最后答案还得靠央视"点题"：原来"醉翁之意不在酒"，而在大 V！

这当然不是说薛蛮子是大 V 就抓不得，也不是说政府不能抓嫖客。但是政府执法是国家公器，非同儿戏；钉是钉，铆是铆，不得张冠李戴。政府可以抓薛蛮子嫖娼，但不可以因为他是看不顺眼的大 V 而抓他嫖娼；如此行为表面上什么都合法，实际上是动机不正、主观违法，因为它的实质就是靠表面合法的行为去干实际违法的勾当。封薛蛮子的口、杀大 V 们的威，这个目的能合法化吗？如果警方要整他们"传谣"，那就请适用禁止造谣传谣的相关法条，而不是用"嫖娼"等别的罪名"歪打正着"；至于网络谣言是否需要公权出面干预，再另当别论。如果不涉及网络谣言，只是反感他们的立场观点，就更不能动用公权压制了，因为自由表达是宪法第 35 条赋予公民的基本人权。即使薛蛮子是美国公民，也享有这种权利，因为现行宪法意义上的"公民"在很多场合下是指一般个人；言论自由不是选举等严格意义的政治权利，而是不论中国人、外国人都享有的一种普遍人权。以抓"嫖娼"为名，而行压制言论之实，是地地道道的滥用职权。

公权滥用不只是批评政府的一个口号，而是每天都在发生的实际政府行为——如此频繁，以至我们都司空见惯、见怪不怪了。面对这种诡异而恶劣的违法，我们时常感到无力和无奈，因为举证太难了——如何证明警察的目的不是这件事，而是那件事呢？但也许是有关部门过于"自信"，唯恐抓薛蛮子嫖娼的真实意图流露得不够明显，会同央视等主流媒体大肆炒作"大 V 嫖娼"，以至此次事件已成为滥用职权行为的标本。不论举证如何困难，也不论自己是否道德完人，我们都要对公权行为的目的正当性追问到底，否则就只能进一步纵容公权滥用，而我们对自己沦为公权滥用的牺牲品却只能一声叹息——如果自己"屁股不干净"，就只好跟着政府走，最后甚至蜕变为一种市侩哲学——只要跟着政府走，屁股就可以不干净，以至真成了网友调侃的那样：顺我者昌，逆我者嫖娼。如此营造出来的社会道德境界并不比一个普通嫖客更高尚。

别让"寻衅滋事"成为口袋罪

2013 年以来，《刑法》第 293 条规定的"寻衅滋事"罪越来越多被适用于公民发表的言论。法学界普遍担心，这项罪名业已成为边界可以随意延伸的"口袋罪"。如此则不仅背离了中共十八届四中全会提倡的"依法治国"与"依宪治国"原则，而且必然造成公权力的严重滥用，并极大压缩公民受宪法第 35 条保护的言论自由。

在某种意义上，我们确实可以像霍布斯那样，把国家想象成一个力量超强的"利维坦"，但这个利维坦不是任性的。恰好相反，它是人类理性的产物。我们之所以建立国家并授予其巨大的权能，正是为了让它控制私人的非理性，防止私人以暴力侵害他人。归根结底，国家的职能就是用它所垄断的合法暴力去控制私人的非法暴力。刑法是国家履行这一基本职能的主要手段，警察就是实施刑法的具体力量，或者说是国家这个利维坦的肢体。对于一个理性的人来说，肢体必须受到大脑的控制。如果大脑失去控制，肢体任性乱动，这个人无疑是危险的。国家也是如此。

国家的"大脑"为何？国家的"大脑"就是法律所体现的公共理性。在一个健康正常的国家，法律是为了所有人的公共利益服务的，但是究竟何为"公共利益"？什么样的政策、法律乃至制度最利于人民的幸福？这些问题必然见仁见智，因而人人都有思考与表达的自由，任何人都没有资格宣称真理掌握在自己手里。所谓公共理性，就是在自由讨论过程中形成的社会共识，而言论自由是产生公共理性的制度前提。当然，绝对的共识是不存在的，任何立场都不可能获得社会每一个人的认同。在任何时候，我们都需要通过投票来决定多数人的立场，以此形成统治我们的法律。只有这样的法律才是体现公共理性的"良法"。这种公共理性注定是有缺陷的，只有在实践中臻于完善，但是它必然远胜于任何私人理性——因为人是理性自私的，私人理性只能为特定个人服务，只有自由言论形成的公共理性才能为整个社会服务。

只有实施良法、实现法治，让公共理性这个"大脑"控制国家的肢体，我们才生活在一个理性国家。反之，如果肢体控制了大脑，让大脑不能正常思维，或者索性用私人理性代替公共理性，进而利用国家机器压制"管理"言论，那么国家就不可能正常，因为那样就成了"胳膊管脑袋"。胳膊只能管胳膊，国家暴力只能用于控制私人暴力，而不能用于管制言论。当然，如果言论确实会立刻激发显而易见的严重危害，譬如有人在人群大量聚集的地方散布恐慌、造成踩踏，那么这种言论理应承担法律责任。但是只要并未构成这类"清楚与现存的危险"，只要还有时间通过讨论探明真相和真理，就应该让讨论自由进行下去，而不是动用国家力量强迫沉默。只要国家的"大脑"还能正常思考，就不能用"胳膊"去管"脑袋"，因为很简单，胳膊永远不会比脑袋更擅长思考，警察并不比普通人更有能力做出正确的是非或专业判断。用胳膊管脑袋，就是用强权替代公理。

一旦刑法罪名变成伸缩自如的"口袋罪"，可以变相用于惩罚公民的言论，"胳膊管脑袋"即已发生。寻衅滋事罪的第四项是"在公共场所起哄闹事，造成公共场所秩序严重混乱"。在最高法院和检察院把"公共场所"扩展到网络空间之后，这一项经常被适用于公民言论。单纯从规定本身看，这一条罪名问题不大。无论是言论还是行为，如果确实"造成公共场所秩序严重混乱"，即应承担法律责任。问题在于如何界定"公共场所秩序严重混乱"，尤其是网络作为"公共场所"的秩序混乱。网络本来就是自由表达的平台，不同意见很正常，"秩序"井然反而意味着"一言堂"。就网络"公共场所"而言，几乎不可能发生刑法意义上的"秩序严重混乱"。如果网络言论粗俗、尖刻、激进，引发了大量争论乃至谩骂，是否构成"寻衅滋事"？即便认同网络"语言暴力"这一说法，也不能用肢体暴力应对语言暴力。在一般情况下，刑法只能被适用于现实世界中发生的实际暴力，而不是网络世界中的虚拟"暴力"，除非网络言论确实会引发现实中的"公共场所秩序严重混乱"。如果不满足这个条件而把网络言论界定为"寻衅滋事"，则又是在用胳膊管脑袋。

以上分析不仅适用于寻衅滋事罪，也适用于其它所有"口袋罪"。无限扩大的"口袋罪"不仅限制了公民的言论自由，而且也极易纵容地方公权滥用。在中国，无论是宪法、法律还是四中全会决定等中央政策，都是中央对地方各级政府的行为规范。但是如果宪法得不到落实，法律成为地方可以随意解释的口袋罪，那么法律不仅发挥不了任何规范作用，反而成了地方滥用公权的尚方宝剑。例如河南维权人士贾灵敏常年为被拆迁户免费普法，传播关于征地拆迁的法律知识，受到各地人民的热烈欢迎。当地政府却视之为眼中钉，并以"寻衅滋事"的罪名加以构陷。然而，贾的言论不仅没有造成任何"公共场所秩序严重混乱"，而且对于维护被拆迁户的合法权益与社会稳定、防止公权巧取豪夺发挥了积极的作用。地方如此滥用公权是对法治的严重破坏，也是对中央权威的公然蔑视。

要防止"寻衅滋事"成为口袋罪，必须严格界定"公共场所秩序严重混乱"等法律要件。只有当言论确实严重扰乱了现实公共场所的秩序，才可能构成"寻衅滋事"。而要构成"严重混乱"，言论所产生的危害必须是清楚和即刻发生的。如果所谓的"严重混乱"只是办案方的主观猜测和想象，或是对遥不可测的不确定后果的恐惧，自然也就说不上什么"严重"了。例如 2014 年发生在河南的于世文等人公祭赵紫阳案就是一个典型。河南是赵紫阳的故乡，河南人祭奠河南人本来很正常。现场没有出现任何混乱，公祭本身也没有遭到任何干预。只是在于世文等人将公祭录像放上网络之后，才被河南警方拘捕，但是也没有任何证据表明这些视频造成公共场所发生混乱。办案人员在做出此类指控的时候，一定要给全国人民一个令人信服的交代，以免运作国家机器的几只胳膊管了 14 亿人的脑袋。

网络言论如何"寻衅滋事"？

2015 年 2 月，《新快报》记者刘虎被警方刑拘，罪名是"网络造谣""寻衅滋事"，据说还被关进了"一级戒备"的拘留所。但是他究竟如何"寻衅滋事"，警方却语焉不详，人们自然联想起他 7 月底曾实名举报工商总局副局长马正其在重庆任职期间渎职。如果这次举报是无中生有的诬陷诽谤，能否构成"寻衅滋事"？

《刑法》第 293 条规定的"寻衅滋事罪"所针对的是"破坏社会秩序"的"行为"，譬如随意殴打他人，或追逐、拦截、辱骂、恐吓他人，或强拿硬要或者任意损毁、占用公私财物，还要具备"恶劣"或"严重"情节。所有这些当然都不适用于刘虎，惟一可能适用的是第四款规定的"在公共场所起哄闹事，造成公共场所秩序严重混乱"。问题是"公共场所"是否包括网络？刘虎的实名举报是否造成了"公共场所秩序严重混乱"？在我看来，这两个问题的答案都只能是"否"。

有人认为，"公共场所"也包括网络，网络并非"法外之地"。此说不完全算错，但是忽视了网络和实体空间的本质区别：网络行为其实不是"行为"，而是言论。当然，网络言论也可能构成"起哄闹事"，造成社会秩序严重混乱，但这听起来更像是煽动颠覆国家政权或聚众扰乱社会秩序一类的罪名。"寻衅滋事"听上去不如这些罪名严重，但是如果解释不当，这一条款很容易成为无所不包的"口袋罪"。

我们能否把第 293 条第 4 款中的"公共场所"简单替换为"网络"，变成"在网络起哄闹事，造成网络秩序严重混乱"？这种扩展解读是没有任何法律依据的。2015 年 5 月 27 日，"两高"刚刚通过一个"关于办理寻衅滋事刑事案件适用法律若干问题的解释"，其中并不包括网络造谣。在没有全国人大常委会或最高法院司法解释授权的情况下，公安部门擅自扩展《刑法》条文的适用范围，对于公民权利和自由而言显然是十分危险的。

最根本的是，"网络秩序"这个概念是不存在的；网络天生是一片乱哄哄的众说纷纭，没有什么"秩序"可言。如果要强加一种什么秩序，尤其是通过国家机器的高压，那才真的可怕。如果网络言论损害了谁的名誉，那么"冤有头、债有主"，谁受伤害谁出面。总之一句话，国家靠边站；一旦政府插手网络，那么我们很快会发现，政府才是最大的造谣者。

网络言论的自由与边界

2015 年 6 月，大陆关于网络言论自由及其限度的争论颇为热闹。先有《炎黄春秋》杂志前执行主编洪振快与黄钟起诉梅新育、郭松民侵害名誉。《炎黄春秋》2013 年第 11 期刊登了洪振快的文章"'狼牙山五壮士'的细节分歧"，黄钟是其执行主编。文章刊发后，遭到被告指向明确的批评辱骂。事实上，孙立平、荣剑、章文等网络大 V 也不时遭到"五毛"的围攻辱骂，不堪其扰，一度考虑诉诸法律手段。稍后，复旦大学社会科学高等研究院的刘清平教授辱骂孔孟事件又引起了社会的激烈争论，已经演变为一起涉及教师责任和言论自由的宪法性争议。七位复旦毕业生发布了《敦请复旦大学严肃处理刘清平教授辱骂事件的公开信》，认为刘清平的辱骂言论使之失去了为人师表的资格，严重损害了复旦名誉，要求依据《教师法》第 37 条的规定，对于"品行不良、侮辱学生，影响恶劣"的教师，"由所在学校、其他教育机构或者教育行政部门给予行政处分或者解聘。"

和绝大多数人一样，我个人也认为刘清平的辱骂言论显然不妥，有失作为一名教师和学者的身份，但是从宪法学的专业角度，我从来坚持一条基本底线：让言论自由，拒绝公权干预，除非到了迫不得已的时候。有人发表了一个错误观点，许多人不同意，大家尽可以自由辩论。最后，那个人成为众矢之的、孤家寡人，目的就已经达到了，根本没有国家插手的空间。无论这个观点错得如何离谱，都不需要国家干预；事实上，错得越离谱，就越不需要国家出面，因为凡是有正常理智的人都知道那是错的，所以根本不可能产生什么严重的有害影响。

国家要干预言论，前提一定是国家立场绝对正确，且干预绝对必要，否则无法防止或消除言论给社会带来严重伤害。在一般情况下，这些前提是不成立的。首先，许多言论表达的是见仁见智的价值偏好，根本不存在衡量对错的客观标准。当代中国许多人是孔孟的信徒，但同时又有许多人激烈地抨击"孔教"。这类问题至少争论了一个多世纪，还没有争论清楚，恐怕永远不会有一个水落石出的正确答案。我个人是尊孔派，尤其喜欢孟子的道德本体论，但我知道这只是我的个人选择；我会不遗余力地推行我认为正确的孔孟学说，但是我们任何人都没有权利把自认为正确的思想强加给任何人，更不能借用国家的强制手段强迫所有人接受某些人认为正确的东西，否则就回到了道德与政治专制主义的老路。

其次，有些言论表达的是有争议的事实判断，而其之所以有争议，就是因为答案并非一目了然。尤其对于遥远的历史问题，大家都不知道正确答案，国家怎么知道正确答案？所以只有通过自由辩论，才能让真理越辩越明。如果强迫大家闭嘴，国家亲自裁决，只能是"以其昏昏，使人昭昭"。"狼牙山五壮士"是小学课本上人尽皆知的故事，但是近年来遭到了社会质疑，有人甚至因为发表否定观点而遭到行政拘留。洪振快到狼牙山做了实地调查，基本上肯定了故事的真实性，但对其中的一些细节提出了自己的看法。这些看法可能对，也可能错；我自己没有调查，就没有发言权。但不论支持教科书还是质疑教科书，都有发表言论的自由。谁对谁错，只能在自由辩论中由广大的围观者自己辨别。围观者好比法庭上的陪审团，他们才是检验控辩两造提出证据的最终裁判者。如果国家作为法庭不让其中一方提出相关证据，必然会误导公民陪审团的判断。

最后，即便我们绝对自信地认定某个观点是严重错误的，也没有必要把国家请出来——正是因为它错得如此严重，几乎所有人都明白它是错的，以至连国家都知道它错了，因而都不会被它误导，这不就行了吗？这个时候再让公权力出面，对所谓的错误言论"踏上一只脚"，让它"永世不得翻身"，固然令人解气，但这种习惯是极其危险的。在此有必要再次重复 1929 年罗隆基的至理名言："剥夺言论自由的危险比言论自由的危险更危险。"无论是当代还是历代，对这个国家产生严重危害的永远是国家对言论自由的剥夺，而不是哪个错误言论；和剥夺言论自由的错误相比，任何言论本身的错误都是微不足道的。

因此，只要我们还在辩论，就必须允许辩论的自由；国家只能在一边静静地听着，除非到了迫不得已的时候。所谓"迫不得已"，是指我们还来不及辩论，言论就会对社会产生"清楚与现存危险"的情形。这种危险主要有物理和精神两类。如果某人在网上煽动用暴力手段冲击政府，并且确实有可能产生现实行动，那么虽然绝大多数人都不会跟风，却依然可能产生迫在眉睫的严重危险。这种言论产生的危险是肉眼可见的，显然不能用言论自由作为法律制裁的挡箭牌。另一种言论和本文的讨论更为相关，也就是发布不实信息，或指名道姓地公然辱骂，伤害个人名誉。这种言论虽然不直接威胁人身，却会造成巨大的精神痛苦，其精神伤害程度不亚于人身伤害。

洪振快的言论是针对历史事件的理性探讨，不具有任何"清楚与现存危险"，因而具有完全的发表自由。郭松民和梅新育的言论如果只是批评，不构成辱骂，自然也有完全的发表自由。但是如果构成辱骂，那么就要承担相应的法律责任。辱骂不仅损害个人名誉，而且也确实污染了网络环境，使本来理性平和的言论平台充斥着流言蜚语和人身攻击，极大伤害了网络讨论的质量。在这种情况下，法院有义务秉公裁判、以正视听。另一方面，有必要适当确定辱骂与激烈批评之间的法律边界，尤其要避免将追究辱骂的法律责任蜕变为剥夺批评的言论自由。即便对辱骂的惩处也应该"点到为止"，不能让它产生"寒蝉效应"，让批评者因害怕法律对辱骂的制裁而不敢批评。换言之，法院裁判的功能在于鉴定被告言论是否构成辱骂；如果确实构成辱骂，那么应当责令被告停止类似言论、消除影响、赔礼道歉，并承担相应的诉讼费用。

上述分析也适用于刘清平的言论，但刘清平辱骂的是众所周知的历史公众人物。斯人已逝，固然并不意味着可以任人辱骂，但是如果诉诸法律手段，则必须有切身利益受到伤害的"苦主"，孔孟直系后代或许具备法律诉讼资格。但是"严重伤害人民感情"之类的泛泛而论，显然不足以立案；否则，每个人听一句话觉得情感不适就对簿公堂，世界上哪一家法院都不堪重负。

当然，刘清平作为教师，言论更应自律，但需要注意的是，大学并非教师言论的"道德裁判所"。《教师法》第 37 条意义上的"品行不良、侮辱学生，影响恶劣"都不是法律用语，需要谨慎界定。如今的中国教育早已不是传统上的"为人师表"那一老套，教师作为一项职业和其它职业一样具有平等的尊严，因而既不要像以前那样把教师放在高处不胜寒的道德神坛上，也不要因为某些教师达不到圣人君子的要求就把教师整体贬得一钱不值。和其它职业一样，教师也有自己的职业标准，教师的本职工作无非是教学和研究。学校的权力仅限于判定教师是否达到了法律或常识对教师职业的期待，这是判断教师"品行"的首要标准。

至于在日常生活当中，教师地位并不比其他人更高，也不比其他人更低，并和所有人一样享受同等的言论自由和法律保护。假如刘清平的辱骂发生在课堂上，或许确实亵渎了教师的基本职责，但是在其它场合下应当享受和常人一样的言论自由。既如此，我们能否想象一个人因为辱骂了孔孟或哪个"先圣"就被开除公职呢？又是否会因此而让他的单位为他"连坐"呢？对于教师在课堂和校园之外发表的言论，大学显然不承担责任，因为教师是有能力独立思考并承担法律责任的主体；学校既不是老师的老师，也不是教师思想和言论的监管人。如果复旦大学要撇清自己和刘清平言论之间的关系，完全可以发表声明，而无需采用任何行政手段。

坚持言论自由并不表明我们认同刘清平或任何人的立场，更不是纵容辱骂，而是因为中国历史上已经有太多次血的教训，让我们看到国家干预言论所带来的灾难。即便针对粗暴的辱骂，国家也只能通过司法发挥辅助性的惩戒作用，既让辱骂者有所忌惮，又不至于让批评者心生恐惧。

让网络成为官民互动的常规平台

2012 年 4 月，青岛市的"植树增绿"行动引起了不少当地网民的质疑。据市政府透露，青岛的园林绿化水平落后于国内同类城市，园林绿化总量不够、质量不高，小树多、草皮多。在 15 个副省级城市中，青岛的城市绿化覆盖率是倒数第一，人均公园绿地面积排倒数第四。照理说，"植树增绿"措施有利于改善城市环境，理应受到广大市民的欢迎。然而，网民们却对植树的位置、密度、资金使用、招标程序等方面提出诸多疑问。有的年轻网民面对政府部门"踢皮球"，依然锲而不舍地行使自己的知情权。事情发生后，副市长带领相关部门领导人和网民进行"在线问政"，一度有几十万网民在线交流。在沟通过程中，政府澄清了一些误解，例如网上曾流传植树成本高达 40 亿元，但是政府提供的数据表明总成本是 16 亿元。当然，究竟耗资几何，还需要市政府事后公布财政数据，并接受地方人大和选民监督。对于网民指出的规划不合理之处，市政府表示愿意接受意见并进行修改调整。政府和市民的网络互动及时纠正了植树方案中的瑕疵，澄清了信息不公开造成的误解，足不出户即已化解市民抱怨及其可能产生的纠纷。

从 2007 年 6 月厦门 PX 事件引发的市民"集体散步"开始，上海、广州等市居民主动参与影响自己切身利益的公共决策，最终导致市政府做出必要的让步并修改原有方案。这些事件均起因于政府没有及时公布信息就投入大型项目，引发利益受到直接影响的居民大规模抗议；在市民压力下，这些相对温和的地方政府被迫听取市民意见并调整原来方案，有惊无险地化解了一场更激烈的社会冲突。和某些顽固不化的地方政府利用公权镇压公民抗议相比，这种处理方式当然要好得多，但是其不足之处也同样明显。假如市政府在工程部署之前就征求市民意见，本来根本没有必要出现这样的对峙和紧张，市政府也不用花费大量人力财力进行规划、论证、前期准备及后期调整。公布信息越迟，政府投入越多，政府在遇到市民抵制时就越感到骑虎难下，也越容易造成政府一意孤行，进而酿成大规模群众抗议。即便在厦门、广州、上海这些成功化解暴力冲突的相对"文明"城市，政府和人民之间的关系亦曾高度紧张，而当时的事态发展方向也很难预料。

此次青岛植树事件比以往公民运动更为文明进步，官民双方并未发生直接碰撞，而只是通过网络交流便有效化解矛盾。然而，事件的起因却和以往如出一辙。市政府的植树"运动"确实也容易给人造成又一个"政绩工程"的印象。青岛 2012 年计划栽植景观树、更新补植行道树以及各种乔灌木多达 1000 万株，而其中 80% 以上的任务要赶在 5 月底前完成。如此匆忙上马的工程势必很难为征求市民意见留下充裕时间，或许市政府也不愿意看到这项亟待完成的工程遭到任何社会非议和阻力。然而，青岛植树真有这么急吗？青岛市民在那里住了几十年，似乎没有对自己的生活环境不够绿感到不可容忍的切肤之痛，为什么如此浩大的工程要"只争朝夕"匆匆竣工呢？是不是因为市领导认为市民们"自满自足，自私自利，自怨自弃，自说自话"，青岛市绿化发展落后的"最重要根源就在人的思想"（《青岛早报》4 月 20 日头版），所以只有靠思想"先进"的领导们自行决定、强力推动？虽然市政府后来澄清这些说辞并非针对市民，但是在这个节骨眼上蹦出这些话来，难免让人产生联想，而市领导有这种想法的话也实属"正常"。

其实，即便市领导有这种想法，也未必就错；或许若干年后，青岛市民和全国来此地的旅游者看到郁郁葱葱的植被，确实会感激今天市领导的高瞻远瞩。然而，"天下没有免费午餐"，看上去利市利民的"植树增绿"也不例外。即便仅耗资 16 亿，对于青岛市来说也绝不是一个小数。这笔钱究竟是像现在这样投入绿化，还是投入义务教育、医疗保障或贫困家庭救济？这个问题本来就应该由青岛市民自己来决定，因为"羊毛出在羊身上"，植树的成本最终是由青岛的纳税人承担的。即便他们中的多数人认为值得花 16 亿种树，也存在种什么树、在哪里种、让谁来种等问题。譬如有人认为青岛是一座海滨城市，在秀美旖旎的海岸上栽种粗犷豪放的松树不但遮挡海景，更与周围的风景不协调，而市政府回应这是一个见仁见智的"审美"问题。但是青岛植树应该符合谁的审美标准呢？是少数领导的审美还是多数市民的审美？关键在于，青岛究竟是谁的青岛？若干年后，今天的市领导或退居二线，或高升他处，但是绝大多数市民却依旧得在青岛生活，因而无论什么方案都不能只让今天的领导觉得高兴，而是得让青岛市民满意才行。

青岛市政府大力发展绿化，显然是出于好心，而且方案合理、成本合算、程序规范的话也能办好事，但是之所以招来网民批评，根源在于如此重大的市政工程决策却未事先征求市民意见。其实在网络时代，信息公开很容易；政府没有必要等到出什么事才想起上网，网络完全可以成为官民良性互动的常规平台。如果政府推行的确实是利民工程，并不难向人民解释清楚并获得认同，有什么不能公开的呢？及早公开并征求意见只能使方案更合理、工程更顺利、政府更受尊重。青岛市政府亡羊补牢，固然功不可没，但也不可忽视其中遗留的问题。政府不仅回避了市政决策为何未征求民意等关键问题，而且我们从整个事件几乎看不到当地媒体对监督政府发挥任何有效作用。本来，如此重大的市政问题理应是青岛媒体重点关注甚至"穷追猛打"的对象，但当地媒体却是一如既往地"配合""听话"、选择性沉默，报道出来的依然是官话、套话、空话，与青岛网民积极参政的态度反差巨大。当然，此种现象绝非局限于青岛一地；只要发生对当地政府"形象"不利的大事小事，几乎都是异地媒体披露出来的。

方兴未艾的网络世界为市民直接表达意见提供了便利平台，从而部分解决了媒体监督不力问题。如果说五年前厦门市民还只能靠手机短信联络到市政府门前"集体散步"，那么青岛市民呆在家里敲打键盘、点击鼠标就能积攒巨大的网络人气，进而对市政决策产生压力。"散步"者需要在同一时间聚集到同一地点才能显示力量，不仅要求参与者具备足够的智慧和勇气，而且活动结束即"人走茶凉"；网络则虽然是虚拟的，但是只要没有被删帖，随时发布、越积越多的网络舆论却对政府形象构成实实在在的压力，而且对参与者而言成本低、风险小。如果我们一时还不能做一个成熟的公民，那么不妨先做一个积极问政的网民，通过网络和官员对话，让事关我们切身利益的政府决策对我们负责。

没有"谣言"的世界比谣言更可怕

2012 年 6 月，《经济观察报》根据从相关部委、铁路建设系统及相关大型国有企业的高层等多个消息，报道铁道部正在谋划成立"三大集团"，分别为投资、建设、运营集团公司。对此，铁道部以书面形式作出回应："此报道纯属造谣，铁道部有关人员将到该报社了解相关情况，并对其谣言可能造成的后果保留依法追究责任的权利。"[1] 言下之意，铁道部可能为不实报道起诉《经济观察报》。

显而易见，新闻媒体有法律和道德义务保证报道属实。和私人言论不同，媒体承载着为社会大众提供真实信息的职责，而真实信息对于指导社会行为的理性选择是至关重要的。如果《经济观察报》报道的拆分铁道部纯属子虚乌有，那么以讹传讹显然会误导大众。如果确系失实报道并给铁道部或某个具体的受害人造成损失，那么《经济观察报》就需要承担不实报道的法律后果。

然而，上述论断虽然听起来天经地义，却是以存在可见的"法律后果"为前提。譬如，如果不实报道损害了当事人的私人名誉，那么媒体显然要予以赔偿。但是有些不实报道虽然可能产生谣言并给当事人或机构带来某些不便，却未必产生足够严重的后果，以至要求法律惩戒。在我看来，《经济观察报》报道的消息就属于这一类。即便是"假新闻"，它除了可能造成一时的思维混乱之外，究竟会给中国社会带来什么危害呢？难道铁道部"名誉"受损了吗？或者铁道部的"市值"因此而"跳水"了？这些问题似乎都不存在。也许是我缺乏常识或想象，但是我确实看不到这则报道产生了什么值得追究的不良后果。既然如此，即便它确实是"谣言"，"依法追

---

[1] 韩旭："铁道部否认成立三大集团，专家称政企分开尚遥远"，《京华时报》2012 年 6 月 18 日。

究责任"的前提也不成立。

更重要的是，现行宪法第 35 条明确规定公民有言论和出版自由，而这项自由显然也适用于新闻媒体。事实上，正是因为媒体承载着重要的社会使命，因而它不仅承担客观报道的义务，而且享有特殊的宪法权利保障。尤其是媒体对于监督政府、披露信息并防止公权滥用发挥不可替代的作用，因而即便报道不实，政府或官员也往往只能忍着，因为假如动辄便要"依法追究责任"不实报道，那么即便消息属实，媒体也很可能害怕官司缠身、举证艰难而不敢报道。政府一"牛"，媒体一怕，公共利益就消失得无影无踪了。

因此，宪法有必要"部分豁免"媒体对政府造谣的法律责任。例如媒体诽谤私人是要承担正常法律责任的，但如果媒体对官员发布了不实信息，那么只有在证明肇事者存在"实际恶意"的前提下才能追究媒体责任，以免对言论自由造成"冷缩效应"。这一标准早已成为各国通例，并且也为中国所接受。对于政府机构，则更无所谓"名誉"一说。作为公共利益的守护者，它必须无条件接受公众舆论监督，无论报道属实与否。

事实上，不实报道根本无损政府一根毫毛，因为政府并不是无能为力的受害者，只能等着"被诽谤""被造谣"；政府有自己的新闻发言人，完全可以通过自己的渠道发布信息澄清谣言。我看铁道部澄清"谣言"后毫发无损，即为明证。恰好相反，一旦谣言澄清，名誉受损最惨重的正是造谣媒体自己。如果铁道部拆分说最终被证明是空穴来风，那么《经济观察报》的信誉必然受到不利影响，而仅此即足以惩戒不规范的报道行为。

如果说行动中的人们必然会磕磕碰碰，而绝大部分龃龉是靠人们私下自动化解而非对簿公堂，那么言论的碰撞也最好在你来我往的唇枪舌剑中自动化解，不到万不得已不要让法律介入。当冲突的一方是政府部门的时候，尤其要慎用公权来维护自己的权威，即便是以法律的名义。要知道，就和一个没有细菌的世界比细菌更可怕一样，一个没有谣言的世界也比谣言更可怕。

"中国梦"没有标准答案

2013 年 4 月，《环球时报》发表文章，指出"外界对'中国梦'的十大误解"，被不少人理解为"中国梦不是宪政梦"。其实，我认同作者的第一个观点，即中国梦不是什么"中国的梦"，而是"中国人的梦"。这就决定了"中国梦"必然是一个十分多元的概念，没有唯一"正确"的标准答案；非要说中国梦"就是"或"不是"什么，本身即失之武断。

在 2013 年"两会"闭幕式上，习近平解释了"中国梦"的内涵，强调"中国梦归根到底是人民的梦"。"人民"是谁？人民就是你我大众，而你我利益不同、职业不同、身份不同、爱好不同、立场不同，因而我们的梦想也不可能完全相同。官员有官员的梦，企业家有企业家的梦，工人有工人的梦，农民有农民的梦，教师有教师的梦，小学生也有自己的梦……总之，你有你的梦，我有我的梦；我不能用我的梦想取代你的梦想，你也不能强迫我接受你的梦想。既然中国梦最终是人民的梦，而"人民"本身是一个具体的、复杂的、多元的概念，那么"中国梦"的内涵也必然是极其丰富、复杂、多元的；人民的想法也在变化，因而中国梦又必然是一个开放和发展的概念，不存在一个一成不变的"正确"答案。

然而，既然都是中国人的梦，"中国梦"有没有一条所有中国人共享的共同底线？这条底线自然是有的，但究竟是什么，最终由人民说了算，任何人都无权越俎代庖。我建议，不妨在网上征文"我的梦"，看看多数中国人的梦想究竟是什么；或者列出一些选项，看看哪些是多数人把什么作为自己的追求目标。当然，点击率未必说明问题，只有自由和知情的选择才有意义。归根结底，中国梦是人民的梦，每个人都有发言权；如果有一个中国梦的"权威"版本，也必须是在人民自由讨论的基础上形成的。即便如此，多数人的梦也不能压倒少数人的梦。至少，每个人都有梦想的自由，任何人都无权剥夺别人的梦想自由。这才是"中国梦"的题中之义。

既然中国梦是人民的梦，政府即应顺应民意，实现人民的梦想，而不是用公权剥夺或限制人民自由形成和追求梦想的权利。看到各级政府部门又在跃跃欲试，大力组织"研究""学习""挖掘"中国梦的内涵，我便不免有这样的担心。这些做法都预设"中国梦"有一个确定的标准答案，"研究"出来之后即变成人民不得不接受的"官方版本"。如此，则似乎有违习主席提出"中国梦"的本意，用政府的判断替代人民的判断，让中国梦变为官员的梦，而非人民的梦。如果人民连做梦的自由都没有了，"中国梦"会变成什么样的梦呢？

有人说"中国梦就是宪政梦"，固然是一家之言；但是要说"中国梦不是宪政梦"，又是哪家的金科玉律呢？谁是谁非，还是留给人民自由决定吧。如果真有自信的话，那就让人民自由去选择自己梦想中的道路、制度和理论，并把选择结果公布于众。也只有在一个自由、民主、透明的社会里，谈论"中国梦"才有意义。

要敢于面对中国的真问题

2013 年 5 月的一天清晨，往窗外望去，只见一片雾霾蒙蒙，仅一两公里之遥的百望山几乎消失在视野中。上网一查，凌晨六点北京的 PM2.5 污染指数是 368，属于重度污染。如果不刮大风，这个指数一日之内还将恶化。急匆匆送孩子上学，又忘带口罩；虽然标识着 PM2.5 的口罩未必真能发挥什么作用，但是聊胜于无，至少有个心理安慰吧。路上遇到成群结队赶着上学的孩子，不免为他们的健康担忧。这种天气对强壮的成人来说也许可以忍受，但是每天呼吸这种空气，对于正在生长发育的下一代会产生什么影响？我曾听一位城市白领说，她不愿意在国内生孩子，因为她无法为新生命提供一个基本健康的成长环境。听了这话，我很吃惊，但仔细一想，又颇能理解其中的无奈。

在这种心境下读重庆警备区司令朱和平少将的近作"要坚守意识形态的'上甘岭'"，我只能说自己的感觉是"找不到感觉"。为什么？因为今天再拿上世纪五十年代的"抗美援朝"来说事，回避了当代中国的真问题。今天中国面临的问题很多，远不止是领土主权或意识形态问题。我们需要为自己尤其是下一代提供干净的空气、清洁的水、安全的食品，这些都是人作为动物的基本生存必需，我们做到了吗？我们需要为下一代提供一个文明而宽松的教育环境，而不是用各种考试、补习、收费来压抑和扭曲一个个幼小的心灵，否则这个民族不可能有希望——我们做到了吗？社会贫富差距那么大，那么多农民和城市底层的生老病死得不到基本保障，在征地、拆迁过程中得不到法律保护，上访途中还遭遇各种迫害、虐待；贪官污吏那么多，每年流失的赃款就有多少？军队腐败那么严重，中央军委屡禁不止，不让吃酒席就用矿泉水瓶装茅台，请问朱司令有何良策？这些才是当今中国的老百姓在现实生活中遇到的真问题，它们和"意识形态的上甘岭"不搭边，也绝不是回到遥远的"上甘岭"时代就能解决的。

在朱和平少将看来，似乎所有问题都是美国为首的"西方敌对势力"搞的鬼。这不是完全没有可能，但是作为一个军队负责人，说话要负责任，不能夸夸其谈、胡编乱造。从目前那篇在说理上十分单薄的短文，我们还看不到有任何证据表明"西方敌对势力"污染了中国的空气和水，制造各种有毒食品，扩大中国贫富差距，造成各种强征、血拆以及官员和军队腐败……当然，有些格局可能在他们看来也是乐见其成，譬如中国用自己的廉价劳动力制造廉价产品，耗费自己的资源、污染自己的环境，还买别人的国债供他们免费享受，对于他们来说何乐不为？没有国际市场的需求，中国也不会积聚居高不下的产能和输出型发展模式，但是归根结底，"中国模式"是中国政府自己的选择。如今不是鸦片战争时代，没有谁拿着枪逼咱们做这个、做那个。如果中国的发展方向不对，首先要从自己身上找原因。国际因素至多只是间接的"外因"，最终要靠内因才能起作用。一个社会有问题不可怕，可怕的是对问题和造成问题的原因视而不见。

文中还指责所谓的西方敌对势力"打着'自由'、'民主'、'人权'的旗号，攻击诋毁我们党的领导和社会主义制度。"这句话更是莫名其妙，因为它把"自由""民主""人权"当作西方的东西，和当代中国对立起来；这些概念原先也许是西方的舶来品，现在则早已成为中国公民生活的主流话语。众所周知，现行宪法是在执政党领导下制定的，而只要搜索一下就会发现宪法序言有一处、正文有 12 处规定了"自由"。以人大制度为代表的"民主"无疑是 1982 年宪法的首要特色，各级人大代表由选举产生并有义务监督同级官员，这不是民主是什么？"人权"以前被当作"资产阶级意识形态"的符号，但这早已是上个世纪的"老黄历"。2004 年修宪之后，"国家尊重与保障人权"已明确成为中国政府的法律义务。这些话都白纸黑字写在宪法和党章上，不知朱少将为何视而不见，偏偏要把"党的领导""社会主义制度"和"自由""民主""人权"对立起来。难道他的意思是坚持"党的领导""社会主义制度"，就是要坚持独裁、专制、侵犯人权吗？真不知其居心何在，也不知道回到"上甘岭"的喧嚣究竟是出于食古不化，还是言不由衷。

要解决当下中国的真问题，必须把宪法规定的自由、民主、人权、法治落到实处。毋庸讳言，现行宪法的实施还有诸多不尽人意之处，而正是宪法实施的缺陷产生了当代中国遭遇的现实问题。人大选举走过场，人大代表不尽责，导致政府决策不对民负责，"GDP至上"的发展模式肥了少数贪官和开发商，伤害了广大人民的公共利益。司法不独立，社会公正无从实现，人民的基本权利无法保障……由此可见，解决中国社会问题的钥匙正是落实法治、民主、人权。如果法治得以落实，人权获得保障，那么人民就用不着面临强征、血拆的劫难和颠沛流离之苦。如果各级政府通过人大对人民负责，高污染、高能耗的发展模式就会戛然而止，各级官员就会专注于环境治理、食品监督、治安保障等公共职能，而不是和开发商一起瓜分属于人民的基本利益，我们的下一代才能呼吸新鲜的空气、喝上纯净的水、吃上放心食品、享受真正的"素质教育"。

反之，"坚守意识形态的上甘岭"除了强化极左思维之外，又能给我们带来什么呢？事实上，这套思路是"文革"老调重弹，没有任何新意。就在不远的过去，重庆本地的"唱红打黑"就是前车之鉴，也许打了几只"耗子"，但与此同时却造就了薄熙来、王立军、雷政富等"老虎"。"意识形态的上甘岭"无非是"唱红"的一个加强版，而重庆恰恰是在震耳欲聋的一片"红歌"中变成腐败重灾区。

就和任何人都会生病一样，任何社会都有自己的问题，关键是对待问题的态度。蔡桓公的"讳疾忌医"早已为天下笑，但可悲的是，这种笑话却在当代不断重演，"意识形态的上甘岭"就是一个版本。它只会让我们在意识形态的喧嚣中忽视自己的真问题，并贻误通过制度改革对症下药、及时治疗的时机。

尊重思想市场是文化繁荣的前提

2013 年 6 月，在中央民族大学法学院组织的一次国际研讨会上，中国学者们津津乐道地讨论了"法治文化"，但对文化活动的规律及其整体性宪法框架却关注甚少。我的英文发言提出，保护文化发展的决定性法律不是别的，正是宪法言论自由。虽然某些法规是必要的，比如保护知识产权、保存非物质文化遗产和保护少数民族语言等，但它们往往只是从防范破坏的角度出发，而非提供其自由生长的环境。

事实上，当政府试图积极"引导"国家文化发展时，往往走得太远，因为文化只能在没有政府干预的环境中得到长足发展。文化发展与经济发展具有相性。在过去的 30 年里，中国一直试图实施市场经济，并取得了一些成功，因为它允许一定程度的经济自由。计划经济之所以失败，是因为政府无法获得众多消费者偏好的信息。当然，政府需要建立宏观经济调控，因为市场有时会失灵，但这个角色必须是辅助性的。

这一原则其实更适用于文化发展。当我们谈论中国的"发展"时，往往意味着由政府主导的发展，但这种思维和已经失败的计划经济相似。和经济一样，文化也不能被计划。一旦政府在文化发展中发挥主导作用，唯一的结果是文化将衰落而非繁荣。如今，我们可以自豪地向外国人展示哪些文化品牌呢？恐怕没有。二十年前还有几部夸大中国文化"特色"的电影受外国人喜欢，今天连这个都没有了。但如果政府开放文化市场，并为大众创造留有充足空间，中国文化必然会蓬勃发展。

此外，政府不是一个抽象的概念，而是代表特定利益的一群官员。当政府将其影响力扩展到国家文化时，必然会推动裙带关系和特殊利益。当这些管理职位由能力较低的人担任，关键决策由只关心自身利益的人做出时，我们如何能期望他们采取正确的方式推动文化发展呢？

中国人作为个体是聪明的，但作为一个国家却缺乏智慧。长期以来，我们一直未能理解和实践"治大国如烹小鲜"的道家智慧。在许多情况下，政府不需要忙于这个或那个事务，只需置身事外，让人民自由行动，那么人民自己就会带来繁荣。文化发展也不例外。给予人们思考、表达和创作的自由，国家文化将迅速变得丰富而强大。

在文化领域，政府的有所不为不仅是哲学智慧，也是宪法命令。1982 年宪法第 35 条明确规定，公民有言论和新闻自由。这一规定是如此的直接明确，以至于没有留下什么解释空间。按正常理解，"言论自由"就是言论自由，不存在什么"国情""特色""模式"的区分。在本质上，中国宪法上的言论自由和美国宪法第一修正案中的言论自由是一样的。

早在 1919 年，时任最高法院大法官霍姆斯在"抵制征兵案"的反对意见中发展了"思想市场"概念。只有在政府尊重思想市场时，文化才能繁荣。正是有了这个思想市场，美国才有好莱坞，印度才有"宝莱坞"。韩国也只是在 1986 年成功转型之后，才拍出那么多频繁获奖的大片。中国也不可能例外。

如果在文化领域实行政府计划，结果只能是回到计划经济时代的普遍贫乏。

限制言论损害"国家形象"

2013 年 9 月，"两高"发布《关于办理利用信息网络实施诽谤等刑事案件适用法律若干问题的解释》，将《刑法》对诽谤、寻衅滋事、敲诈勒索、非法经营等行为的适用范围扩大到网络。其中对网络虚假信息的制造和传播要求证明"故意"或"明知"才能入罪，应被认为采取了国际通行的"实际恶意"原则；如能落实，应有助于保护制度生态相当脆弱的网络反腐。网民对网络诽谤罪的主要意见在于"情节严重"要求过低，诽谤信息被点击 5000 次或转发 500 次即可满足。既然谁都不能保证自己发出的信息不被转发 500 次或点击 5000 次，这个"拍脑袋"得出的标准将造成威慑网络言论的"寒蝉"效应，尤其是粉丝众多的大 V 们不得不三缄其口，因为一旦说错，就有可能构成"情节严重"而被入罪。

更严重的是，《解释》第三条列举了网络诽谤从自诉转为公诉的七种"严重危害社会秩序和国家利益"情形，包括引发群体性事件、引发公共秩序混乱、引发民族宗教冲突、诽谤多人造成恶劣影响、损害国家形象、严重危害国家利益的、造成恶劣国际影响及"其他严重危害社会秩序和国家利益"的言论。对于这些言论，即便没有当事人出面维权，政府也可以动用刑法予以打击。在这其中，"损害国家形象""危害国家利益""造成恶劣国际影响"等宽泛规定的问题尤其突出，因为"国家形象""国家利益""国际影响"都是不可界定的非法律概念，因而很容易变成政府随意定义的"口袋罪"，进而成为滥用公权、打击报复、迫害言论的工具。

近年来，国内处于群体性事件频发的"多事之秋"；在传统媒体受到严格管控的环境下，网络舆论异军突起，对于监督政府、批评官员、揭露腐败发挥了不可替代的作用。面对这样的新生事物，政府对"国家形象"的担忧是可以理解的。问题是，"国家"是谁？是指全体中国人吗？如果这样，那么首先要治鲁迅、柏杨之流的罪，因为他们揭示了中国人的"丑陋"和"劣根性"，这难道不是对"国家形象"最严重的贬损吗？然而，没有人否认他们是中国最杰出的作家之一，而他们的杰出正体现于其切中要害的批判性。一个耿耿于"形象"的民族是不可能进步的，就和一个成天纠结于外貌的人不可能有时间或心情关注自己的内在一样。谁都知道，批评使人进步；而批评可以是温和的，也可以是激烈或尖刻的，尖刻的批评往往更加有效。一旦上升到"形象"的高度，谁还敢批评？没有批评，进步的动力或压力又从何而来？这样的民族注定和虚荣、虚伪、虚弱、好大喜功、讳疾忌医等恶习相伴为伍，怎么可能进步？

如果"国家"是指政府或执政党，如此维护"形象"将同样扼杀进步。难道我们还要制造和维持更多的"形象工程"吗？人民早已不堪其扰。有人说，网络批评损害官员形象、动摇政府威信，不利于社会秩序与稳定。问题是，政府形象不佳的源头究竟在哪里？是因为中国民众特别喜欢批评政府或"国家"吗？这恐怕不是事实。众所周知，中国人是特别"爱国"的，至少在言论上表现得如此——事实上，"爱国"情绪如此强烈，对领土主权争议如此不容置疑，以至很容易被极权主义势力所利用。其实，政府只要做出一点进步姿态，就会博得大量网民喝彩；如今网络上的批评与愤懑之所以积压不断，实在是因为政治与法治改革乏善可陈，公权滥用层出不穷，人民的言论、人身、财产乃至生命等基本权利得不到制度性保障。

由此可见，产生负面意见的根本原因不是因为中国网民特爱批评自己的政府，而是因为他们所期待的制度改革不到位，滥用公权造成的制度性腐败得不到有效控制——一言以蔽之，权力没有"关进笼子里"。在这种情况下，网络言论自由尤其重要，因为它可以部分弥补制度缺陷，帮助政府防治腐败。如果把这个言论渠道也一并堵上，那么公权滥用将愈加普遍，社会危机更加深重，政府与国家形象只能进一步滑坡。网民们之所以反对《解释》中的第三条，正是因为一旦实施，它所造成的后果恰恰是进一步纵容公权滥用、削弱政府改进的动力并损害"国家形象"。

总之，"国家"是无所谓"形象"的，政府是无所谓"名誉"的。"国家"既不是自然人，也不是法人，既不需要法律保护，也不可能为区区法条所保护；能够保护国家的力量不是写在纸上的法，而是写在人民心中的法，是人民对自己选择的守法政府的自愿服从与尊重。这是为什么任何法治国家都不可能用法律来保护"国家形象"，这会成为国际笑话。如果硬要动用刑法来捍卫"国家形象"，只能让法院、检察院成为滥用公权、恣意解释的工具，进而让"国家形象"每况愈下。要拯救"国家形象"有正道，那就是完全放开言路，让人民畅所欲言，没有后顾之忧地批评政府；即便批评错了，政府也得忍着，而不能动用原本属于人民的法律公器惩罚人民的言论。我敢说，哪天中国实现了完全的言论自由，激烈的批评可能如潮水般涌来，但是政府会因为宽容而得分，因为这才是强大和自信的表现。

美国不强大吗？美国政府不强大吗？但是美国政府在自己的人民面前看似很弱势，美国人可以烧国旗，而政府不能依法治罪。为什么？难道国旗不是国家的象征吗？难道焚烧国旗不是对国民感情的伤害吗？这些都对，但是美国之所以纵容焚烧国旗这种非理智行为，是因为禁止这种表达方式并不能拯救国家形象，而一个真正自信的国家是不怕诽谤、贬损或玷污的。美国确实也会偶尔发生焚烧国旗事件，但是这种看似极端的行为并未贬损美国"形象"，甚至没有贬损美国政府的形象。美国形象不取决于是否有人焚烧国旗，或国家是否有能力惩罚此种行为，而在于美国政府是否尊重人民的基本权利，在于美国宪法能否有效遏制政府滥用公权。如果政府失德、治理无方，惹得天怒人怨，国民烧国旗以示抗议，不也很正常吗？如果不解决民怨之所以产生的深层原因，只是惩罚了烧国旗的外在表象，又能给"国家形象"加几分呢？

事实上，对网络言论的长期控制并没有给政府加分；恰好相反，所有打压言论的措施受到网民的一致负面评价，而"两高"仓促出台的《解释》又为网络攻击提供了更多的"弹药"，以至埋没了其中的一些亮点。本来，司法机构应当洁身自好、独立自重，避免卷入政治漩涡；即便不能担当捍卫法治的中流砥柱，也不应为政治运动推波助澜。然而，《解释》却在短短几天匆忙出台，既未公布草案，又未征求民意，急于为弹压网络言论的公权措施"背书"，足以显现中国司法距离真正的法治仍相当遥远。而由两个司法机构出台法理漏洞明显的"司法解释"，是否也构成对"国家形象"的一种损害呢？

作为中国人，我真诚希望自己的国家尽快改进形象——无论是什么意义上的"国家"，也无论对内对外。但"国家形象"不仅取决于多数国民的素质，也取决于政府自身的修为。无论中国社会现状如何，政府对网络言论的宽容是会为这个国家的形象加分的。在面对外国友人的时候，我至少可以说，这个国家虽然存在这样那样的问题，但网络是自由的；我们的人民可以自由批评政府，而不用担心"国家形象""国家利益""国际形象"等种种"莫须有"的罪名，因为我们有一个宽容大度、从善如流并因此而值得尊重的政府。

这一次，宽容比自由更重要

胡适曾引用一位美国老师的话说：“容忍比自由更重要。”有人不同意，认为自由比宽容更重要。这种看法当然也对，因为没有言论自由，大家说话只能假大空，“宽容”就成了一种伪善。如果政府打压言论，我们也讲“宽容”，那就成了助纣为虐。没有言论自由，就没有“宽容”的资格。只有在言论自由的环境下，社会才能通过自由坦诚的交流从不宽容慢慢走向宽容。但是任何“主义”都有盲区，自由主义也是一样。如果只讲自由，不讲宽容，那么非但言论自由维持不下去，所谓“辩论”很快沦陷为谩骂、诬陷、人身攻击的竞技场，而且言论自由本身就不可能存在。

这个道理也不难理解，因为我们所说的“言论自由”是一种针对公权的政治自由。换言之，不论言论的内容和表达方式如何，只要不构成直接、清楚、严重的现实危险，那么政府都要宽容，而不得用公权力打压之。然而，有什么样的政府，就有什么样的人民；人民不懂得宽容，政府也不会懂得宽容。区别仅在于政府手里有压制言论的公权，平民百姓没有，所以只好相互骂骂而已；假如他们有朝一日掌握公权，也会不遗余力以此扑灭不同意见。因此，看上去吊诡的是，在一个私域言论看似极度“自由”的国家，针对政府的公域言论（政治言论）恰恰是不自由的。

2015 年 3 月，知名记者柴静拍摄的雾霾纪录片《穹顶之下》引起社会巨大反响和争议，但争议的焦点却不是如何治理雾霾，而变成对这部纪录片本身所应采取的态度。“砍柴派”质疑柴静的人品、拍片的动机和不那么环保的生活方式，“护柴派”则认为这是一个团结一致、问责政府的难得契机，任何“诛心之论”本身不是别有用心，就是在效果上导致争议失焦、变相放纵公权，甚至违背基本良知。双方讽刺挖苦、上纲上线，各自都有发表了一些出格的指控。据说有的"公知"甚至因为此"翻脸"，有的则为中国社会的共识"撕裂"而痛心疾首。

其实，关于《穹顶之下》的争议本身并没有什么了不得的，因为在相当一段时间内，政府并未介入，言论是自由的。无论是护柴方还是砍柴方，都不可能动用公权迫使对方沉默。事实上，正是因为政府没有介入并成为批评聚焦的靶子，自由派阵营中的温和派和激进派才发生分裂。自由的争论未能带来共识，固然令人遗憾，但至少不会像压制言论那样产生灾难——防止灾难才是言论自由的首要价值。何况共识本身就是自由辩论的产物。共识没有形成，说明我们辩论得还不够，或没有辩论到点子上，说明我们需要更多辩论机会，学会如何辩论并形成共识与合力。正因为言论自由本身不是这次争论的突出问题，我们如何行使言论自由才成为一个更重要的问题。

如果公民没有言论自由的常识和习惯，作为制度的言论自由终究是维持不下去的，或者像这次辩论那样，本该就事论事的辩论很容易被误导到个人恩怨上去。事实上，言论自由的出发点很简单，那就是任何人都不是神，都会犯错误。政府不是一贯正确的神，和老百姓一样会犯错误，因而不得压制言论。同样，我们所有人也都得明白自己不是神，而是会犯错误的人。因此，无论在道德和知识上对自己的立场有多大的自信，也无论对立的观点听上去如何匪夷所思，对手都有可能是对的，自己有可能是错的——这应当成为任何辩论的常识和共识。人的认知能力是大致平等的，自己不是神，对方也不是白痴；如果他们看似偏执地坚持某种不可思议的立场，一般都会有他们自己的道理。这是为什么我们要给对手保留一点应有的尊重，也给自己保留合理存疑的空间和体面的"退路"。这也就是说，我们应当"宽容"。

宽容是一种君子心态。它不是让我们回避争论，不是让我们放弃自己的态度和立场，更不是让我们纵容私人或政府的恶，而是要求我们在任何时候都保持一种克制和风度，不极端、不固执、不自以为是、不强词夺理。如果遇到和自己不同的意见，不是首先去质疑别人的动机或"良知"，而是公允地考察对立的观点有哪些可取之处，自己的立场存在哪些弱点。只有这样，辩论才能对事不对人；也只有这样，才能真正把对手驳倒。否则，争来争去，各方还是一如既往的唯我独尊，站在道德的制高点侮辱对方的人格和智商。

美国联邦最高法院著名大法官霍姆斯曾意味深长地说："思想自由原则所保护的并非我们赞同的人，而是那些受我们厌恶的思想。"这条原则不仅适用于政府，而且也适用于我们每个人。"政治正确"是用不着保护的，需要保护的恰恰是貌似错误的观点。从彭德怀的"万言书"到马寅初的《新人口论》，中国当代已有无数次教训表明，轻信"正确"、压制"错误"可能导致社会灾难。我们从这些前车之鉴中学到的教训就是两个字——宽容：不要造神，不要轻信"神"，更不要装神。此次争议反映国人唯我独尊的心态一如既往，并不比百年前进步多少。这是值得警惕的，因为这次争论主要是在中国的"自由派"中间展开的，可见即便我们平日真心拥护宪政，甚至自以为言论自由天经地义，但是一旦轮到自己头上，即发现我们其实离言论自由所要求的宽容境界还很遥远。

宽容是一种道德自律，但是它不仅不和言论自由矛盾，而且是其题中之义。其实在当下中国，言论自由不只是一种我行我素的权利，行使言论自由更是一种可能给自己带来风险的道德责任。一个没有道德担当的人很可能不敢冒着受到惩罚的风险批评政府，而对待和自己一样不掌握公权、没有能力惩罚自己的人——譬如柴静和她的批评者，则不免逞一时口舌之快。如果一个人真的敢于行使批评政府的言论自由，那么他应当明白，言论自由的立足点在于信任人民——包括他自己和他的批评者，相信和自己一样的普通人有能力发现真理和真相。既然如此，不妨对政府批评得猛一点，对自己的批评者则宽容一点，尽管他们很可能错了。

言论自由是弥合社会分裂的基础

2015 年 4 月，央视主持人毕福剑在餐桌上调侃毛泽东的视频被人放到网上，引起轩然大波。如果说柴静雾霾视频引起的争论主要发生在自由主义阵营内部，那么毕福剑风波则直接展现了当今中国左右两派的深刻分裂，因而更有意义，也更有看头。

毕福剑的言论显然属于私下谈话，未经其同意而公布在网络上显然是不道德的。虽然毕也许属于"公众人物"，但是公众人物也有隐私。我们在小范围内的私人谈话往往和公开场合的发言不一样，古今中外都是这样。当然，他所谈论的毛泽东更是一个公众话题，本来确实没有什么可"保密"的。在一个言论自由的国家，你怎么说国家领导人都没事，更不用说是已故领导人，但是中国"国情"众人皆知。这类言论不要说没有"自由"，连严肃的讨论都是没有空间的。好在改革三十多年之后，私人言论空间得到了极大扩张。如果说公开场合的言论要遵守"政治底线"，私下发发牢骚、排排腹诽总是可以的。

在这个意义上，此次"告密"的罪恶即在于它打通了私人和公共言论这两个原本不同的空间，让私人空间失去私密性，让公共空间的不自由来压迫相对自由的私人空间。如果任由这种行为蔓延下去，私人言论空间将受到极大挤压，社会诚信也将受到进一步破坏。人们不得不时刻提防自己身边的"告密者"，说话之前都得先打量周围有什么人，这些人是什么"背景"、是否"可靠"，否则就只能说一些不找边际的"假大空"，让原本就因为缺乏言论自由而盛行的虚伪之风变本加厉。

私人言论自由是中国改革的最大进步，也是当代中国之有别于北朝鲜或五六十年代中国社会的主要标志。难道还有谁想回到"文革"时期夫妻同床异梦的年代吗？如果在同一桌吃饭的人可以"告密"，妻子是否可以"揭发"丈夫的"反动言论"呢？当然，这种状态可能正是极少数不食人间烟火的左派想要的，但是左派们不要高兴得太早。前天我刚在微信上看到，某些左派在公墓祭奠江青的活动受到压制，几个年纪大的还被警察殴打。自由派当然不会纪念那位"文革"的一线打手，但是会尊重左派们的言论自由。言论自由确实不分左右，它是属于每一个人的权利。你今天不尊重言论自由，说不定明天自己就成为压制言论的牺牲品。人应该是具备一定远见的理性动物，为什么要支持一个迟早会虐待自己的制度呢？

毕福剑风波的症结当然还是公共空间的言论没有受到保护。美国某个明星要调侃奥巴马或华盛顿，是没有任何问题的。他不会那么介意别人把此类谈话公开化，公开了一般也不会引起什么风波。他的谈话可能会被许多人认为不合适，甚至触犯众怒、引发论战，但是至少政府不得介入其中。联邦宪法第一修正案对言论自由的保护是众所周知的，无需赘述。用霍姆斯大法官的话说，只要不会造成"清楚与现存的危险"——说白了就是冲击政府、聚众斗殴、踩踏伤人等肉眼可见的实实在在的社会危害，政府就不得以任何名目压制或惩罚言论。政府不仅不得压制言论，而且政府执法的目的就是防止任何人诉诸暴力阻碍自由讨论。所有人都只能动口，不能动手；只要没人动手，政府当然也不得动手，或以任何措施阻碍言论与思想的自由表达。

在自由派看来，祭奠江青的行为很愚昧，但是没有证据表明它会产生清楚与可见的危害，所以左派完全有祭奠江青的自由。在左派看来，戏谑毛泽东的言论很错误，但是迄今为止毕福剑的言论没有产生任何实际危害。网上波涛汹涌，舆论众说纷纭，左右酣战激烈，好像还有越来越极端的趋势……这样天会不会塌下来呢？我看是完全不会的。网上炒得再凶，也只是口水仗，伤不到什么人。何况言论还是解压阀，有助于发泄社会情绪；不让人们发泄，胸中块垒无法排解，反而更容易引发非理性行动。

事实上，当今中国的左右分裂正是缺乏言论自由造成的。由于在公共空间中缺乏言论自由，左右不能就一些基本问题进行直接对话，只能在各自的小圈子里发表言论，夹杂着因为缺乏公开对话而必然产生的各种"阴谋论"，中国的左右才会像今天这样向各自的极端越走越远，以至到了缺乏基本理解和同情的地步。他们之间已经不是观点和立场分歧，而是正在成为两种不同的动物乃至不共戴天的敌人。

割裂中国左右的最大鸿沟正是对毛泽东的评价。只有在自由讨论的基础上，不同意见才有可能对这个根本问题形成底线共识。我的这个判断至少有两点理由。一是言论自由本来在一定程度上可以挽救毛泽东本人。多数右派之所以憎恨毛泽东，主要因为他是"大饥荒"和"文革"的始作俑者。假如那个时候中国有哪怕一点点言论自由，这两起危害民族深重的大灾难或者不会发生，或者即便发生也不至于那么惨烈。毛泽东就不会成为左右评价如此截然相反的人物，对他的评价也就不会成为如此讳莫如深的禁区。

二是不论毛泽东应对这两起悲剧承担什么历史责任，只有自由讨论、畅所欲言，各方坐下来"摆事实、讲道理"，才能弄清真相，让人心服口服。今天之所以在这个问题上左右分歧如此之大，关键在于官方不允许正常的自由讨论，而左派对某些重大历史事件采取选择性"失明"。

只要政府还是捂着盖着，自己提供一个唯一"正确"的答案，然后希望各方都能"买账"，那么可以肯定的是，中国社会对这个基本问题不会形成共识，左右只会越走越远。人民已经不是小孩子，乖乖坐在那里等答案。"端正思想""统一认识"的时代已经一去不复返了，明智的执政者应当顺应不可逆转的历史潮流。至少，老百姓私下里爱说什么，就让他们说去吧。何况政府内部有同样想法的人也多了去了，凭什么自己敢想，还不让别人说出来？

伍、民主、立法与自由

　　层出不穷的中国社会问题一而再再而三地证明，有自由无民主是不可持续的。事实上，没有民主，所谓的自由只能是打引号的"自由"，因为一个不对你负责的体制为什么会保护你的自由呢？因此，每一位认真对待自由的公民也必须认真对待自己的选票。一个成熟的社会不能只是满足于街头民主，那样的"民主"只能是三流民主，而是要通过选票将民主和自由体制化。

　　体制化的选举民主会带来数不清的好处，譬如在香港实行"真普选"，就会稳固保证中国的主权统一，永远杜绝分离主义的困扰。尽管受制于《基本法》民主缺位的局限性，香港选民也一直在追求民主。唯一令人担心的是在选举民主仍未成型的情况下，香港的街头民主能否充分克制并协调行动？无论是 2014 年的"占中运动"还是 2019 年的"雨伞运动"，都证明这种担忧并非多余。

　　没有选举民主，则必然陷入良法不能实施、恶法大行其道的困境。民主即便不能保证成功通过良法，也至少能阻止绝大多数恶法。因此，没有选举民主的后果就不只是预算没监督、政府乱花钱的问题——这是一个威权体制所能造成的最小危害。大陆长期实行的计划生育、劳动教养、城乡二元等臭名昭著的体制，本质上都是选民和选票缺位的自然结果。

从街头民主到选举民主

八二宪法颁布三十年后，中国民主似乎走到了一个十字路口。本来，宪法规定的民主体制是很明确的，那就是自下而上的各级人大民主：选民直选产生县级以下人大，县级以上人大由下级人大选举产生，各级人大选举产生并监督同级政府和两院。如果各级选举都能按照宪法规定的那样进行，那么各级政府都最终对当地人大和选民负责，各级公权力就能受到有效的民主控制与监督。然而，问题恰恰在于，人大选举并未如愿按宪法规定进行，许多地方的选举走过场，或受到上级政府干预，或受到贿选与家族政治困扰。一旦选举民主失灵，地方人大不对选民负责，也不积极履行自己的宪法义务，地方公权力就得不到有效的监督和控制；一旦地方公权力失控，那么各种社会问题就纷纷出现了。各地频发的上访和群体性事件正是民主失灵的突出表现。

由于地方公权力得不到地方民主力量的有效制衡，公权滥用就不可避免发生了。在中国传统文化影响下，老百姓受到冤屈的第一反应是上访，希望上级官员能纠正下级的胡作非为，还自己一个公道，但是在官官相护的制度环境下，下级很容易糊弄或"搞定"不了解实情的上级政府。一级不行，再升一级；访民们于是逐级上访，一直告到中央。但是政府层次越高越不了解情况，解决问题的信息成本越高，因而越不可能及时解决问题。这样，四面八方的上访大军云集北京，破解不了的问题却越积越多。几十年的事实证明，对于绝大多数访民来说，上访是一条解决不了问题的死路。随着社会矛盾日趋激烈，少数访民可能会失去控制，诉诸跳楼、自焚甚至自杀式爆炸等非理性手段，但是这类方式显然也解决不了任何问题。

如果公权滥用所影响的不只是孤立的个体，而是人数众多的群体，即可能造成不同类型的群体性事件。其中少数事件是无组织的暴力攻击和群体泄愤，譬如 2008 年发生的贵州瓮安事件，但大多数群体性事件至少一开始是和平集会抗议。即便有的抗议夹杂着少数暴力行为，往往也是地方政府过度反应、暴力"维稳"的结果，2012 年 7 月初发生的四川什邡事件即为一例。如果地方官员从容面对甚至"笑脸相迎"，中国民众绝不会轻易失去理智，2012 年 7 月底发生的江苏启东事件就是官民良性互动的"双赢"结果。近年来，越来越多的群体性事件向理性与良性方向发展。不仅公民诉求更加明确，表达方式更为策略，而且效果也越来越彰显。无论是什邡事件还是启东事件，公民所表达的诉求都基本上得到满足，当地居民担心的污染工程被迫永久搁置。这些现象不妨视为中国"街头民主"的阶段性胜利。

所谓"街头民主"，其实是宪法第 35 条规定的公民行使"集会、结社、游行、示威"自由的一种方式。在宪政国家，公民只需要向地方政府申请就可以和平集会，因而集会游行是极其常见的现象。任何利益或立场相同的人群都可以组织声势浩大的游行，向政府和社会表达自己的诉求。当然，集会不得有任何暴力倾向，也不得妨碍居民休息、政府办公或阻塞交通，但是政府不得因为不愿意听取民众的意见而制造借口不批准示威申请。在游行过程中，由于从众心理，确实可能出现个别起哄乃至暴力倾向，但这仅要求政府维持一定的警力监督并维持集会秩序，而不是禁止集会，否则正如中国各地的群体性事件所显示的那样，只能酝酿更严重的事端。事实上，即便官方不允许、不批准集会，民间以各种名义的聚会、静坐、"散步"也是防不胜防、欲禁不止的。

中国首起街头民主事例是 2007 年夏天发生在厦门的"集体散步"事件，可以说是什邡、启东等事件的先声。它们的共同起因是市民对工程项目环境污染的担忧，并共同经历了市民行动、"维稳"打压、官民对峙和政府退让的过程。由于地方公安从不批准公民和平集会申请，这些市民径自通过手机或网络相互联系、走上街头。

事后看来，公民诉求是完全合理的，行为是和平理性的，因而地方完全没有理由不批准集会申请，更不能对和平集会如临大敌、动用武警。事实上，市民集会中发生的暴力行为通常都是针对政府强硬措施的情绪性反弹。如果宪法第 35 条的集会自由得到有效落实，公民能够通过正常申请和平集会，那么本来并不会发生任何暴力冲突。然而，由于长期受习惯思维支配，尤其是在"政绩体制"下，地方官员害怕大规模集会给地方"政绩"摸黑、影响自己的仕途，因而一旦有个风吹草动就本能地动用自己掌握的一切公权力予以压制，但是在网络时代，这样的强硬措施反而造成更加恶劣的后果与影响。

要改变这种"双输"格局，政府首先要转变思维。公民集会其实很正常。即便在成熟的民主国家，多数人民的生活相对安逸舒适，但是各种集会乃至抗议也是习以为常的现象，美国各地的"占领"运动即为一例。集会自由的宪法保障不仅有助于反映相关利益群体的迫切诉求，而且有利于发泄社会不满，可以说是排泄社会情绪的"安全阀"。因此，公民集会不是洪水猛兽，而是社会从不和谐走向和谐的必经之路。即便地方政府有能力将当地的公民集会扼杀于摇篮之中，也只是维持了一时的表面"和谐"，只能掩盖现实存在的问题并贻误解决问题的时机，致使问题发展得越来越严重，最终以更加激烈的方式爆发出来。这种后果显然是中央不愿意见到的，因而中央有必要将保障集会自由作为治国的基本方略，将公民集会所反映的诉求作为了解地方民意的窗口和地方治理政绩的风向标。要做到这一点，有必要建立落实宪法第 35 条的有效机制，一方面严格惩罚那些违法压制公民集会自由的地方官员，另一方面则取消不合理的政绩指标，避免让表面"政绩"对地方官员造成不必要的心理压力。

当然，要走向善治，只有街头民主是不够的，因为公民集会只是对不合理的政策或公权行为的一种抗议方式，但是并不能从源头上防止不合理政策的制定违法公权行为的发生。要让政府决策和行为对人民负责，必须通过周期性选举让选民决定政府的构成。只有多数选票选上的官员才是为多数人的公共利益服务的"好人"，只有周期性选举的压力才能保证"好人"不会变质。有了选举民主，才能保证政府多数时候是在做好事而不做坏事，剩下个别不得人心的举措则可以通过媒体批评、集会抗议等方式而得到纠正；反之，如果没有选举民主，则官员腐败、公权滥用源源不绝，纵然街头运动此起彼伏，报纸每天充斥负面新闻，却依然无法刹住各种腐败歪风。因此，一个国家要实现长治久安，必须从街头民主过渡到选举民主。和街头民主相比，选举民主是文明程度更高的民主形式；和一般的抗议群众相比，选民也具有更加成熟的政治智慧。

在这个意义上，乌坎是中国政治改革的小岗村，因为乌坎村民不仅集会抗议前任村委会违法卖地和一名村民在拘留所的突然死亡，而且最终成功改选了村委会，选举产生了代表多数村民利益、受多数村民信任的村官。违法卖地直接侵犯了乌坎村民的土地权益，使多数村民清楚看到村委会选举对于维护自身利益的重要性。如果说前任村委会暗地里损害村民的利益，那么现任村委会则积极维护村民的利益，尽量收回被违法侵占的土地。村委会的成功改选不仅最大程度地保护了多数村民的利益，而且锻炼了乌坎村民的政治智慧，增强了村民们的民主参与意识与信心。就和当年中央推行家庭承包责任制一样，乌坎经验值得在全国范围内大力推广。

然而，在中国目前的制度环境下，要全面落实宪法规定的各级人大选举制度仍有一定难度。人大制度的关键在于县级以下的基层直选，但是从目前的报道来看，乡镇人大代表选举往往受到上级干预或贿选操纵，候选人大都由政府"内定"，独立参选受到打压，选民投票缺乏积极性。在上级干预选举、人大不发挥作用的情况下，选民尤其看不到选举和自身利益之间的关系。既然人大反正不做什么实事，选民参与人大选举有什么意义呢？更何况候选人都是内定的，即使参与选举，自己的那张选票也同样得不到尊重。选民没有参与动力，对改革人大选举制度缺乏普遍而强烈的诉求，那么政府就感觉不到改革制度的压力，制度缺陷和选民疲软形成了一对难以打破的死结。

由此可见，选举民主代替不了街头民主。事实上，即便在成熟的选举民主国家，街头民主依然发挥重要作用，因为选举是一个全面评价候选人政策取向的综合过程；在此过程中，许多选民可能认同特定候选人的总体政策取向，譬如全民医保、穷人福利、向富人征税、同性恋婚姻合法化等，但是未必认同个别政策立场，譬如对特定国家的外交政策。当候选人上台并颁布这类政策的时候，选民就只有诉诸街头抗议来表达自己的立场。尤其在现阶段，选举民主一时难以获得实质突破，中国改革还离不开街头民主。和选民民主不同的是，街头民主是事件导向的；无论是厦门 PX 工程还是什邡钼铜项目或启东污染排海工程，具体事件和参与民众之间的利益关系十分清楚，民众的利益诉求十分明确，自发参与的积极性自然很高。

事实上，街头民主和选举民主之间并不存在非此即彼的关系。诸如泰国、缅甸等许多国家的民众之所以走上街头，正是因为选举存在严重的舞弊现象，选举结果不具备令人信服的合法性和公信力，而街头抗议正是走向成熟规范的选举民主的必经过程。在这些民主转型国家，执政者不会轻易放弃自己手中的权力，因而往往会利用仍然掌握的公权干预选举，防止反对党上台执政。如果没有街头民主的压力，那么选举腐败将肆无忌惮地持续下去，假选举只能收获假民主。当然，在当局反应强硬的情况下，街头民主难免擦枪走火，官民发生暴力冲突，但是这种方式仍然胜过摧毁一切、毫无建树的暴力革命。如果双方最终相持不下、达成妥协，各自都尊重法律底线和选票产生的结果，那么街头民主就上升为选举民主。在这个过程中，广大公民也将自己的诉求从特定利益上升到更普遍的选举利益，成为自觉追求民主并维护选举规则的真正意义的选民。

相比之下，目前中国的街头民主仍局限于具体事件和特定结果，而未能上升到要求选举民主的普遍政治诉求；一旦政府满足了民众的特定诉求，民众随即解散回家，缺乏后续跟进的意识和动力。在地方政府高压"维稳"的环境下，街头民主本身已面临很大的风险，其通向选举民主的过渡则完全不具备条件。如此，则中国的政治体制改革无法推进，而不受制约的公权滥用与腐败现象必然进一步激化社会矛盾，直至爆发暴力革命。"解铃还须系铃人。"要避免这种对于官民而言两败俱伤的结局，还有赖中央政府首先通过制度改革，打破顺民—贪官—暴民的恶性循环。只有同时推进党内和政府基层民主试验，通过规范选举遏制公权侵犯公民权益、掠夺社会资源，中国社会才能步入选民—清官—良民的良性循环。选举民主将极大促进中国社会的和谐与稳定，极大减少上访、自焚、自杀式爆炸或街头抗议等政府不愿意看到的不和谐事件。

更具体地说，中国要走向和平理性的选举民主，中央有义务落实宪法规定的以下基本制度。一是保障基层选民和参选人的言论自由，禁止地方打压与内定候选人。如果参选人既不由选民自己决定，也不能和选民自由沟通交流，选民往往连候选人的名字都不知道，这样的选举会有什么意义呢？选民又怎么会参与这种有名无实的选举呢？选举过程不透明，则必然产生种种选举舞弊与买官卖官现象。二是保障选举产生的地方权力机构与民意代表能发挥宪法赋予的职能，积极监督地方公权力并为当地老百姓做实事，避免干预和打击民意代表为选民服务的热情。如果选举产生的机构和代表不能为老百姓带来实实在在的好处，那么选民依然看不到选举和自己的利害关系，因而也不会主动参与选举并维护选举的合法性。三是保障对地方选举的新闻与法律监督。中央不可能事必躬亲，未必知道各地发生的不规则选举行为，因而必须依靠媒体揭露各种选举腐败现象，并保护记者的报道自由不受地方公权打压。对于选举过程中发生的法律争议，则需要授权现有的法院或建立专门法院受理，将选举争议纳入法治轨道。

只有这样，中国才能从初见端倪的街头民主逐步走向稳定成熟的选举民主。

民主再糟糕也比没有民主好

严泉的《失败的遗产》讲的是民国的国会制宪。我在 2008 年写《钦定宪法大纲》100 周年纪念文的时候，引用了其中的不少资料。现在读他这本介绍民国国会的书，我觉得很有意思。民国的国会政治比现在有趣多了。你看我们现在的领导人都是正儿八经，讲话一点也不好玩，而民国政治就很"好玩"，因为它把人性真实的一面展现出来了，所以有趣。

中国人对历史一直非常重视，都说"以史为鉴"。除了我们能从历史当中学到很多东西之外，还有一点就是，历史是我们评价一个体制的依据。怎么评价现在的体制？其实任何评价都不是抽象的，都得有一个参照系，参照就得比较。有横向比较，有纵向比较。横向是跟其他国家比，但是这种比较往往不太好比。今天拿西方和中国比较，我们发明了很多托词——"中国特色""中国模式""中国国情"……总以为我们现在的发展阶段跟别人不一样，不好比。

和别人不好比，和自己的过去总可以比吧？我们时常说"回首过去，展望未来"，未来还没有发生，是不靠谱的，但过去是已经发生了的事情，明摆在那里。维护现体制最有效的一个办法，就是把以前说得一片漆黑，把现在说得一片光明。1949 年某人在天安门城楼上喊了一句："中国人从此站起来了！"好像我们就真的站起来了，好像近代以来的那些"丰功伟绩"，从废除不平等条约到国家的主权统一，到工业的高速发展，都是 1949 年以后的成就。1949 年以前有什么？有的就是这些乱七八糟的政治交易。我们对民国政治的了解，我们所熟悉的那些词汇就是"贿选""打架""腐败""幕后交易"。其实，同样的词汇也在描绘着今天的台湾民主。所以，这么几十年，我们的党史基本上就做了这一件事。

一、真实的民国

但是，看看真实的民国史，当然不是这么回事。读读《失败的遗产》中的这些小故事就会发现，民国政治好得很！刚才张鸣兄从微观层面讲了一些具体事例。我想稍微拉远一点距离，宏观评价一下民国政治史。我可以这样讲，民国时发生的那些政治事件，即便最肮脏、最糟糕的那些，也远比今天最"光明"的要好。有人说那时的议员经常打架，不文明。我不管他们打架出于什么动机，但今天从中央到地方，你见过有哪一级人大代表打架的吗？没有。因为犯不着那么激动——就是每年开个十来天会，让你坐在那里，好吃好喝，反正谁也不代表，打什么架呀？如果有一天有媒体报道说，有人大代表在开会期间打架了，那将标志中国政治的巨大进步。我们现在的人大代表该举手的时候举手，该拍手的时候拍手，该按钮的时候按钮。和打架的民国议员比起来，你说你愿意选哪个？有人说现在台湾的立法院成何体统，被学生轻而易举就占了，这样的民主我们要它干嘛？但是，你想想 25 年前，我们的大学生"占据"天安门广场时发生了什么？和今天的台湾学生占领立法院相比，你到底愿意选哪一个？

在历史上，民主其实不是一个无条件的褒义词。古希腊的时候，它更多是个贬义词。柏拉图对民主比较反感，因为他导师（被民众判死刑的苏格拉底）的关系，他是不看好民主。亚里士多德也是，他把政体分成了三种，君主制、贵族制、民主制。这三种政体都有可能把事情做对，当把事做对的时候，民主就是这三个当中最差的一个，因为成本比较高；至少你要把议员选出来，这些人还要进行利益交换，还会出现诸如贿选打架这些事情。如果你能把君主制运行好，搞所谓的贤人政治，那么做同样的事情成本更低，甚至会比在民主制下做得更好。但问题是，你怎么保证统治者一定就是"贤人"呢？

至少从中国百年历史上来看，这是不可能的，而古希腊人认为，一旦公权受到滥用，君主制最厉害，民主制即便受到滥用，危害相对最小。既然公权必然会受到滥用，所以我认为在任何时候，最糟糕的民主也要比没有民主好，也要比专制好。中国几千年哪有什么选举啊？民国的时候能搞成那样，我觉得很不容易了。我们现在即便开始搞，也很可能远远不如他们。

民主有缺陷，那是再正常不过的事情，因为这就是人性。我们之所以有政府，就是因为我们人性有缺陷；如果人性很完善，每个人都和神一样，我们就不需要政府了。我们之所以需要一个民主政府，同样也是因为我们的人性是不完善的，我们不能指望这些掌控公权力的人能够自动"为人民服务"，一定要通过选举之类的机制保证他们对我们负责。一群不完善的人在一起搞事，怎么可能搞出一个很完善的东西出来呢？出错是必然的，不出错才是一件不可能的事情。如果一个国家硬要民主不出错的话，那就是要求这个国家的人都不是人，而是不会出错的神。

凡是由人运行的民主制度必然会一些不规范现象，即便在发达国家也是如此，比如说美国。美国的民主原先是精英式的民主，1832—33 年才开始发展出大众民主，也就是世界上第一个现代政党机器。因为民主由党魁控制，这当中自然出现各种各样的腐败。内战之后，南北双方分歧很大，南北代表坐在一起谈经常谈不拢，动手也是常有的事。有一次美国国会开会，南部议员和北部议员吵架，后来休庭，休庭完之后继续开会。我忘记是南部还是北部，一个议员拿着一根棒球棍，一棍把他的对手击昏。这就是一百多年前美国民主的水平。我们当然不主张诉诸暴力，但是如果议员们真的能在履行职务时动真格的，那也是一种尽责的表现，尽管方式并不可取。台湾议会经常打架，其实可能只是为了吸引眼球，让选民认为自己很卖力，但这总比我们的人大代表一点选民的感觉都找不到要好。

说到贿选，美国原来也很普遍。20 世纪之前，美国联邦参议院可以说是贿选一片。因为最初的参议员都是由州议会派过去的，不是真正全民选举产生的。在一个很小的范围内——州议会可能就一两百个人，很容易发生贿选。后来是怎么解决这个问题的呢？就是改变选举制度，通过直选让整个州的全部选民去选那个州的两个参议院，再加上匿名选举。参议院贿选一下子就灭绝了。这说明什么？说明有些不正常的现象完全可以通过制度的完善加以解决，有些当然只有通过民族素质的提升而逐步改善。

总之，一些所谓的民主有负面现象或者"闹剧"，并不说明我们就可以不要民主。民主的闹剧不可怕，因为如果没有民主的闹剧，那就必然会出现专制的悲剧。在过去几十年，甚至现在，中国社会经历了多少悲剧？过去的"大跃进""大饥荒""文革"，今天的孙志刚、唐福珍等制度受害者，我们都耳熟能详，无须赘述。在闹剧和悲剧之间如何选择，应该成为今天中国社会的常识。

现在跟民国相比，政治发展的空间小得多。从宪政发展的角度看，民国尤其是民初——北伐之前——确实是一个黄金时代，因为大一统被打破了，中央很弱。当然，这个是以军阀割据为代价，但是毕竟造就了一个弱中央、强地方的格局，当时的宪政应该说是很有希望的。卫方兄，如果我们在那个年代，一定能做一番大事业！那个时候张鸣和严泉再来写民国史，或许会有细节上的些许不同。然而，这个过程到 1928 年的时候就彻底改变了。孙中山不愿意和军阀妥协，发动北伐统一中国，并实行高度的一党专政。虽然他的最终目标是宪政，但是宪政的希望几乎消失殆尽，差不多又回到了先秦的那个大一统时代。

不过中国这么几千年，虽然自秦以后号称大一统，实际上是中央集权和封建制的一种混合，有时候封建多一点，有时候集权多一点。国民党实行严格的一党专制，至少表面上比现在还厉害，全国只有一个合法政党，那就是国民党，所以又回到了比较极端的中央集权制度。但即便北伐以后，也没有完全失去希望。中国宪政失败固然有内因，但是国际因素也很重要，日俄的罪过也不容小觑。先是苏俄拼命兜售马列，但是如果没有日本侵华，他们也不可能成功。可惜恰恰在这个时候，两个近邻各怀鬼胎，对中国产生了有害影响。

1949 年以后就不用说了，乃至到了今天并没有本质变化，在制度层面上发展空间可以说极小。

当然，即便是国民党实行了严格的一党专制，应该来说宪政还是有点希望的，因为国民党和共产党虽然都是革命党，但还是有相当本质的不同。在制度发展的空间上看，民国要比今天强得多，当时的公民社会很强大，国家比较弱小。今天，我们失去了当年民国的很多条件。当然，我们也具备了一些他们不具备的条件，比如说互联网。当时他们如果有互联网的话，宪政早就成功了，不会等到今天。今天我们有互联网，但是在其他方面又缺失了很多，所以今后中国何去何从，我想取决于诸多因素之间的较量。这从另一方面体现了民国政治研究的意义，民国为我们提供一个极有价值的样本，告诉我们成功的宪政改革需要哪些政治与社会条件。

二、革命的风险

"民国热"除了民国本身之外，还有一个现实的因素，那就是今天还有一个小型的民国样本在台湾。有些人把它当做中国未来的希望。实际上，我个人也有点这个情结。从中国历史来看，大致有两种过程。一个就是改朝换代，基本上是原地转圈——其实这才是 revolution 的本来含义，一点没有进步。所以西方人像黑格尔就说中国文明没有历史。还有一个就是从清末民初开始的革命。中国走出了历史循环，进入了直线式的"进步"。马克思的历史观比较乐观，认为历史总是向前发展的，但是很可惜，至少从宪政发展史来看，从清末到现在走的是一条下坡路，说明革命"革"错了。

历史的走向基本上不会因为学术讨论而改变，但是从改良到革命确实是一个错误。当时不革命多好，即便革命了，没有北伐多好；和军阀谈出一部宪法，那才是真宪政。我认为今天在中国谈"军队国家化"，完全时空错位了，是一个典型的伪命题。什么时候是真命题呢？民国那个时候。因为各路军阀都有他们自己的军队，这个时候最需要军队"国家化"，然后再制定一部统一的宪法来和平治理这个国家。但是孙中山不干，还是决定要革命。陈炯明成了要加害"国父"的罪人，其实是"孙大炮"没理。他临终前还在感叹"革命尚未成功"，其实就是指国民党未能大权独揽、一党专政。革命要成功，就必须要采用苏俄这套模式。自由民主是别想成功的，什么活动都公开透明，别人派个卧底就把你搞定了。所以早在共产党之前，国民党就走向了苏联模式，中共只是比他"大哥"更得苏共"真传"的小弟而已。

中国近代宪政就毁在革命手里，国共这两个革命党对于宪政的彻底沦陷都承担主要责任。当然，国民党相对来说责任轻一点，但他毕竟是始作俑者。从 1987 年起，我一直有一个一厢情愿的情结，那就是中国的俗话，"解铃仍须系铃人。"宪政毁在两党相互残杀之中，也许只有两党重归于好才能重新启动。我是希望将来通过某种方式——虽然我现在还看不清这种方式，在某个时刻，国民党能够回来，国共两党能够实现真正的"第三次合作"，通过谈判把中国带上宪政之路。这是我的民国情结，或许也是某些社会人士的民国情结。如果得以实现，那么中国宪政的百年悲剧总算出现了喜剧性的转机。

三、搞民主就会"乱"？

关于集权和效率的关系，要注意一种信息扭曲，那就是集权国家一般都控制了新闻舆论，关于集权有助于增进效率的说法很大程度上是集权新闻机器自吹出来的结果。分权国家一般不控制宣传机器，各种丑闻都会被新闻揭露出来，所以看上去似乎很糟糕。你看我们教科书对民国的评价，哎呀，军阀混战、民不聊生，人民生活在水深火热之中，这个日子没法过！这是为什么中国千万不能乱，一搞民主就得乱！其实你看看民国时期，经济和社会发展得相当不错，工业增长不比现在慢。当然，打仗肯定有代价，但这种代价是局部性的，当时中国并没有战火遍地，整体格局是健康的。

反过来，我们对"大饥荒"是怎么报道的？全国饿死了几千万人，但上《人民日报》头条的仍然是一片"莺歌燕舞"，"亩产万斤"的报道随处可见。那个麦子长得喜人啊，把小孩放在上面都压不垮！毛泽东两次去郑州视察，在河南省委书记陪同下笑容可掬地视察大丰收，却不知离此只有300公里的信阳一个地方就已经饿死了百万人。当然，今天发生这么夸张的事情可能性不大，但我们对集权和分权的利弊权衡仍然是在信息扭曲的大背景下做出的。

所以我们不能不对此保持警惕，不能想当然，好像民主就非乱不可。没有民主，就稳定吗？看看现在北京的空气，今天还算可以——我们今天的要求已经很底线了，只要PM2.5不超200就谢天谢地，平时更糟糕的天气一年有多少？或者只能反过来问，一年当中PM2.5不超过100的有几天？为什么空气这么差？归根结底，中国空气、水资源、土地污染不是环境问题，而是政治问题，因为它们是不对人民负责的"发展"政策造成的，最后让全民得病，把中国人真正变成"东亚病夫"。这种"稳定"有什么值得追求的？就冲着空气，在民国和现在之间，我选择民国！

民国政治确实不成熟，也许只属于民主政治的小学水平，但我们今天有没有进入民主的"幼儿园"阶段都是个问题。1950年代，国民党去了台湾还有地方选举，非党员当选市长的不是什么稀罕事。我们今天有什么？中央层次搞不了民主，学一学国民党的"训政"，地方选举总可以试试吧？政府不愿意，但是公民不能没想法。对于公民来说，为了我们自己的利益，我们要明白，再糟糕的民主也比没有民主好；不管存在什么瑕疵，民主先搞起来再说！

香港民主是主权统一最有力保障

2014 年 7 月，香港就全民普选方案举行"公投"（其实只是民间自发的民意调查），超过 78 万港民参与，其中逾九成要求特首直选方案应允许公民提名。这表明香港民众的自治意识很强，香港民主应当向前走。中央也早已承诺，2017 年的特首选举实行全民普选。这些本来是港中双赢、皆大欢喜的好事，但遗憾的是，中央某些部门思维僵化保守，视民主为洪水猛兽，把香港民众的民主热情解读为"国际敌对势力"煽动策划的结果，甚至把香港视为"反共基地"，非要把香港民主进程"管"起来，进而导致部分港民诉诸"公投"乃至"占中"等公民抗命行动。照这种思路管下去，非把香港"管"丢了不可，更不用说对台湾的负面"示范"效应。

平心而论，"一国两制"是一个了不起的创举。截止 2014 年，香港回归已 17 年。两种截然不同的制度与文化之间虽然时有磕碰，但总的来说一帆风顺。取得这样的成就殊为不易，岂能因为香港追求民主进步反而大开倒车？香港回归之所以取得如此成就，正是因为在"一国两制""五十年内不变"的承诺下，香港维持了立法、行政与司法的高度自治。如今中央某些部门的政策和香港民意发生冲突，根源在于普选方案争议引发了双方对"一国两制"的认识分歧。

说来说去，"一国两制"究竟是什么？简言之，"一国"就是保证中国对香港的国家主权；香港是中国领土，不能分裂出去搞"独立"。在这个前提下，"两制"就是"港人治港"，香港的事情香港人自己决定，大陆不能干预。两者关系必须得到妥善处理，"两制"不能破坏"一国"，"一国"也不能吃掉"两制"。"一国"和"两制"之间表面上存在张力，但在根本上是一致的。"两制"以"一国"为基础，否则也谈不上"两制"，而"一国"要长期维持下去，也只有实行真正的"两制"。如果以"一国"的名义破坏"两制"，香港民众的自治诉求得不到满足，对不合理的中央干预怨声载道，各种反对乃至分离势力能不发展壮大吗？失去香港民心，即意味着失去了对香港的主权。在这个意义上，破坏"两制"就是在破坏"一国"。

是否普选、如何普选，归根结底是香港人自己的事情，香港民意理应具有最终决定权。当然，《基本法》是全国人大制定的；在程序上，中央决定香港民主的进程，但决定的终极依据只能是香港民意。中央要求特首候选人"爱国爱港"，虽然引起了不少非议，其实如果合理解释的话也没什么不妥，"爱国爱港"即对应"一国两制"。特首如何"爱国"？无非是坚持"一国"，特首及其候选人当然要按照《基本法》规定，维护主权统一，不能从事分裂活动。又如何"爱港"？无非是以符合香港民意的方式，维护香港民众的根本利益，把香港治理好。而如何才能把香港治理好？世界各国概莫能外，那就是实行真正的普选。

如果香港普选正常进行，一定能保证特首"爱港"，但是否可能把一个不"爱国"的人选上台呢？回答：只要真正落实"一国两制""港人治港""一人一票"，香港五百多万选民绝无可能选上一个叛国者，除非他们都看走了眼。为什么这么说？我们首先要问，一个思维正常的香港人为什么要冒着和中央过不去的风险，选一个"港独"上台？是因为香港回归以后自己的利益受损了吗？显然没有，恰好相反，香港因为回归受益了。开放"自由行"虽然产生了一些摩擦，但是总的来说振兴了香港经济；香港并不向中央交一分钱的税，驻扎的部队也是由中央财政供养，港人所享受的待遇远优于美国联邦制——每一个美国公民都要向联邦政府纳税，包括承担国防开支。假如现在让香港人选择，跟中国还是跟美国或自己独立，部分民众也许会选择美国或独立，因为他们强烈要求的普选权没有得到落实。然而，一旦中央把这个权利给他，他获得了任何一个国家所能赋予自己的所有权利和自由，加上中国赋予的特殊待遇，还有什么理由闹分裂呢？那样岂不是和自己过不去吗？

　　如果说只要实行民主自治，香港人就不会反对"一国"，那么他们会不会看走眼，把一个伪装得很好的"港独"选为自己的特首呢？我们大可不必杞人忧天，因为多数香港民众素质很高、眼睛雪亮，更何况即便万一不慎选错了人，发现他上台后搞分裂，也可以通过《基本法》程序罢免之。如果说香港民众不反对中国，会不会"反共"呢？香港每年夏天两次大游行，是否表明香港已成"反共基地"？其实，只要保证高度自治，这一点也无足多虑，因为中共统治大陆，而并不直接统治香港；针对中共的态度是大陆人民自己的事，不是香港人的事。多数港民有自己的职业、家庭和社交，平时很忙碌，哪有时间和兴趣吃饱了没事，做"反共"职业斗士？固然，部分民众对大陆体制有看法，一年当中抽两天出来宣泄一些自己的情绪，但是要让他们天天出门在烈日下游行集会，只怕早已烦不胜烦。然而，如果因为这两天的事而不让他们享有本来属于他们的选举权，那么两天即很可能演变成 365 天。

　　要让香港分裂出去，最好的办法就是违拗香港民意、激怒港民情绪。反之，要长久维持统一，最好的办法就是顺应香港民意、尊重港民权利，让香港人心悦诚服地拥护"一国两制"。只要我们信任多数香港选民，民主普选就是维护统一的最优策略；把他们要求的权利还给他们，他们就是"一国两制"最大的受益者和维护者。香港民主不仅不会危害主权统一，而恰恰是主权统一的最强大力量。纵然有人要把香港变成"反共基地"，也不可能改变港人拥护统一的大势。难道"敌对势力"还能买通五百万香港选民？这样也太高看他们的能量了吧？不是说好了要"自信"的吗？

　　还是孟子说得好："域民不以封疆之界，固国不以山溪之险，威天下不以兵革之利。得道者多助，失道者寡助。"得民心者得天下，失民心者失天下——这是历代帝王都知道的亘古不变之理，当今统治者不应该不知道。世界上有哪一个国家能靠武力维持统一？又有哪一个政府能长期抗衡民主潮流？"名不正，则言不顺；言不顺，则事不成。"压制民主不论在法理上能找到多少依据，名已不正，事焉能成？

俗话说，"退一步海阔天空。"既然同属一个国家，有什么事不可以商量解决？事实上，《基本法》第 45 条已经预见到今天的情势："行政长官的产生办法根据香港特别行政区的实际情况和循序渐进的原则而规定，最终达至由一个有广泛代表性的提名委员会按民主程序提名后普选产生的目标。"接近 80 万"公投"的"实际情况"表明，香港民主已经时机成熟，实现普选正当其时。万事俱备，只欠中央顺应民意的东风。"一国"能否维系长久，端赖中央能否真正落实"两制"。只要尊重香港民意，定能维持主权统一。

民主的智慧在于见好就收

2014 年 9 月底以来，香港"占中"行动已经持续了近十天。迄今为止，香港学生和市民表现出极大的理性与克制，没有发生冲击政府等激进行为。但是随着公民行动的蔓延，各种复杂势力开始介入，"占中"力量与"反占中"势力乃至黑社会发生对峙，学生内部也出现激进与温和等不同诉求的分歧，"占中"运动的可持续性面临考验。能否做到见好就收，是决定"占中"行动成败的关键。

公民运动不能做到"见好就收"，给中国大陆带来过痛心疾首的回忆。遥想 25 年前的八九事件，学生本来已经准备复课，但是臭名昭著的 526 社论一出，马上触发了学生的激进情绪。假如学生能在武力清场前的哪怕最后一刻撤离广场，北京市民刹那间回归正常生活秩序，也不会给暴力镇压提供任何借口。酿成八九悲剧的责任者毋庸置疑，历史迟早会给出公正的答案，但不可否认的是，学生运动的政治不成熟也是造成运动失败的直接原因，令人扼腕叹息。

对于"占中"而言，见好就收不只是一种策略，也直接关系到行动本身的正当性。在程序意义上，"占中"行为显然违法，但是这一行动之所以具有一定的正当性，是因为目前不民主的选举制度使得公民不能通过正常合法的途径表达诉求，并按照多数人的意愿改革选举方案。假如香港已经实现了真正意义的"一人一票"，那么无论公民希望政府接受什么诉求，其正当表达方式是辩论和投票，而非在未经法律许可的情况下占领中环或任何一个公共区域。显然，任何一种意见都不得诉诸赤裸裸的力量来绑架政府和社会，而只能以和平说服的方式争取多数人的同情。但是如果正常的自由与民主表达渠道遭到堵塞，不符合民主原则的政府构成使之不能有效回应多数市民的诉求，那么公民即不得不采用表面违法的激进手段直接彰显多数人的意志，通过公民压力迫使政府进行民主化改革。

在这个意义上，"占中"的实质是以表面违法的手段争取实现合法的民主目标。然而，如果手段本身成了目的，"占中"蜕变为部分公民以自我正确的立场挟持政府和全社会的行为——只要你不立即同意我的要求，我就让你瘫痪，那么"占中"就失去了原初的目的正当性，成了地地道道的违法行为。这也决定了"占中"等激烈的"公民抗命"方式只能是临时起义的例外，而非日常维权的规则。

公民行动的合法性也直接决定了其可持续性。未经许可的集会之所以违法，正是因为它会损害社会成员正常生活与工作秩序。当然，"占中"组织者也正是希望由此对政府造成一定的政治压力，或唤醒更多民众的民主觉悟，但是并不能因此而不考虑持续"占中"给香港社会带来的巨大代价和风险。旷日持久的"占中"不仅会给武力清场提供理由，而且也会造成越来越多的市民疲惫、厌倦乃至敌视，结果反而使此次公民运动的效果大打折扣。

"占中"的目的固然是迫使港府改革目前不能令人满意的选举方案，实现公民自由提名的"真普选"，但是这一目标不可能通过一次公民行动一蹴而就。在这个意义上，此次"占中"的目的与其说是达到某个既定的结果，不如说是彰显香港市民的民主诉求、决心和力量，而这一目的已经基本达到。现在是见好就收的最佳时机，而收兵显然不意味着胆怯或懦弱，而是公民运动可持续发展的策略，也是香港学生与市民的民主与法治意识成熟的体现。

要让香港公民运动持续进行下去，有必要探讨合法的抗争方式。今天的香港社会与八九年的大陆社会是根本不同的。在自由与法治的制度环境下，香港学生和市民一定能找到多种抗争渠道将公民运动持续下去。笔者相信，香港民主一定能通过自由、法治与和平的方式逐步实现。当然，民主之路总是崎岖不平的。在既没有民主历练、也没有统一组织的情况下，香港学生和市民能否表现出成熟的抗争技艺，仍然是一个未知数。"占中"能否见好就收，是对香港民众集体智慧的考验。

建立依法治国的制度保障

十八届四中全会首次以"全面推进依法治国"为主题，自然引起了普遍关注与期待。自 1999 年修宪以来，"依法治国""法治国家"等现代治国理念早已成为现行宪法的重要原则。之所以 15 年之后再次将法治作为重中之重，是因为我们今日离此目标依然相当遥远。虽然立法进展巨大，中国法律体系基本形成，但是有法不依、执法不严现象仍然相当普遍。如何推进依法治国，仍是摆在中国面前的严肃课题。究其根本，依法治国是有其制度条件的。如果这些前提条件得不到满足，推动法治必然事倍功半，甚至徒劳无功。要全面推进依法治国，似有必要从实现司法公正、规范党政权力、完善民主选举、强化权利保障、健全宪法实施机制等方面入手。

首先，司法改革必须为法治进步开道。这个话题几乎已经盖棺定论，无须赘述。没有公正独立、高效廉洁的法院，依法治国显然只能是遥不可及的梦想。2014 年，最高法院宣布了司法改革的"四五纲要"，明确了司法职业化的改革目标。上海等六个试点也已制定具体改革方案，并开始试行。总的来说，这些方案有效回应了过去饱受诟病的"司法综合症"——法官职业素质参差不齐、法院缺乏独立性、审判极易受到政治与行政干预、司法地方保护主义严重、司法腐败严重、律师辩护权常常受到阻碍。针对这些问题，新一轮改革设计了司法人员分类管理、弱化法院内外的行政管理、强化司法垂直管理、全面公开判决书等举措。如果这些改革措施落实到位，那么"司法综合症"将逐一化解，中国法治将向前迈进一大步。

其次，实现法治的当务之急是规范党政权力。人类之所以建立国家，是寄希望于公权力保护自己，但是如果公权力不受法律约束，那么公权滥用反成社会祸害。司法改革之所以难以推行，也是受制于党政权力的长期干预和阻碍。在司法权威未能确立的另一面，是过于强大而难以受到约束的党政权力。长期实行的地方"一把手"负责制加剧了权力集中，重大决定和人事安排往往由几个人甚至一个人拍板，部门和地方"一把手"很容易蜕变为无法无天的"土皇帝"。周永康、薄熙来之流之所以能够在不同职位上为所欲为，正是因为其作为"一把手"的权力得不到有效制约。这样的体制很容易造成领导脱离群众，形成少数人说了算的局面，并为买官卖官和公权滥用敞开大门。要从根本上改革高度集中的决策权力格局，有必要建立各级集体领导机制，形成适当的权力制衡制度。

更重要的是，为了保证民主决策、防止权力过度集中，有必要加强民主政治建设，逐级落实民主选举。按照 1982 年宪法的设计，各级人大是实现人民参政议政的基本制度。人大选举是否规范、人大代表是否愿意并能够代表选民的利益积极履职，直接决定了国家的基本性质，决定了政府和人民之间的基本关系，决定了广大人民的根本利益能否得到有效维护。近年来，中国社会之所以发生了那么多群体性事件，以至严重损害社会稳定与执政根基，根源在于各级人大未能按宪法规定有效发挥作用。因此，要实现依法治国，首先要从改革县乡两级人大的直选做起。目前，绝大多数社会问题都产生于基层。规范基层人大选举能够从源头上解决基层社会问题，极大巩固执政基础和维护政府威信。为此，有必要严格禁止地方党政干预人大代表候选人的产生和竞选活动，同时保证各级人大代表能够有效履行宪法职能。按照宪法第 34 条、第 35 条和选举法的有关规定，公民有自由参与竞选基层人大代表。按照法治国家的通例，只要参选人获得一定数量的选民支持，就自动成为合法候选人。现行选举法对候选人设置了极不透明的"酝酿""协商"过程，赋予地方选举委员会几乎无限的自由裁量权，从而为地方党政内定候选人提供了方便机会，必须从根本上予以改革。在规范人大选举基础上，有必要强化各级人大职能并推动人大代表专职化。人大机构改革宜从各级人大常委会开始，逐年增加专职委员的比例。人大代表的履职方式应由代表自己决定，合法的履职活动不得受到地方党政或人大干预。

当然，民主与法治不能遗漏基层群众自治组织。村委会和业主委员会选举是中国基层民主的最新尝试，同样需要制度保障。近年来，村委会选举普遍受到上级党政干预，贿选等腐败现象相当普遍严重，村委会在没有村民同意的情况下出卖村民土地等利益的事件时有发生，乌坎事件就是其中一例。要解决中国农村土地等重大利益冲突，必须明确禁止地方党政干预村委会选举，有效规范村委会和村民代表会议选举，尽快建立村委会、村民代表会议和选举委员会等村级机构的相互制衡机制。

再次，权利保障是权力滥用的克星。权利保障越到位，公权滥用、贪污腐败的自由裁量就越小；权利边界越模糊，私人空间就越容易遭到公权侵越。这个问题对于公有制为基础的中国尤其突出。长期实行的公有制和计划经济不仅将过多权力和资源集中于国家，而且也打破了公私界限，导致私有财产边界模糊，进而为公权掠夺准备了巨大空间。从周永康腐败关系网的发迹史不难看出，中国式腐败的源流主要有三个：公有土地、国有企业以及国家对经济领域的介入与管制。要真正实现依法治国，国家必须保障民营企业的法律平等地位，放松对民营资本的管制，让市场最大程度地发挥作用。同时，改革土地管理制度，落实宪法修正案规定的公正补偿原则，放松农地用途管制，将土地使用权还给农民，并将城市化和征地脱钩。为此，有必要杜绝"土地财政"，合理分配中央与地方财税，实现事权和财权相统一，并从根本上扭转"GDP至上"的发展思路，让地方政府专心投入治安、教育、民生、环保等地方公益事业，而不是借"发展"的名义侵吞人民的利益并为腐败创造机会。

最后，依法治国首先是依宪治国。宪法是一国法律的法律，是衡量一般法律良恶的标尺，而以上主张亦非什么"创新"，而是1982年宪法的题中之义。只要认真对待宪法，司法公正、限制公权、规范选举、保障权利本来会自然得到落实。然而，由于宪法实施机制不完善等原因，现行宪法规定长期得不到有效落实，未能发挥宪法序言所期许的"最高的法律效力"。要改变这种状况，必须完善宪法实施机制，让宪法规定真正落到实处，对保障公民权利、监督国家权力发挥有效作用。现行宪法第 61 条规定，全国人大常委会负责"解释宪法，监督宪法的实施"。但是 1982 年宪法颁布长达三十年来，人大常委会却从未行使第 61 条赋予的这项权力，而在此期间却出现大量宪法性问题，足以表明改革现行宪法实施机制的必要性。为此，有必要尽早建立负责解释和适用宪法的专门委员会。宪法委员会可以设在全国人大之下，向全国人大及其常委会负责，但是其人员构成与运作程序有必要保持相对独立，方能彰显中国宪法的法律效力。同时，有必要建立有效的法律规范审查机制，以有效控制法规、条例、规章及一般规范性文件的合宪性与合法性，进而理顺中央与地方的立法关系，保证中国法律体系的和谐统一。

综上，只要能实质性地推进司法公正、规范党政权力、完善民主选举、强化权利保障、健全宪法实施机制，依法治国即是一件水到渠成的事情。

地方规定无权限制被选举权

　　中共十八届四中全会再次强调"依宪治国"和宪法实施的重要性，但是长期以来，由于缺乏有效的行宪机制，政府违宪行为屡屡发生，却得不到及时纠正，致使宪法承诺沦为不能兑现的"空头支票"。事实上，不仅宪法得不到落实，即便被公认为具备约束力的法律也往往落实不下去。尤其到了各级地方政府，地方"红头文件"经常比宪法和法律更管用。河南省新乡市关于村委会选举的规定就是一个典型例子。

　　2014 年 12 月，不少地方正在进行村委会选举。河南省新乡市就村委会改选发布了一则通告，[1] 明确规定了十来种"不能"或"不宜"作为村委会自荐候选人的人员，其中包括"因故意犯罪被判处刑罚或者刑满释放（或缓刑期满）未满 5 年的""违反计划生育政策未接受处理的""政治素质差、道德品质低劣的""热衷于搞宗派活动、长期闹不团结的""参与邪教组织、长期搞封建迷信活动、影响极坏被查实的""缠访、闹访、非法上访的"。如此限制候选人资格，既违宪也违法。

　　对于任何真正意义的选举，候选人的自由产生都至关重要。否则，一旦候选人被上级内定，选民选来选去就是那么几个人，如同孙猴子跳不出如来佛的手掌心。这样的"选举"形同虚设，显然不成其为选举。正因为如此，1982 年宪法第 34 条特别规定："年满十八周岁的公民，不分民族、种族、性别、职业、家庭出身、宗教信仰、教育程度、财产状况、居住期限，都有选举权和被选举权；但是依照法律被剥夺政治权利的人除外。"《村民委员会组织法》第 13

1　http://rb.xxrb.com.cn/html/2014-10/24/content_18430.htm.

条也有相同的规定，而民政部颁布的《村民委员会选举规程》第四章第 3 条虽然规定了候选人限制，但也只是规定"无行为能力或者被判处刑罚的，不得提名为候选人。"

宪法第 34 条规定本身已经足够清楚：任何 18 岁以上公民都有被选举权，也就是作为候选人，除非"依照法律被剥夺政治权利"。首先，只有依照全国人大或其常委会规定的"法律"才能限制候选人资格。新乡市的规定则连法规或规章都算不上，只能作为"规章以下的规范性文件"，根本不具备限制被选举权的法律效力。在形式上，这样的规定是完全无效的。其次，只有候选人触犯刑法并犯有足够严重的罪行，以至被剥夺政治权利，才能被剥夺被选举权。在新乡市所规定的限制当中，没有一条符合要求。最接近的一条是"因故意犯罪被判处刑罚或者刑满释放（或缓刑期满）未满 5 年"，但是也远够不上宪法允许剥夺的条件。

最后，尤其值得警惕的是，新乡市列举的限制大都模糊宽泛，譬如"政治素质差、道德品质低劣""热衷于搞宗派活动、长期闹不团结""长期搞封建迷信活动"。这些用语全非法律概念，根本不可能获得准确定义，因而很容易纵容政府滥用公权、任意剥夺候选人资格。特定候选人是否"政治素质差、道德品质低"，人际交往是否属于"宗派活动"，批评同事算不算"闹不团结"，宗教信仰是否属于"封建迷信"等诸如此类的问题一概没有法律标准，最后统统变成领导说什么就是什么。这不仅不是依宪治国，而是赤裸裸的人治。"缠访、闹访"甚至"非法上访"也是很难界定清楚的概念，地方官员完全可以对积极维权的村民贴上"缠访、闹访"的标签，进而剥夺其竞选村委会的资格。事实上，这些现象在新乡市下辖的某些村选举中已经发生。

要杜绝任意剥夺候选人权利的现象，必须强化宪法实施机制，而选举权的落实离不开公民的积极推动。《立法法》第 90 条规定，公民认为行政法规、地方性法规等法律规范同宪法或者法律相抵触的，可以向全国人大常委会书面提出进行审查的建议。虽然新乡市的规定"级别不够"，并不严格符合启动常委会审查的条件，但是鉴于目前行宪机制尚不完善，除此之外并不存在适当的宪法救济渠道，村民们仍不妨向全国人大常委会提出审查建议，由其责成河南省人大或相关政府部门撤销新乡市的违法规定。村民们也可以就此向法院或上级政府部门提出行政诉讼或复议，要求撤销违法规定。虽然新修改的《行政诉讼法》规定尚未生效，法院不妨参照行政诉讼受案范围的修正规定，在审查具体行政行为过程中附带审查违法的规范性文件。

总之，新乡市规定的资格限制严重侵犯了村委会候选人的宪法权利，因而缺乏法律效力，由此选举产生的村委会也同样无效。这是一个地方规定违宪违法的标本，是和依宪治国和法治精神格格不入的。当然，坏事也可以转变为好事：及时撤销这样的规定可以成为落实四中全会精神的起点，甚至成为完善中国宪法审查机制的契机。

《预算法》修订需从行政主导走向人大主导

1994 年《预算法》颁布后，社会各界就曾发表过诸多不同意见。早在 2004 年，全国人大即启动了《预算法》修改程序，直至 2012 年 8 月才公布了修正案草案的二次审议稿，足见政府内部不同部门之间的博弈也同样激烈。此次修订能否实质性改善预算决策程序，直接关系到中国未来改革的方向。

《预算法》是规定国家预算决策机制的基本法律，其对于国计民生的重要性是不言而喻的。现代社会离不开政府提供的公共服务，而公共服务需要财政投入。预算决定了政府可以花多少钱，以及更重要的，这些钱应该花在哪里。预算太少，社会不足以维持必需的公共服务；预算太多，人民的财产即成为官员挥霍浪费的资本。近二十年来，财政预算年年快速增长，增长速度甚至远超过 GDP 增速，表明政府财政聚集了越来越多的社会财富，但是每年的预算增长却从未征求过社会意见。当然，即便预算数字看起来恰到好处，也还需要有效的监督机制，才能保证纳税人的钱确实被用在该用的地方。

这一切都表明，预算离不开民主过程。要保证"取之于民，用之于民"，人民自己得对政府预算有发言权。虽然人民未必有足够的时间和信息决定自己的每一分钱花在哪里，但是他们可以选举自己的代表替自己决定政府预算方案。这是为什么在所有民主国家，预算案和法律一样，都是由议会表决产生的，因为和法律一样，每年的预算方案也代表了国家的重要公共利益。事实上，预算方案反映了立法目标的实施重点。无论是义务教育、社会福利、环境保护还是社会治安、军事国防，法律规定都只是表面文章，只有在财政预算中得到体现方能落实。各项任务在预算中所占的比重即体现了政府的年度工作重点，直接决定了国家发展的风向标。如此头等重要的事情当然只有议会才有资格决定，只有选举产生并对选民负责的议会才能保证预算方案符合多数选民的实际需要。如果什么都交给行政决定，那么结果就可想而知了。

当然，由于行政开支占了财政预算的绝对多数，各国制定预算的程序通常是由行政首脑协调并汇总各部门预算，然后提交议会审议。在美国，总统还可以对国会两院通过的预算案行使整体否决权，但是这些都不足以否定议会在审议和批准预算过程中发挥的中心作用。在成熟的民主国家，议会不仅内设专门的预算委员会，而且每年开会都会花费大量时间审议预算草案。如果议员们对某个行政部门不满意，那么所采取的第一项措施往往就是削减其预算经费；如果行政经费被全部砍掉，那么这个行政机构连同其所有职位就自行消失了。在责任内阁国家，由于预算案是政府最重要的年度立法提案，议会不通过预算即意味着对内阁表达最严重的不信任，内阁必须集体辞职。通过这些方式，议会将预算决策权最终掌握在自己手里，从而在程序上保证了议会主导下的预算民主化。

在预算民主化的世界大趋势面前，中国并不例外，《预算法》规定了各级人大对于批准本级预算的权力。但是在实践过程中，中国预算决策体制受制于诸多非民主因素的牵制。首先，各级人大选举不规范、走过场，造成人大代表缺乏代表性，其代表选民监督预算决策的动力严重不足。其次，绝大多数人大代表及常委会委员都是兼职代表，专业化程度严重不足。除了全国人大常委会下属的预算工作委员会之外，各级人大均没有专门的预算委员会。人大每次开会会期极短，多数代表只有两三天时间审议预算，根本不足以深究任何预算细节。不少地方至今只提供粗线条的预算方案，也令代表们无从审查实质性细节。最后，《预算法》赋予的人大审议权是相当有限的。代表们只能对政府提出的预算案整体进行表决，而无权对预算的具体条目进行单独表决。换言之，中国各级人大的预算审批权相当于美国总统的整体否决权，或者全部通过、或者一概否决，而无从逐项通过或否决。这种限制造成立法与行政职权错位，极大约束了各级人大的预算决策职能。在本质上，中国目前的预算决策体制依然是行政主导。

《预算法》修正案草案的二次审议稿在预算程序上有所改善，譬如延长了财政部向全国人大财经委提交预算初审的时间，明确规定了各级人大审查预算和决算的重点内容等，但是这些局部修正并没有改变《预算法》的行政主导本质。例如不同预算科目间的预算资金调剂仍然和旧法一样，"按国务院部门的规定报经批准"（第 68条）。事实上，二次审议稿在若干方面明确强化了行政机构的主导地位。譬如二次审议稿第 7 条规定预算、预算调整、决算应当公开，这固然是好事，但是公开的具体办法却由国务院而非全国人大或常委会规定。此外，政府性基金预算、国有资本经营预算和社会保障预算的收支范围及其编制、执行和实施步骤（第 25 条、第 91 条），国库管理的具体办法（第 54 条）以及中央和地方分税制的财政管理办法（第 12 条）等重要事项，也统统由国务院规定，地方各级政府之间的财政管理体制则由省级政府规定，仅需向同级人大备案。这些规定将有关预算的重大立法事项赋予行政部门，未能凸显预算民主化所要求的各级人大的中心地位。

《预算法》修正自首次启动以来已历时八年，社会各界对修正案均有很高期待，而最迫切的期待莫过于提升各级人大在预算制定和监督中的实质作用。这是此次《预算法》修正可以做到，也应该做到的。

非人道 "计生" 是谋杀

胡温新政之后，关于计划生育强制堕胎的报道凤毛麟角，总以为随着社会观念与人口结构的变化，非人道"计生"措施越来越少。然而，关于计划生育的恶性堕胎事件仍偶尔发生。2012 年网上一度流传，在河南郑州某镇，一名怀孕七个月的妇女因为没有办理计生服务证而被强行堕胎；为了逼迫她缴纳堕胎费，当地计生委竟然将孩子的尸体绞碎放在她面前。2012 年 6 月，陕西省安康市一名怀孕 7 月的妇女因交不起 4 万元罚款，被注射杀菌剂堕胎。一周之后，该孕妇与近乎发育完全的死胎合影被上传到网络，引发一片轩然大波。虽然负责计生工作的副县长等责任人受到记过、警告处分，但是处分力度完全不足以防止类似的恶性事件重演。7 月 11 日，黑龙江卫视播出"违规超生，强制引产"，报道福建一位怀孕近八个月的妇女被当地计生干部强制引产。之后又有报道，云南玉溪一名孕妇在临产前 20 天被计生委强制引产。由此可见，大月份强制堕胎在当今中国并不鲜见。

显而易见，大月份堕胎不仅对孕妇的健康乃至生命构成威胁，而且是对胎儿生命的无情摧残。即便在外表上，一个七个月大的胎儿也已经完全发育成型，除了身高体重之外和正常出生的婴儿几乎别无二致；如果不是因为堕胎，这个胎儿在正常发育和护理条件下完全可以正常出生并长大成人。换言之，这个胎儿就和成人一样已构成正常的生命，我们不能因为她在娘肚子里一时看不见就否认这一点。作为任何文明国家的基本原则，政府的天职显然是保护而非残害生命，尤其是无辜的生命，即便是以法律的名义。如果说刑法是否应该废除死刑仍存有争议，那么国家不得处决一个无辜者则是天经地义、毋庸置疑的。胎儿犯了什么罪呢？她无非是计划生育政策认定为不该出生的人口，但是即便要追究，违法者也是她父母，而不是她自己。如果政府官员以法律或政策的名义，在明知后果的情况下采取杀害无辜生命的措施，那么这种行为只能被定性为谋杀。

在传统的基督教国家，私人堕胎一直受到严格控制。近半个世纪以来，政府控制在妇女人身自由和自决权面前不断让步，但是这种让步并不是没有底线的。在 1973 年的里程碑判例"德州禁止堕胎案"(Roe v. Wade)中，美国联邦最高法院判决孕妇有自行决定堕胎的权利，但是对"十月怀胎"设定了一个"三月期"(trimester)框架：在第一个三月期，妇女自行决定的权利几乎是无限的，政府一般不得限制；但是从第二个三月期开始，堕胎即可能影响妇女的身体健康，因而政府还可以出于保护妇女自身的安全而限制；到了最后一个三月期，胎儿被认为已经存活，政府有义务保护生命并以此禁止妇女堕胎。德国联邦宪政法院更为激进，认定胎儿在精卵结合两周之后便已存活，因而此后堕胎即可被认定为"谋杀"。

中国和美国或德国情况恰好相反，国家为了控制人口而要求超生孕妇堕胎。国情不同，法律和政策自然要相应变通。然而，计划生育不是没有底线的；且不说严格"一胎制"的合理性正受到越来越多的社会质疑，即便关系到国家重大利益的法律或政策也必须以符合人道的方式执行。作为一项基本国策，计划生育主要应该依靠公民的自觉服从；强制执行不仅是迫不得已的最后一步，而且在某些情况下必然让位于更高的人类价值，因而是不得执行的。国家政策再重要，也不得要求或被解释为要求杀害无辜的生命。如果地方官员打着"计划生育"的旗号，甚至仅因为当事人交不起超生费，而强行要求消灭已经成型的生命，那只能说明这项政策已经彻底变质了。

要让计划生育回归人性化，必须重视胎儿生命的价值，并明确一条基本原则：不论借口是什么，以非人道的方式摧残胎儿生命是可以构成谋杀罪的。

劳教制度亟需立法改革

　　至少从 2003 年孙志刚事件引发收容遣送制度的废止开始，劳动教养制度的合法性就一直受到质疑，因为和收容遣送一样，劳教也是限制人身自由的强制措施。按照《立法法》第八条，只有全国人大或常委会制定的法律才能规定限制人身自由的强制措施和处罚。在本质上，劳教是一种行政而非刑事处罚，并未纳入《刑法》范围，但也没有纳入行政法规制的范围。当然，早在 1957 年，全国人大常委会就通过决议，"批准"了国务院《关于劳动教养问题的决定》；1979 年，全国人大常委会再次通过决议"批准"了国务院《关于劳动教养的补充规定》。然而，决议并不是立法，而《立法法》第 8 条明确规定，有关限制人身自由的强制措施和处罚的事项"只能制定法律"。更重要的是，根据《立法法》第 9 条，虽然第 8 条规定的事项可以由全国人大及其常委会授权国务院先行制定行政法规，但是"犯罪和刑罚、对公民政治权利的剥夺和限制人身自由的强制措施和处罚"等事项例外，因而限制人身自由的强制是全国人大"绝对保留"的立法事项，国务院不得先于人大立法进行规定。由此可见，和收容遣送一样，劳教制度的法律依据限于上述国务院"决定"和"补充规定"，从未获得人大法律的正式规定，因而自 2000 年《立法法》生效起即处于违法状态。

　　也和收容遣送一样，劳教制度实施多年之后也早已发生"异化"。首先，劳教是早在五十年代建立的制度，当初的目的是"为了把游手好闲、违反法纪、不务正业的有劳动力的人，改造成为自食其力的新人"。半个多世纪后，这样的立法初衷已不仅不复成立，甚至会被认为违背现代法治与人权的宪政理念，现在也不会再有人将劳教作为"安置就业的一种办法"。更重要的是，由于劳教不是刑事措施，不具备刑法审判所要求的司法程序，判处劳教的决定权很容易受到滥用。按照规定，劳教管理委员会负责审查批准"需要实行劳动教养的人"，而管委会由民政、公安、劳动部门的行政负责人员组成。实际上，绝大多数劳教决定主要由地方公安部门单方面作出，当事人并不能有效参与。照理说，限制公民人身自由是极其严厉的行政处罚，当事人应可以申请个案听证，但是劳教制度却从不允许听证，更不允许请律师辩护等诉讼中常见的当事人权利。虽然公安部 1983 年制定的《劳动教养试行办法》允许被劳教者提出异议，但是复查仍然在审批机关内部进行，不足以约束审批机关自身的权力滥用。在理论上，被劳教者也可以提出行政诉讼，但是由于司法不够独立、行政诉讼维权效果有限（甚至可能招致报复）等原因，几乎没有人挑战劳教决定的合法性。

既然行政部门在劳教决定程序中说一不二，也就没有什么能有效监督并保证其权力行使的合法性。正如不少学者指出，劳教制度往往被地方政府用作打击报复的工具，譬如作为惩罚老上访户的手段。唐慧事件表明，地方政府几乎可以对自己看不顺眼的任何人施行劳教。一旦劳教制度变质，它无疑将蜕变为公民权利和人身自由的重大威胁。事实上，《立法法》第 8 条的本意正在于保护重要的公民权利免受行政权力的随意处置。为了维护社会秩序等公共利益，个人的人身自由可以在必要的情况下受到限制，但是限制条件、决定程序和限制期限等重要问题必须交给人大立法，而不能由一个行使行政权力的机构自行规定，否则很容易出台重管理、轻权利的政策。现行劳教制度就是明摆的一个例子，早已成为地方政府规避司法程序、滥用行政权力的便利途径。虽然劳教制度本来是针对罪行轻微、不够刑事处分的行为，但是劳教期限最高可达三年，"必要时"还可以延长一年，而且可以重复劳教。劳教处罚的严厉程度其实和大多数刑罚不相上下，而决定程序却极为随意。这一事实本身即要求人大立法和司法程序介入，非此不足以遏制行政权滥用。

人身自由是公民受宪法第 37 条保护的基本权利，而现行劳教制度显然不足以保护这项基本权利。第 37 条明确"禁止非法拘禁和以其他方法非法剥夺或者限制公民的人身自由"，而按照《立法法》第 8 条的理解，缺乏立法依据的劳教已构成宪法禁止的"非法剥夺或者限制"公民人身自由的措施。有关部门应果断废除劳教制度，尽快终结这一违宪和违法的制度存在，并通过全国人大或常委会立法，将劳教所针对的轻罪行为归并到现行《刑法》的调整范围。《刑法》应适当调整并合理衔接轻罪和重罪的量刑幅度。为了降低诉讼成本，可以对轻罪规定相对简易的司法程序，但是不得剥夺当事人为自己辩护的基本权利。无论采用何种修改方式，中国都不能再走现行劳教凸显的行政一权独大的老路。

劳教制度改革须"出行入刑"

自湖南唐慧案和重庆任建宇案曝光以来，施行了半个多世纪的劳教制度饱受社会诟病。尤其是 2009 年重庆"打黑"运动中的劳教扩大化显示，现有体制框架下的劳教权力极易遭到滥用，成为剥夺公民基本权利的工具。除了违背《立法法》第 8 条对限制人身自由措施的"绝对保留"（只能由全国人大直接立法授权）之外，现行劳教制度还存在以下三大弊端。一是立法宗旨早已过时，二是认定标准相当模糊，三是程序保障严重不足。三者综合起来，就注定了劳教制度是纵容地方违法的"非法之法"，在实践中极易蜕变为滥用公权的帮凶。

首先，今天看全国人大常委会 1957 年决议批准的国务院《关于劳动教养问题的决定》，早已是不合时代潮流的计划经济"古董"。只要浏览《决定》的立法宗旨，便恍惚如有隔世之感。当时之所以建立"劳动"教养，一个重要目的是"为了把游手好闲、违反法纪、不务正业的有劳动力的人，改造成为自食其力的新人"。在市场经济环境下，这套话语自然是十分陌生的。什么"游手好闲""不务正业""自食其力"，统统都和"投机倒把"一样是见人见智、众说纷纭、不可界定的"法外"（或者说法盲）术语。在当时看来，劳教是"对于被劳动教养的人实行强制性教育改造的一种措施，也是对他们安置就业的一种办法"；在今人看来，所谓的"教育改造"无异于强制"洗脑"，所谓的"安置就业"无异于强迫劳动。既然这些计划经济下的立法目标显然不再成立，劳教制度早已失去其立法正当性。如果今天各地劳教主要用于"维稳"、戒毒等其它目的，那么就需要重新立法，建构适应当今社会需要并反映当代法治理念的制度。

其次，劳教行为的认定标准极为笼统模糊。按照公安部 1983 年制定的《劳动教养试行办法》第十条，劳动教养主要针对"罪行轻微，不够刑事处分"的行为，其中包括"反党反社会主义""结伙杀人、抢劫、强奸、放火等犯罪团伙"成员、"流氓、卖淫、盗窃、诈骗等违法犯罪行为""聚众斗殴、寻衅滋事、煽动闹事等扰乱社会治安"行为。这些"罪名"也包含诸多"法外"成分，譬如什么是"反党反社会主义"？批评政府的某些作为或政策够得上"反党"吗？探讨或宣传不同的政治、法律与经济体制算得上"反社会主义"吗？什么是"流氓"行为？什么构成"寻衅滋事"？这些罪名内涵极其模糊，边界无法确定。《试行办法》还规定了一类劳教行为："有工作岗位，长期拒绝劳动，破坏劳动纪律，而又不断无理取闹，扰乱生产秩序、工作秩序、教学科研秩序和生活秩序，妨碍公务，不听劝告和制止的。"除了"拒绝劳动""破坏纪律"体现的计划思维不合时宜（是否工作是公民的自愿选择，不工作的自然后果是扣工资，而不是强迫劳动）之外，"无理取闹"也是一个不可界定的"法外"用语。

既然这些概念不可能在法律上予以确切界定，实践中往往蜕化为地方公权力任意界定、为所欲为的便利工具。因此，唐慧就因为多次为女儿上访，而被认定为"严重扰乱了单位秩序和社会秩序"并判处劳教一年半。而唐慧的遭遇显然并非孤立个案，所有老上访户都可以被认定为"无理取闹""扰乱秩序""妨碍公务""不听劝告"，因而在各地都成了劳教对象。大学生"村官"任建宇因为发表或转发了一些"攻击"政府的言论，而被认定为"煽动颠覆国家政权"并判处劳教两年。同在重庆的彭洪则因为转发了"打黑"漫画《保护伞》，而被认定为"诽谤"并处以劳教两年。劳教制度沦为无理剥夺公民基本自由的帮凶。

更有甚者，在重庆"打黑"高峰期，凡是"有前科"的带刀者都成为劳教对象，而无需证明他们对社会产生了任何现实危害或哪怕是危险倾向。这种做法显然是违法的，因为根据《治安管理处罚法》的规定，对于非法携带枪支、弹药或刀弩等国家规定的管制器具行为，只能处以 5 日以下拘留及 500 元以下罚款。劳教制度却将地方剥夺公民自由的权力扩张到法外，极大延长了拘留期限。在 2011 年 7 月至 9 月的"治安综合整治行动"中，重庆警方治安拘留了一万多人，其中至少上千人被劳教。近年来，"疑罪从轻"政策因违背法治与公正原则而遭到彻底否定，却又通过劳教死灰复燃。被劳教者至多只有犯罪倾向或嫌疑，却可以在没有任何犯罪证据的情况下遭到劳教。

最后，劳教决定过程相当草率，被劳教者几乎没有任何程序权利保障，劳教权力的恣意行使得不到实质约束。劳教制度的设立者以为劳教是一种行政处罚，期限较短、痛苦较小，因而程序保护似可弱化；其实劳教期限可以长达四年，比许多刑事判决更长，但是劳教决定过程却全然没有《刑法》规定的司法程序保护。按照 1979 年全国人大常委会批准的国务院《关于劳动教养的补充规定》，各省和大中城市政府成立劳教管理委员会，由民政、公安、劳动部门的负责人组成，但实际上是由当地公安部门主导的。几乎所有劳教决定都是地方公安部门单方面作出，当事人并不能为自己有效辩护，更不可能像刑事诉讼那样请辩护律师。虽然《试行办法》允许被劳教者提出异议，但是复查仍然在审批机关内部进行，不足以约束审批机关自身的权力滥用。事实上，由于公安部门对被劳教者掌握着不受监督的生杀大权，被劳教者一般不敢在被劳教期间提出质疑，以免遭到打击报复。这样一来，劳教就成了政府可以不通过《刑法》程序而长期关押公民的任意手段。

劳教制度的根本问题在于混淆了行政和刑事两类性质不同的处罚。行政处罚一般不得限制公民的人身自由，即便有所限制也仅限于短期（如《治安管理处罚法》规定的 15 天之内）；刑事处罚则是对公民人身自由的严重剥夺，因而必须辅之以严格的司法程序保护。劳教介于行政和刑事之间，实际上非常接近刑罚，而劳教制度却将其界定为公安部门作出的行政处罚，其行政程序又极为简略轻率，导致公安部门在没有法院和检察院监督的情况下作出带有刑事性质的处罚决定，无疑对公民自由构成巨大威胁。

因此，改革劳教制度的根本出路在于按照当代的社会需要、立法原则、处罚轻重等因素，重新定位和设计限制人身自由的处罚体系。行政处罚应限于 15 天以下的人身自由限制，超过此期限的人身自由限制应被界定为刑事处罚。既然劳教在性质上属于刑事处罚，就必须适用"无罪推定""罪名法定"、辩护权等刑事正当程序原则。当然，在劳教存废之间，也可以选择一条"中间道路"，维持劳教作为介于行政和刑事之间的处分方式，但是必须废除目前仍在施行的《决定》《试行办法》，由全国人大或其常委会借鉴刑法原则重新立法，明确规定劳教行为的类型和适用范围，并设计和刑事诉讼性质类似（尽管细节可有所简化）的处理程序。

如此，才能使劳教制度改革既尊重公民基本自由，又兼顾人性化的社会管理需要。

宪法实施从废除劳教开始

2012 年 12 月 4 日，习近平在纪念现行宪法颁布 30 周年大会上特别强调："宪法的生命在于实施，宪法的权威也在于实施。"宪法实施不是一句空话，而必须体现于宪法条款的具体落实。例如宪法第 37 条明确规定："公民的人身自由不受侵犯。任何公民，非经人民检察院批准或者决定或者人民法院决定，并由公安机关执行，不受逮捕。禁止非法拘禁和以其他方法非法剥夺或者限制公民的人身自由，禁止非法搜查公民的身体。"然而，劳动教养制度却长期限制公民的人身自由；虽然其惩罚力度不亚于刑事上的逮捕定罪，却既未经检察院批准，也未经法院审判，实际上构成了宪法所禁止的非法剥夺人身自由。在劳教大行其道的过去几十年里，不能不说社会现实和宪法理念之间存在巨大脱节。

2013 年 1 月，中央政法委书记孟建柱在全国政法工作会议上宣布，在报请全国人大常委会批准之后，从该年起停止使用劳教制度。至此，这项实施了半个多世纪、近年来饱受诟病的制度将毫无悬念地寿终正寝。虽然它早在十年前就应该和收容遣送制度一起作为恶法被埋葬，但迟到的正义毕竟也算是一种正义。至少，地方政府的公权滥用从此又少了一条途径；同时，宪法第 37 条的实施也迈出了实实在在的一步。

虽然有关部门并未说明停用劳教之后有何后续措施，我认为推进法治、保障人权的最有效举措莫过于简单废除。此前法学界不少人认为，劳教只能改、不能废。依我看，废了劳教，天塌不下来。2003 年孙志刚事件后，废除收容遣送成为胡温新政的重大手笔。当时也有人大不以为然，认为收容遣送制度可以改、无需废，废了如何治理那些流浪乞讨人员？但是国务院果断废除强制性的收容遣送，代之以自愿救助手段，中国社会并未因此而天下大乱。恰好相反，人性化的改革举措不仅保护了流浪乞讨人员以及像孙志刚这样的无辜路人的人身自由和安全，而且也堵死了地方警察草菅人命、敲诈勒索的一条渠道。和收容遣送相比，劳教制度更加恶劣，对公民人身自由的强制剥夺更为严重，地方政府滥用公权的余地更大，方式也更加任意。如果收容遣送该废，那么劳教更应该直接废除。

事实上，劳教和刑罚在很大程度上是相互重叠的"双轨制"，相当于对程度较轻的犯罪行为的惩戒措施，只不过劳教判决不具备有效的司法程序保障，因而早已蜕变为和法治精神格格不入的怪胎；革除这一怪胎不仅不会对中国社会伤筋动骨，而且将清除法治道路上的权力障碍。绝大多数劳教行为或者根本不应该受到处罚（如唐慧上访或任建宇发帖），或者因为情节轻微而可适用《治安管理处罚法》（如邻里斗殴、卖淫嫖娼等不构成犯罪的违法行为），最长拘留时间不得超过 15 天，情节严重者则应适用《刑法》相关条款。如果《刑法》尚未完全覆盖现行劳教制度规定的确实应该限制人身自由的行为，或某些轻微犯罪的审理应简化司法程序，应该完善《刑法》相应规定而非保留劳教。对于戒毒和控制精神病人等确有必要限制人身自由的强制措施，则应通过全国人大或常委会专门立法，而此类立法也和劳教的原始宗旨大相径庭，并不能被视为劳教制度的延续。

作为计划经济的产物，劳教制度不仅早已不适应当代中国社会的发展需要，而且严重悖离法治的基本精神。就和当年价格双轨制必然产生"官倒"一样，劳教和刑罚双轨制必然纵容地方滥用公权，规避刑事处罚所要求的司法程序，名义上是为了"维稳"，实际上是将劳教作为公权私用、打击异己的便利工具。我们希望新一届党政乘十八大东风，拿出改革的魄力和锐气，和十年前废除收容遣送一样一举铲除中国法治的另一个毒瘤。

劳教制度不仅直接损害了宪法第 37 条所保护的人身自由，而且其所带来的公权滥用也很容易侵犯宪法第 5 条规定的法治国家原则、第 35 条规定的言论自由等重要条款。不从根本上改革劳教制度，就无法清除宪法实施的重大障碍。我们希望，劳教制度改革将成为中国宪法在实质实施之路上迈出的第一步。在这个意义上，劳教制度的不正当存在为新一届政府实施宪法提供了一个绝好的机会。

废除劳教，正当其时。

陆、宪法自由的道德基础

再强调一遍，"徒法不足以自行。"人不行，宪法、自由、民主这些"好东西"统统都是奢望。制度转型是不能没有道德资源的，这是为什么我一直反对全盘否定中国的传统伦理。2012 年，我出版了《为了人的尊严》。尽管副标题是"中国古典政治哲学批判与重构"，这本书仍然受到了两个方面的批判——自由派认为我批判得不够，保守派则认为我重构得过多。不论如何，我仍然认为，儒家伦理在经过批判和重构之后是可以对当代宪政中国的建构发挥正面作用的。

对于儒家来说，幸福、快乐、名利都只是追求德性的副产品。正如《孟子》在开篇训导不开窍的梁惠王所说的，一国追求仁义，这些"好东西"统统都会来；反过来，如果我们的出发点就是追求这些东西，那么我们不仅得不到，而且很快会陷入一个尔虞我诈的互害社会。中国当代社会中自由、法治、民主的残缺不全，完美证明了孟子的远见。

在义无反顾追求宪政的过程中，有人不幸先走一步，离我们而去了。除了蔡定剑教授之外，还有任东来、徐灿、王科力等人。他们分别是学者、律师、媒体人的优秀代表。改革前三十年，正是媒体、学者、律师这个"铁三角"在推动中国改革前行。其实，这三个职业中的多数乃至绝大多数都是碌碌无为之辈，甚至不乏没有底线的勾兑派和"歌德派"。但历史是少数人推动的，这些优秀的人虽然只是少数乃至极少数，但已足以撬动社会进步的杠杆。在我看来，他们不论是否信奉儒学，都是儒家"君子"的杰出代表。"士不可以不弘毅"，任重道远、死而后已；"求仁而得仁，又何怨？"我相信，如果再给他们一次选择，他们仍然会选择同样的人生。

依宪治国需要公民主动行宪

天则经济研究所被迫关闭前，每年都组织一次"新年期许"论坛。尽管期许几乎年年落空，以至于有人调侃说，什么时候不期许了，期许也许就实现了，但是现在这个活动没了，还是怪想念的。以下是我在 2015 年"新年期许"论坛上的发言。

依宪治国是中共十八届四中全会强调的一个话题，那么怎么依宪治国？其实依宪治国很简单，就是落实宪法，也就是宪政。虽然现在"宪政"成了敏感词，但是其实上述结论只是业内常识。宪政就是实施宪法，把宪法规定的内容落实好，用它来指导这个国家的政治生活，规范国家权力的运行。依宪治国就是这么简单的一件事。

究竟落实宪法中的哪几条？说得具体一点，就是落实"八二宪法"中的三条。这三条必须得到落实，因为它们是衡量一个国家有没有宪政的标准。如果这三条得不到落实，那么无论表面文章做得再好，整部宪法都得不到落实。这三条恰好靠在一起，就是八二宪法中的第 34、35、36 条。八二宪法规定公民权利的第二章是从第 33 条开始的，其中"法律面前一律平等""国家尊重与保障人权"也很重要，但是比较抽象，不如后面三条实在：第 34 条的选举权、第 35 条的言论自由、第 36 条的宗教信仰自由。这三条是一个国家的宪法落到实处的关键。

在逻辑顺序上，这三条应该刚好倒过来。首先应落实的是第 36 条规定的宗教自由。1949 年之后，马列主义无神论成为正统，宗教成为"迷信"和"麻痹劳动人民的鸦片"。虽然现行宪法规定了宗教信仰自由，但是宪法序言和第 36 条之间存在一定的紧张关系，尤其是多数国民在无神论培养下对宗教信仰存在诸多偏见。然而，信仰自由对一个国家的活力来说是非常重要的，只是这种重要性在中国被远远低估了。只有保证宗教信仰自由，国民道德才能普及，多数国民才能用道德准则来规范自己的行为。也只有国民道德自律，才能让国家权力对公民生活少一些干预。如果没有宗教自由，国家只有两种可能：一种是无序混乱，一种就是高度集权的国家主义。这两种选择哪一种都不好。所以，依宪治国首先应当尊重和保障人民的宗教信仰与思想自由。

然后，不同的学说、信仰和思想要得到有效传播和交流，我们就要有言论自由和出版自由。当然，广义的言论自由还包括集会自由和结社自由。言论自由对于社会的重要性以及对于宪法的重要性也是不可能被高估的，因为现在我们碰到法学院的学生甚至大多数学者都认为，中国之所以没有宪政，是因为没有一个有效的宪法审查制度。这当然是直接原因，但只是技术细节，不是不重要，但是其重要性远远比不上言论和新闻自由。言论和新闻自由是一个国家的宪政起点。如果连言论自由都没有，那么宪法其它权利就更是掌握在统治者手里；他想给就给，不想给就不给，宪政就不用谈了。有了言论和新闻自由，这个国家大政方针、发展方向乃至宪法制度才能得到充分的辩论，该有的制度迟早也会有，而且能够在社会舆论压力下得到比较有效的实施。

最后，在这个基础上，才是宪法第 34 条规定的选举权。自由讨论过后，不同意见在所难免，大家通过选票来决定国家的发展方向应该是什么，统治这个国家的法律到底应该是什么。"一人一票"，获得多数选票的当选立法者，多数立法者决定国家的法律和政策。不论制定出来的具体法律和政策是什么，按照这个套路来治理的国家不可能太差。所以治国从技术层次上可以很复杂，但是在制度层面上也可以很简单。只要把这三条落实好，依宪治国就基本成型了。

对于宪法实施而言，这三条也有特殊的意义。我去年发表了一篇论文，题目是"宪法实施靠谁"。虽然四中全会提出了依宪治国，但是不要把实施宪法的希望寄托在政府身上。政府是既得利益者，不会主动实施宪法。限制了政府权力，就不能以权谋利，有哪个理性的既得利益者会自废武功呢？落实宪法是要捆住政府手脚的，谁愿意主动把自己手脚捆住？哪只老虎会自动钻进笼子里去？所以实施宪法最终要靠人民，只有人民才想真正落实宪法。

但是人民怎么实施宪法？其实还是这三条宪法原则。当然，我还加了一条诉权——公民主动行使的法律诉讼权利。不过如果真能把上述三条落实了，就已经很好了。无论是信仰自由还是言论自由，还是选举权，都需要靠民众的主动作为才能得到落实。如果说宪法规定了宗教信仰自由，政府也愿意尊重民众的信仰自由，但现实的情况是多数民众不愿意接受宗教信仰，那么这一条权利保障就没有多大实际意义。如果宪法规定了言论自由，政府也愿意尊重言论自由，但是我们自己总是害怕，不敢说话，媒体也不能批评政府，生怕会有什么后果，那么新闻自由、言论自由也就变得没有意义。集会、结社自由也是如此。

选举权更是如此。选举本身是一项制度，要靠政府通过法律设置。如果政府不设立选举制度，或者不愿意真正落实选举权，就会使得选举权落空。但是如果有了选举制度，民众自己不愿意去投票，选举权也一样形同虚设。我在外面做讲座，学生或一般听众经常问我，政府不给我选票怎么办？我怎么行使选举权？我说，选票不是政府给你的，是要靠你自己去要的。你不要，他高兴还来不及，当然不会主动给你。你去要了，他也不能不给你。关键在于公民自己的行动。

总之，这三种权利恰恰也是公民行宪的基础，宪法能否真正得到落实，要看公民是否积极行使这三种权利。只有公民积极行动个，宪法才有希望得到落实。现在中国公民的宪法意识在不断上升，尤其是在网络帮助之下，已经达到了相当的水平，现在的主要症结是在于政府。政府对于言论、出版、集会包括结社自由，打压的程度在近年来变本加厉，对媒体的管控就不用说了。很多时候，作家、学者、律师只是在行使言论自由，但是这种自由没有得到应有的尊重，因言获罪屡屡发生。选举制度、信仰自由也是如此。政府常年来警惕和控制宗教信仰的传播，一直没有放松。选举则是连起步都没有，人民并不实质性地拥有和行使选举权。

如果现在有一点值得欣慰的话，那就是宗教自由和言论自由，尤其是网络上的言论自由，通过公民的自觉努力，慢慢在行使起来。虽然这些自由没有得到制度保障，但是实际上许多公民已经在积极行使这些自由。但是离选举权的落实还非常遥远。2016—17 年要进入下一轮的基层人大选举，我希望能有更多公民站出来作为独立竞选人，或者哪怕只是作为一个普通公民投出自己的一票，这个意义都非常之大。

所以我的新年期许就是希望宪法当中至关重要的第 34、35、36 条能够落实得好一点，至少不要再进一步恶化。不知道这一点"期许"是否有点奢侈，但无论政府态度如何，人民自己都要积极行使宪法赋予的这三条权利。

舌尖上的 "两个中国" 不矛盾

2012 年 6 月，《舌尖上的中国》迅速串红。这部纪录片展示了"两个中国"——梦幻的中国和现实的中国，或更准确地说，"有味的中国"和"有毒的中国"。一方面，中国历来是"食文化"很发达的国家，中国食品的物美价廉享誉全球，连各国"老外"都鲜有不喜爱中国菜的。另一方面，中国食品安全已经到了触目惊心的地步；不仅毒奶粉、毒胶囊、毒蔬菜、地沟油等安全事故频发，而且农民不吃自己卖的东西已经成了普遍现象，而不可能回到农耕时代的广大市民们只有采取"眼不见为净"的回避策略——如果真的知道眼前那桌菜是怎么种出来或做出来的，那就确实什么都不能吃了。不过"有味"和"有毒"这"两个中国"看似矛盾，其实是"辩证统一"的。这倒不是说"有味"必然走向"有毒"，世界上像法国这样注重生活情调的民族不在少数，但是走向极端，一个对"吃"很纠结的民族未尝不可以成为"相互投毒"的民族。

"吃"在中国的历史地位一直很高，《汉书》将其高度概括为"民以食为天"。当然，"食色，性也"；任何人都不能否认饮食男女的正当性，即便将其上升为"基本人权"也不为过。不过在中国语境下，对"食文化"的津津乐道意味着我们已经在另一条路上走了很久很久。早就有人说过，美国人之所以动不动上街，无论是去酒吧 party 还是投票站 party，实在是因为自己家里做的那点菜太难吃；反过来也可以说，中国人之所以对政治不感兴趣，是因为传统的皇权专制将所有国人赶进了厨房。既然不能议论国事，平民百姓就只有退缩到"老婆、孩子、热炕头"，把几乎全部智慧和情欲都发泄在餐桌上；既然每家的"小日子"似乎还过得去，自然也就没必要冒险出门去"聚众闹事"了。

　　这种对中国"食文化"的解读固然过于狭隘，却也不无道理。我对"民以食为天"的提法是比较反感的，因为它把中国老百姓降格到动物的份上，似乎只要有得吃就万事 OK 了。而且是比一般动物需求更高、更无助也更需要"管理"的动物，因为世界上大概是没有像人类这样体格和食量需求的动物能凭借智慧和劳动，形成一个足以自我保护和大量繁衍的动物群体。对于这样一个群体，"吃"当然首先是一个公共问题，甚至是政府治国的重中之重（现在我们还不时提及"菜篮子工程"）。然而，在体制把人物化之后，我们发现"吃"的问题其实是没法解决的。靠政府去管，其实仍然是把人民当作"以食为天"的动物；让一个政府去管这么一大群灵长类动物，注定是管不好的。尤其是当人的智慧高度发达而道德状态残缺的时候，一个"有味"的中国也就蜕变为"有毒"的中国。

　　虽然"以食为天"本身无可厚非，但也绝谈不上什么道德境界，至多只是表征了人作为动物的生存本能而已。如果说"大道之行，天下为公"的时代早已过去，那么现在"大道既隐，天下为家；各亲其亲，各子其子"，中华民族的道德境界也就退缩到"货力为己"的水准，把自家管好就相当不错了。对美味的追求和对权、钱、色的追求一样，都体现了人的自私本能，只不过对吃的追求一般不会直接伤害他人而已，但是它显然也不可能培养一个民族的德性、志向、信仰或勇气。如果一个民族沦落到人人为己的动物状态，那么唯利是图、尔虞我诈、"相互投毒"就成了一种自然现象。中国食品不安全的源头无非是在一个法治不严明、市场秩序不完善而现代处理技术日臻发达的环境下，对食品的有害处理成了个人牟利的捷径。在缺乏道德自律的情况下，有毒食品自然就横行无忌了。

　　当然，食品安全的另一面是政府职责，食品安全失序意味着政府监管失职。然而，政府履职也是以人民具备起码的道德担当为前提。且不说在一个人人"投毒"的社会，政府即便想管也无法有效监管；在没有一点社会压力的情况下，政府为什么要履行自己的监管职责呢？如果食品安全现状实际上不会决定任何官员的去留，官员或公职人员为什么要在乎自己这片土地上的食品安全？要让官员在乎，必须让他们对人民负责，而一个"以食为天"的民族是否有能力让管制自己的官员对自己负责呢？监督官员的最有效手段是周期性选举，而选举是需要付出的——也许并不需要付出太多，但是在中国目前的制度环境下，这种付出是显而易见的。每当我看到地铁门一开，等候在外的人群为了抢一个座位争先恐后、蜂拥而入的时候，我知道他们现在还没有做好付出的准备。如此，则色香味诱人而"五毒俱全"的食品就在中国市场上畅行无阻了。

注重吃本身没什么错，但是如果我们只在乎吃，那么"两个中国"会一起来到我们舌尖上。要为中国食品去毒，我们需要超越那个"以食为天"的自我。

为什么《尊严》不谈法家

2002 年夏天，我在牛津大学和圣安德鲁斯大学讲座，分别讲了儒家、墨家和道家学说中的人格尊严思想。当时主持人邦宁 (Nicholas Bunnin)教授问我，为什么惟独不谈法家？法家或许也有自己的人格尊严思想。一个来自法学院的人反而不谈法家，这在外人看来肯定有点奇怪。我回应说，儒家相信仁义礼智等人的内在价值，道家主张人性自由，墨家倡导社会平等，这些学说都蕴涵乃至预设了人的尊严；惟独法家主张的是一套没有什么价值成分的工具主义学说，所以实在挖掘不出什么尊严思想。2012 年《为了人的尊严》（以下简称"尊严"）成书之后，还是没有将法家纳入系统的讨论，而只是在探讨道德之于法治的重要性那部分将其作为批判的对象。

其实几种学说相比，法家学说是和现代西方文明最接轨的。儒家看上去过时了，道家自由太消极，墨家的平等兼爱主张也隐含着极权主义危险，但是比较一下商鞅、韩非和霍姆斯，你会发现他们对人性的假定及建立在此基础上的制度逻辑推演是惊人相似的。霍姆斯的名言——法律是为坏人设计的，商、韩两千多年前即有类似的表达。至于国内八十年代的"刀制""水治"之争，基本上是一个没弄清概念的伪命题。法如果发挥实际作用的话，既可以"制"（比较厉害的"专政"），也可以"治"（较为人性化的治理），而法律究竟发挥哪种作用，并不是法本身能够决定的，而是取决于立法、执法乃至司法的政治制度背景。如果最高统治者就是皇帝一个人，那么这种政体制定出来的法律首先要为他个人的统治利益服务，人民的死活是次要的，但是这并不能否定战国法家和我们今天提倡的"依法治国"没有什么本质区别。更不用说，从鸦片战争至今，是法家的富国强兵理念一直贯穿着中国社会的主旋律。

在几种学说之中，法家也是野心最大的。他们想抛开一切陈腐的道德伦理，将人的自私理性作为立国和制度建构的惟一基础。只可惜他们过于自信，低估了这项使命的难度。我在《尊严》第三章援引了孟子极精练而极有说服力的论证，那就是一个纯粹建立在理性自私基础上的社会是自相矛盾的，每个人的狭义理性会导致整个集体的非理性。法治原本是为了维护所有人（至少部分人）的利益，但是"徒法不足以自行"，在这样的社会建立法治只能是一厢情愿的梦想。秦法的问题首先还不在于严苛，而在于根本无法施行。我们今天的许多法律规定得很好，但是和秦法一样面临难以实施的问题。无论是战国时期的法家主义还是今天的法治主义，都忽视了法之所以能施行的基本条件。在一个道德真空的狭义理性社会，不守法其实是最"理性"的行为方式，排斥道德信仰的"纯粹"法治理性主义其实是反理性的。

当然，我所反对的显然不是法治本身。《尊严》只不过提出了一个藏在许多中国人心中的问题：为什么守法？这个问题是法本身解决不了的。事实上，秦朝历史以及我们当代的社会现实都证明，无论国家权力多么强大，都不可能迫使人民真正守法。法治的社会资源在于一个民族的道德信仰，这一事实注定了法律必须和道德共存。法律确实是为"坏人"设计的，"好人"根本用不上，但是如果所有人都只是潜在的"坏人"而已，那么无论什么法律都是没有用的；吊诡的是，越是这样的社会越需要法律约束，但是法律也越没用。只有当凡夫俗子们自己愿意守法，也就是当社会不那么需要强制性的法律，法的强制力才能发挥效用。对于法家来说一个颇为无奈的简单现实是，无论在中国还是在西方，任何治理良好的社会都主要是靠道德而非法律在起作用。

这些基本上印证了儒家"德主刑辅"的观点，但是和法治理念并无实质冲突。事实上，现代法治理念本身就预设了人的内在价值与尊严。国家之所以要遵循正当法律程序，不正是因为公民有独立、自律的人格吗？刑法上的无罪推定原则已经受到各国承认，不正是体现了对公民内在德性的信任吗？我甚至认为，用人的尊严去重构整个法律哲学和法律体系，是一件极有意义的事情。《尊严》之所以没有探讨古典法家思想，实在是因为他们太热衷于"为帝王师"；在他们建构的法律秩序中，"人主"是至高无上的出发点，小民们则只是扩充疆土、富国强兵的炮灰。在这套以君主利益为最高价值的法治理性秩序中，不可能有平民百姓的位置；除了君主自己和寥寥几个愚忠莫名的法家术士之外，这套秩序当然找不到拥护者，因而注定逃避不了崩塌的宿命。

儒家没必要反民主
——回应贝淡宁教授的评论

自《为了人的尊严——中国古典政治哲学批判与重构》（以下简称《尊严》）一书出版后，受到不少学者的肯定和鼓励，但也不乏批评和建议。这是很正常的，因为如我在五月初召开的"儒家宪政研讨会"上的定性，这本书是相对折中的"中体西用"的现代版；或用一个也许不太恰当的比喻，儒家思想是"包在破布里的金子"。但是由于对传统文化的评价难免见仁见智，折中立场很容易同时受到"两面夹击"：有人否定"中体"，有人否定"西用"；有人认为儒家传统整个是一块不可救药的"破布"，有人则认为它是几乎完美无瑕的纯金……

清华大学哲学教授贝淡宁(Daniel Bell, Jr.)是后者的代表。他2012年5月在《新产经》上发表的"尊严能化解儒家与民主的张力吗？"一文指出，《尊严》基本上是以"西用"去诠释"中体"，因而仍然是以西方的眼光来评判中国，对中国传统的优良成分未能予以充分肯定，对西方自由民主的问题则未予以充分重视。他首先指出，儒家立场和自由民主存在不可调和的成分，譬如在"孝"这个问题上。在西方，家庭的亲情是自然发生的，但并不构成道德或法律义务；子女对父母的义务是消极的，只要不构成虐待就基本可以了。但这在儒家看来是不可接受的，即便最开明的儒家也不会解脱子女孝顺的绝对义务。

我并不认为我们在这一点上存在根本分歧，或中西方对"孝"的不同理解会构成中西沟通的根本障碍，尽管这个问题确实是中西方根本不同的世界观引起的。对于西方基督教文化，每个人都是上帝的子民，这在很大程度上削弱了子女对父母的义务。但是在世俗的儒家文化，"天"只是祖先的泛称，子女的生命被认为是父母赋予的，因而也要对父母承担绝对的义务。然而，我们似乎都承认，"孝"虽然在儒家话语体系中很重要，却未必被解释为对家长的绝对服从。《尊严》引用《孝经》等经典证明，儒家对"孝"的理解是可以很合理、很开明甚至很自由的。至于"孝"是否应当构成一种不可解脱的终极义务，不同文化、不同国家大可见仁见智。虽然过分狭隘的家庭观念已被普遍认为对社会发展不利，但是如果中国人还是坚持子女有尽孝的义务，那么其实没有谁能阻止我们把它作为自己的道德义务，甚至上升为法律义务。事实上，由于儒家传统遭到破坏、城市化造成农民工家庭长期分居、医疗与社会保障体系不发达等原因，当今中国老人的生存状态是极其令人担忧的，虐待甚至导致老人绝望自杀的事件时有发生。其实我们根本不指望回到中国古代家长享有绝对权威的时代，如果能够像西方社会那样保证"老有所养"、子女对父母有一个基本尊重就很不错了。如果有人想制定一部尊重老人基本权益的法律，不仅我乐见其成，而且一个自由民主社会也未必反对吧。我们往往把自由民主看得很"自由"，好像一切都是可以自由选择的，其实人家比我们更严苛的法律义务实在是多了去了。

　　贝教授更有力的论点指向自由民主自身的问题，大致分为两个层次。一是民主在许多国家实施得并不好，即便西方国家也不例外。在他看来，美国保护的"只是富人阶层的利益"；选举与其说是"一人一票"，不如说是"一美元一票"，金钱政治十分严重。这是众所周知的问题，也是"左派"常用的指责，并非没有道理。民主政治和金钱之间的联系是天然的，自由的现代大众政治尤其如此；要组织竞选班子、要宣传、要公关、要拉票，而这一切又不能由某个垄断组织白给，那就意味着需要钱。这也是为什么有人说，如果真要杜绝金钱政治，就得回到古希腊的抓阄制度——如果还回得去的话，不妨设想一下在近 14 亿人中抓阄决定谁来做总书记的可能性。

真正的民主对哪个国家来说都是挑战，左派的问题在于从单一视角夸大问题并一概否定。也许美国社会福利与平等程度远不能让左派们满意，但是要说它什么都不做，"只是"保护富人的利益显然言过其实了。联邦最高法院判决公司法人也有"言论自由"，可能对金钱政治产生了推波助澜的作用，但这些并不是不可改变的，也并不是所有民主国家都在重蹈美国的"覆辙"。如果我们不想回到世袭制或抓阄制，还要保证公共政策对多数人（如果不是所有人）负责的话，那么人类迄今除了选举民主之外还没有看到其它可能性——换言之，我们还得和金钱政治打交道，实质问题是如何在保证私人言论自由的前提下防止金钱的不当影响，而左派似乎没有提出什么建设性方案。

如果以上第一个层次的意思是说民主并不能保证多数人统治，那么第二个层次的意思则是多数人统治未必是善治。贝教授很有说服力地指出，民主至多只能保护多数选民的利益，而不能保护非选民的利益，譬如外国人、尚未出生的后代乃至动植物的利益。不过贝教授可能忽视的是，他刚才颇为鄙视的美国的联邦宪法权利并不局限于美国公民；法律的正当程序和平等保护也适用于外国人，因而外国人除了没有选举权和社会福利之外，在美国和美国人享受基本同等的权利。当然，一个国家也可以尽情放开来欺侮外国人；但是即便那样的话，天也不会塌下来，大不了外国人不去就是。同样的自然主义态度也可以回应后代利益问题——如果一个民族实在过于自私，连自己子孙的钱都要花完、资源都要用光，那就让它自生自灭嘛，那些本来就不喜欢西方文明的左派应该不会介意吧。

当然，儒家是不会这么"洒脱"的，他们会致力于寻求解决多数主义民主看起来不能解决的问题。事实上，反民主的基本逻辑完全应验了传统儒家的治国理念：绝大多数人都是理性自私的"小人"，只在乎自己的幸福，而不会以负责任的方式对待和自己无关的主体，因而要照顾到这些主题的利益，只有依靠有德性（利他主义）的"君子"，而这样的人（如果存在的话）注定是社会少数。这样一来，少数人的统治简直成了天经地义的真理。惟一的问题是如何拣选这些人，以保证他们是"谦谦君子"而非"小人"。历史证明，儒家在这个问题上栽了跟头；显而易见的是，学问不等于道德，甚至不等于治国能力，熟读"四书五经"的儒生未必将经典教导的道德规则内化为自己的行为准则。如果一个国家的制度安排使得掌权者最终只是对自己的良心负责，那么聪明过人的"君子"滥用起权力来恐怕只会比目不识丁的"小人"更有智慧。在历史上，科举制取得了一定的成功，但也没有必要夸大它的成功或回避它的问题。今天还有"新儒家"在沿着同样思路寻找纠正西方民主偏失的东方专制主义药房，不过目前似乎还没有什么值得认真考虑的方案。

贝教授强调，政治过程的一项重要任务就是"选贤与能"，并认为在政治上有必要区分"君子""小人"，进而建立一种超脱于小人利益的政治制度。最后这句话体现出他对"小人利益"的蔑视，并提示了一种危险的个人主观倾向——为什么要"超脱"小人利益？凭什么说"小人"利益就不值得尊重？难道"小人"们还不如动植物重要吗？现代民主的根本是在于以人为中心，而且每个人的价值是平等的，"君子"并不比"小人"更重要，国家所要服务的正是多数"小人"的利益；"一人一票"体现了这种基本平等，即便超凡脱俗的"君子"也只有一票。当然，威权主义者从来不漠视"小人"的利益；相反，他们很关心，甚至过于关心——他们总是担心"小人"们太无知，不知道自己的真正利益所在，因而总是忍不住要替他们做出更明智的决断。问题在于，传统儒家的药方不仅存在明显而难以克服的认识论问题（如何鉴别真正的"君子"），而且也存在傲慢的话语霸权倾向（我认定的国家应该追求的价值优于你认定的价值）。如果后代或动植物的利益确实需要保护，那么实现这个目标最稳妥的方式是说服大多数"小人"接受这种看法，而不是依靠极少数不知怎么产生的因而也极不可靠的"圣人"。

贝教授显然知道这种可能性，但是他对此非常悲观，坚持认为民主社会的多数人"不可能"改变政治制度，以便为他人提供一种更优良的生活方式。不过说到这里，我们已经改换了命题，从人类统治的一般问题转移到保护后代乃至动植物利益的"后现代"话题。毕竟，人类统治主要是为了现世人的幸福，而民主让每个人都有机会在政治上保护自己的利益。何况中国和西方不同，目前尚处于"社会主义初级阶段"，首先要考虑活着的这些人的基本生存。当然，多数人确实是理性自私甚至目光短浅的，因而要说服他们善待后代或动植物也许不容易，但是仅此并不足以反对民主或提议根本的制度修正。我也不赞成过于悲观的立场。既然贝教授认为保护后代或动植物利益是不证自明之理，为什么其他人不会同样认为呢？如果在义利之间，多数人难免"重利轻义"、不能自持，那也未必不能通过法律"强迫自由"，让自己做道德正确的事情。

其实，真正的儒家应该更加乐观一点，这也是为什么我提倡回到儒家思想的本原，因为西方的主流文明反而对人性比较悲观，从中不容易开拓出自由、民主、人权来。当然，儒家所说的善良本性只是人的一种潜质，需要经过教育、学习、实践之后才能成为成熟的德性。如果任何一个社会都离不开道德权威的话，就让它在人生的这个阶段发挥作用吧。在现代社会条件下，没有什么理由认为教育不能普及到每一个人，让每个人都成为具备基本道德和政治素质的公民。既然如此，儒家是没有必要反民主的。中国道德文明之"体"完全可以和西方宪政文明之"用"对接起来，甚或衍生出有点自己特色的宪政民主制度。

作为一位西方左翼学者，贝教授能反思西方主流的自由民主传统并在异国政治文化中寻找积极因素，是极为难能可贵的。我们要学习他的态度，但我不同意那种非此即彼的选择：好像只有背离了自由民主才能到儒家思想中来，为的就是"淘"到一些威权专制的东西。如果我们以更加同情的心态看待儒家，那么让孔子在两千多年之后回到这个天翻地覆的世界，我相信他一定会发现宪政民主是更贴近儒家理念的制度。

我们需要什么样的儒家传统

一、对待传统的基本态度

2012 年，《为了人的尊严》（以下简称《尊严》）出版以来，社会反应既有期待，也有担忧乃至抱怨。一方面，自由主义者担心儒家复古，甚或会对时下秋风等显示的自由主义"保守化"趋向推波助澜。刘苏里先生曾经质问，尊严论究竟是一种"策略行为"还是"本体认同"。言下之意，前者只是中国人历来爱玩的"借尸还魂""托古改制"游戏，似乎尚可理解；后者则是基本立场错误，就不可原谅了。另一方面，持保守立场的朋友抱怨我只是抽象肯定了儒家的道德尊严内核，却具体否定了儒家的外在政治实践。或者用一种未必恰当的概括，《尊严》的基调更接近孟子的"仁学"，而非荀子的"礼学"，而没有"礼"支撑的"仁"是空洞甚至虚伪的，也很容易为外来的价值观"偷梁换柱"，任由解释者或重构者塞进非儒家乃至非中国的"私货"。

田飞龙博士针对《尊严》发表了一篇书评，[1] 其中指出此书的基本立论在于"尊严为体，宪政为用"，但简单的"本体置换"是不够的；《尊严》更多阐释了尊严的道德之"体"，却看不到其"对宪政的体用关系产生任何可观察的结构性制度影响"。引申开来，大概是指《尊严》看似确立了本土核心价值观念，但未曾见其现实制度建构中有多少真正能被视为"中国"的东西，也看不到"尊严"概念对于构建"中国特色"的制度有多大潜力。这种质疑正暗合了贝淡宁教授先前对此书的评论，以及他和蒋庆合著的《儒家宪政秩

1　"道德本体的置换与宪政体用的重构"，《二十一世纪》（香港）2012 年 10 月号。

序》的主旨；他们认为儒家之于当代中国乃至未来的意义不仅在于抽象的"道统"，更在于具体的制度设计，似乎唯此才能完成"内圣"到"外王""心性儒学"到"政治儒学"的延伸。

当然，这也正是我和"原教旨儒家"分道扬镳之处。其实《尊严》虽然篇幅不长，基本倾向还是很清楚的。在论述儒家的四章中，我首先确立了尊严作为儒家的核心价值概念，但紧接着就以孟子的"仁学"批判了他自己的"仁政"说，恰好相反，蒋庆和贝淡宁却将仁政作为"儒家宪政秩序"的出发点。对于"礼"，我则肯定了其"形式宪政"意义，但否定了其实体内容的现实相关性，既指出"礼"作为传统社会共享的规则体系对于凝聚中华民族发挥的不可替代之作用，同时也不回避绝大多数具体规则早已过时的事实。毋庸讳言，今天再搬用"天—地—人"之类老套的形上学来设计现实体制，简直就是天方夜谭。简言之，《尊严》的基本立场就是毫不吝惜地切断儒家附着于专制政治之上的理论脉络，以当代社会的需求和眼光重新理解和检验儒家学说，从孔孟等道德源头那里取得未受政治污染的原始思想种子，置回当代中国的社会土壤并让其自然生长。至于由此长出的制度果实究竟带有多少"中国特色"，未必能强求了。

我一直认为，在对待中国传统问题上，最重要的不在于特定问题的立场，而在于一个基本心态。虽然中国知识分子往往免不了"为天地立心，为生民立命"的士大夫情结，但我写这本书的心态是极平和的，并没有刻意要去维护或否定什么。学术乃至价值观是不分国界和时空的，某种立场并不因为它是"中国"的就好，正如它并不因为是过去的就失去价值一样。金子不论在哪里都是金子，是会永远闪光的，问题在于我们能否识别它。儒家学说中有精华，当然没有必要放弃；今天看来有糟粕也很自然，没有必要穿凿附会、人为虚饰，否则反而容易让人产生反感，弄不好连它自身固有的精华都不认了。对待西方学说，也要采取同样的态度。

在我看来，这种态度其实是很"儒家"的。孔孟是很有气度和自信的大思想家，绝不像今天某些原教旨儒生那么小心眼。如果他们意识到自己的学说有瑕疵，就如同意识到自己脸上有块泥一样，显然不会像他们鄙视的"俗儒"那样文过饰非。这是因为他们知道缺陷和闪光一样是遮不住的，而且越是伟大的人越容易凸显缺点，孔子的缺点甚至如日食那么明显，不改不行。更何况按照儒家自己的教义，为学和为人本质上都是为己，讳疾忌医无疑是在害自己。不妨这么想吧，假如孔子再世，他在接触西学之后会如何对待自己的学说？他更愿意看到儒学的吐故纳新、不断进取，还是固步自封、保守僵化？我们后人在两千多年之后重构儒学体系，不能违拗这位集大成者的本意。

今天，我们需要构建什么样的儒家传统？又如何面对不合时宜的儒家政治传统？如果道德是"体"，政治是"用"，如何构建这个"体"？又如何形成它的"用"？《尊严》一书篇幅不大，不少问题意犹未尽，值得进一步探讨。

二、儒家核心价值观念

首先要澄清的是，《尊严》的副标题已经说明，这本书是对"中国古典政治哲学批判与重构"，而"重构"并不是一个简单的重新包装，把传统这套东西贴上一个新标签，更不能把"舶来品"直接附在儒学体上，而是要在批判基础上筛选出儒学在当今社会依然能发扬光大的"良种"，进而用现代概念表达出来，并发展为一种能够指导当代社会行为的系统哲学。传统的仁义礼智信这套之乎者也不仅过于陈旧，而且显得支离破碎、不成体系。毋庸讳言，中国传统思想在系统化方面先天不足，《论语》甚至以各篇首字命名，给人的印象是一部逻辑上缺乏递进关系的杂乱对话，黑格尔之流的西方哲学家更是断言中国无哲学。反观西哲，苏格拉底虽然和孔子一样"述而不作"，但是柏拉图整理的五篇"对话"都带有鲜明的主题性。亚里士多德更是以"幸福"(*eudaimonia*)为中心，构建了一套逻辑严谨的伦理学和政治学体系。当代思想则或"自由"，或"功利"，或"正义"，都有一个明确的核心概念。

什么是儒家的核心概念？一般都认为是"仁"，但"仁"其实不足以概括儒家精神的全部，也容易引申出"妇人之仁"等歧义。虽然《尊严》极力为道德之"仁"辩护，并将其区别于政治之"仁"（"仁政"），但是两者毕竟只有一字之差、一步之遥；孟子学说从"仁"到"仁政"，不能不说是一种相当自然的演进。儒家政治学说之所以沦为专制主义，根子早已在"仁"这个过于疲软的人性观中埋下。按孟子的经典解说，"仁"就是"恻隐之心"，就是同情你、可怜你、疼爱你。这样的哲学能不是父爱主义吗？能开拓出人格独立的自由民主吗？当然，用"权利"之类的西式话语来套儒学，更是显然的牛头不对马嘴。建构儒家的中心概念不仅必须立足于中国本土，而且还要在中西文明交流过程中借"它山之石"清理本土思想中的糟粕。

这样"清理"之后，本土儒学还能剩下什么吗？《尊严》的回答是肯定的。在清除那些婆婆妈妈、唉声叹气的消极人性论之后，儒学剩下的是健康、积极乃至阳刚的因素。这些积极因素汇集于一个中心概念，那就是人性的"尊严"。在我看来，儒学这颗种子本身是优良的，正如它主张的人性是优良的一样。说来说去，"尊严"的根本在于"人性善"这个儒家出发点。儒家无非是提醒我们，每个人的本性都是尊贵的，我们的言行举止、所作所为要对得起自己的尊贵本性，做一个堂堂正正的"大丈夫"。对于自己身上的缺点或恶习，要像对自己脸上的泥巴那样不能容忍；如果自己做错了事情，或者不能做人性尊严要求自己做的事情，则要感到羞愧与耻辱，不能麻木不仁、无动于衷……

这些基本主张构成儒家伦理的主体，看似朴实平常，对于当代中国人来说却堪称振聋发聩。当代中国之乱，首先乱在人性原点上的尊严之失，乱在日常道德判断上的是非混淆，乱在麻木、懦弱、不求改过、不知羞耻。要治理当代中国的政治或社会之病，先要用重构之后的儒家学说治疗当代中国人的道德之病。人只有知道健康的身体状态是什么样子，才能知道自己生病并需要治病；人只有知道健康的道德状态是什么样子，才会对比自己的差距并追求一种更有尊严的生活方式。儒家尊严理论的当代价值在于让每个人看到自己的价值和尊严，帮助我们恢复正常人性本该有的耻感，就和人生病或受伤本该有痛感一样；如果人受伤或得病而不知痛、不求医或不防护，那么后果显然是极其严重的。

要让人认识到自己本性的尊贵，儒家所强调的"诚"是极重要的；只有当人愿意正视自己并承认自己的尊贵人性，才可能成为有所为而有所不为的"君子"，一个不愿或不敢直面自我的人是不可救药的。这是为什么儒家把"诚"作为入德之门，强调"不诚无物"；如果一个人对自己的尊贵本性都采取视而不见、自欺欺人的逃避态度，那么就只能是无所为或无所不为的"小人"。当代中国社会流行的所有弄虚作假，无论是商业上的、政治上的或思想上的，其根源都是因为不能诚实面对自己的尊严本性。

三、儒家本体之重构

儒家道德哲学虽然本体是优良的，但并非完美无缺；用现代眼光审视儒学，也并非出于对这门古老学问的吹毛求疵，而恰恰是认真对待其当代意义使然。从当代眼光看，儒家道德和两千多年的专制政治嫁接在一起，由此生成的"政治儒学"早已腐朽不堪；如果继续坚持传统的儒家政治，无疑是将活生生的道德儒学绑在政治儒学的僵尸上，为其殉葬。然而，政治儒学之所以腐烂至此，并非完全因专制政治所迫，也和道德儒学对人性定位的模棱两可不无关系。孟子一会儿讲"人皆可为尧舜"，一会儿又要政府像对待"赤子"那样保护人民，本身即体现其人性立场的摇摆不定。正如汉儒董仲舒后来批评的那样，孟子的人性观过于理想、过于乐观；"人皆可为尧舜"只是表达了一种可能达到的理想状态，而现实是残酷的，真正成为"尧舜"的人必定极少。"善"萌发于人的本性之中，但是只有经过正确的教育才能成为成熟的品性，就和生米必须有水才能煮成熟饭一样。其实，即便在孟子学说中，"仁义礼智"也只是"四端"而已，没有良好的教育便可能一辈子休眠于人性之中。或许由于当时相对恶劣的社会政治条件与教育环境，儒家认为绝大多数人都是道德未能正常发育的"小人"，连物质上的自给自足都做不到，更不用说政治上的自由自立了。

如此调整之后，儒家人性观巧妙调和了性善论和性恶论。原来孟子和荀子是不矛盾的：也许人的内在本性可以是善的，但是如果没有得到良好的教育，性善的生米还是煮不出熟饭，人所表现出来的行为仍然是短视自私的，因而注定不能自我管理、自我统治，而只能是一群被统治的"劳力者"。一旦采用这种人性观，精英专制就不可避免了。所有专制哲学都有两个共同出发点：一是把人民说得很无能，以免他们染指政治；二是把政治说得很崇高，高得普通人无法企及，因而只能是少数精英的囊中之物。孟子在说"人皆可为尧舜"的时候，一定是"喝高"了、兴奋了；兴奋狂想过后，终究要回归现实，而他眼中的现实仍然是一个无能的人民。当然，普通人的道德与理智能力都是有限的，确实不能高估，但是也不能低估；否则，人民无能论中的"善"只能是一种不可实现的伪善。

要让儒家远离专制主义，必须适当修正或解释儒家人性观。既然儒家认为人是有价值的，那么这种价值不仅仅是一种值得呵护的品性，而是包含了一定的自我实现能力；如果说人性是善的，那么这种善本身就有一种自我生长的能力。事实上，理性自利赋予人自我保护的天性，因而是一种极重要的善；只是当自利倾向无限膨胀，才会发展到害人害己的地步。儒家一味"重义轻利"，不仅是一种矫枉过正，而且过度强调礼仪教化，反而扭曲了自然人性。教育的功能在于扬善抑恶，纠正人的不良习性，但是必须避免将教育蜕变为驯化奴才的专制工具。

首先应当看到，人的有些能力或倾向是自然形成的，无需人为教育，譬如人天生有不甘受辱、维护自尊的倾向。其次，有些能力是在实践中自我学习形成的，而不是从书本上死记硬学会的。胡适曾说，选举就是一种需要在实践中锻炼成长的政治能力；以"民智未开""素质不够"等理由剥夺人民的民主实践机会，实际上是为独裁专制找借口。最后，政治确实要求民众有一定的认知和辨别能力，也要求官员具备一定的管理能力，但这些能力都是常人力所能及的，并不需要什么高不可攀的"学养"。

当然，道德人和政治人之于人性的侧重面是不同的。在道德领域，儒家强调人性向善的能力，但是如果在政治领域一味强调性善，则很容易忽视人性的弱点和权力约束的必要性。现代政治学常识告诉我们："权力导致腐败，绝对权力绝对地导致腐败。"这是因为无论接受过什么优良的教育，人都难以革除自私本性，而不受监督与制约的绝对权力为公权私用提供了绝好机会。然而，恰恰在政治这个最容易使人堕落的领域，儒家对"君子"的德性赋予了过度信任，相信"惟上智与下愚不移"。一方面，未经开化的多数人终其一生都只能是自私愚昧的"小人"；另一方面，"君子"品性一旦养成，似乎一辈子都是"拒腐蚀、永不沾"的好人，无论在什么诱惑面前都不会动摇。因此，儒家的任务就在于让"好人"当政；如果大权在握的当政者都是好人，当然也就没有必要设立制约权力的制度了。但众所周知的是，这种对"好人"的预期是不现实的；它只能导致人治和腐败，而非法治与民主。事实上，现实中的任何人都既有"君子"的一面，也有"小人"的一面；不受限制的绝对权力无疑是"魔鬼的诱惑"，将本来可以成为"君子"的好人蜕变为私欲无限膨胀的"小人"。

因此，儒学不仅有必要在政治层面上废旧立新，而且也有必要在道德本体上进行重构。更准确地说，正是因为儒学的政治之"用"出了问题，才有必要重新理解儒家道德之体。人的本性是善的，或者说每个人都具有向善的潜质，但人又是有弱点的。人的优良品性只有在适宜的教育和生长环境才能发育成熟，但是后天的改造并不能造就永不犯错的完人；在绝对权力的腐蚀下，"君子"也会堕落为

"小人"，因而道德教化并不能替代制度建构。今天要继续弘扬儒学，一定要抛弃简单的"君子"—"小人"二分法，走向一种更加适中并接近现实的一元论人性观。世界上既没有不会堕落的"君子"，也没有不可救药的"小人"。道德教育是为了让"小人"提升为"君子"，制度约束同样是为了防止"君子"堕落为"小人"。

综上，我基本认同田飞龙对体用关系的见解："不存在无用之体，也不存在无体之用。"虽然"体"是"用"的基础，但是体用之间并非单向的决定与被决定关系。"体"固然对"用"发挥指导作用，但是"用"反过来也影响"体"的构建。归根结底，至少在功能主义意义上，"体"是为了"用"，道德学说的用途在于指导国民过上更健康的社会生活。如果除了知识考古学的兴趣之外对当今社会一点"用"都没有，那么我们要这样的"体"干什么呢？然而，"宪政尊严论"并不简单是"道德本体的置换"，而首先是对儒家道德本体的重构。这种重构之所以有必要，是因为儒家思想虽然带有宪政的形式因素，但也含有致命的反宪政倾向，尤其是一成不变的"君子"—"小人"二元行为假设中所暗含的强烈人治意蕴。因此，尊严论有必要从现代政治文明的常识出发，重新理解并构建儒家道德本体。

至于这种重构究竟对"宪政体用关系"有多大实际影响，或更直白地说，经过宪政改造的儒家本体所建构的宪政制度究竟有多少"中国特色"，则并非我的考虑重点。就和任何人不可能没有缺点一样，任何文明也不可能完美无缺，而决定文明命运的未必是特定的优缺点，而是这个民族对待自己文明的态度；有缺点不可怕，可怕的是不愿或不敢面对、反思和纠正自己缺陷的习惯。在我看来，真正的儒家有一个最大的一个优点，那就是大气、自信、谦逊、开放、好学。孔子周游列国，每到一处都不忘了解当地的礼仪制度，正是儒家开放性格的体现；今人不论如何对待儒学，都不能失去这个最本质的优点。今天的学者或官员不也在"周游列国"吗？只不过"国"的范围更大了而已。我们去别的国家学到了什么呢？能否继承一点孔子的好学精神呢？既然可以"礼失而求诸野"，天朝礼制衰亡了，可以到民间去寻找；中原文明衰落了，可以去周边民族寻求"礼"的真谛，那么当中西交流已经证明中国文化存在内在局限的时候，为什么不能从西方文明中吸取有益的成分改造自己呢？我相信，假如孔子再世，必定是不会这么保守的；保守往往是小气和不自信的表现，而恰恰是这种小家子气会葬送儒学复兴的机会。

因此，在《尊严》的写作过程中，我的心态是很平和的；儒家传统中值得肯定的就肯定，不能肯定的就放弃，对待西方宪政文明也是同样态度。对于中西两种文明，《尊严》也均有所褒贬，只不过批评别人主要是别人的事，对自己未必有所补益，因而也不是此书的重点；严格审视中华文明的自身缺陷并寻求其改良之道，则是对自己负责的表现。我认为，这本身就是儒家理性利己主义的基本态度。儒学在本质上是一门"为己之学"，儒家一贯严以律己，从来不会只对别人张牙舞爪、指指点点，在这一点上和耶稣训导的"不要只看别人脸上的斑点而忘却自己眼中的横木"完全一致。我当然也希望把儒家传统解释得更"完美"一些，但一味粉饰或无视儒家文化的盲点是徒劳和不智的。如果我们把包裹儒学这块金子的破布也当作金子，那么人们反而会把金子也当作破布一样扔掉。

其实，儒家作为从中国发源的普世哲学，对于其它文明是不会没有启迪、没有贡献的。譬如对于当代福利体制，儒家会采取十分谨慎的态度。儒家倡导人格独立，强调权利与义务平衡的中庸之道，鄙视只知索取、不知图报、重利轻义的小人。对于儒家来说，过程比结果更重要，努力比成就更重要。"天行健，君子以自强不息。"历代中国人都是"勤劳"的（虽然未必"勇敢"），这确实是儒家赋予我们的"传统美德"。这种美德将个人努力和社会发展有机联系起来，形成一种健康的良性互动；个人为社会积极贡献，同时从中获得成就感和社会肯定。当然，儒家的道德自立学说走向极端，也会产生对社会弱势麻木不仁的不良倾向；在历史上，这种倾向或许应该为中国福利系统的缺失承担一定责任。反观西方，基督教的互助友爱精神使教会承担了很大一部分扶贫救助义务，直到现代国家全面接管了福利职能。

然而，如果走向另一个极端，则福利社会又可能陷入难以自拔的各种困扰，不仅国家财政难以为继，而且会将原本独立自主的个人养成饭来张口、衣来伸手的懒汉。无论是"美债"还是"欧债"危机，终究是人性中的懒惰、倚赖、好逸恶劳、不知羞耻等恶习造成的。儒家强调人的内在尊严和能力，倡导人们通过自己的劳动实现自我价值，拒绝接受"嗟来之食"并把自己变成依附他人的可怜虫。因此，儒家建立福利社会的目的不是为了分配利益，而是要为每个人追求人格的全面发展提供基本条件。国家为穷人提供廉租房、食品券和医疗保险，不是为了将他们当作无能独立生存的动物那样养起来，而是为了让他们也能过上人所应有的基本体面的物质生活，进而自由追求德性、知识或职业上的自我发展。这也是为什么儒家历来重视教育，主张"授人以渔，不如授人以渔"，力求每个人都成为自食其力、道德自主的独立人格。我相信，崇尚自强、自立、自主的儒家哲学对于解救西方福利社会的困境是大有裨益的。至于儒学是否要去"救火"，并非我们需要操心的当务之急；中国自己的问题一大堆，没有必要"打肿脸充胖子"，去做世界各国的"救世主"，更不能用一个发展中国家的人民辛苦劳动积攒起来的财力去帮发达国家还债。

四、儒家尊严的价值何在

因此，"体"和"用"是相通的，道德与政治是连贯的。按亚里士多德的说法，政治是公民道德生活的最高层次，政治学说即道德学说在大数人群中的延伸。道德学说中的人性假定设置了国家应该追求的政治目标，政治学说对于人的政治性与社会性分析也反过来影响道德学说构建。经过重构之后，儒家学说以人的尊严为中心，而尊严的核心构成即包含政治权利。在国家哲学层次上，没有政治权利的人民只能是政治的奴隶，不可能具备完整意义上的人格独立。在强大的国家面前，个人尊严尤其容易遭到践踏，因而有效的分权机制是尊重与保护尊严的必要条件。在这个意义上，尊严论带有强烈的政治自由主义倾向，不仅因为政府和个人力量之间的严重不对称极易让国家治理偏离"中庸之道"，而且因为现代政治常识告诉我们，任何人都可能滥用自己的权力；官员并不比老百姓更高尚，政府并不是"正确"的代名词。公权力确实可以为社会做好事，但是不受限制的公权力却会给社会带来大灾难。在儒家本体经过重构之后，由此推演出来的宪政学说确实和西方权利学说形态相似，而未必带有太多传统"中国特色"。

我之所以钟情于儒家尊严观，并非仅仅因为它是中国的，而更因为"尊严"带有"权利"所不具备的道德力量。当然，权利学说也可以将履行义务作为获得保护的条件，但是西方宪政以权利为出发点，说来说去无非一个"利"字，即便关于正义的学说也大都限于考虑利益的公平分配，缺乏个人主动追求权利的道德义务与情感因素。在这一点上，西方政治学说和道德学说基本上是没有直接关联的"两张皮"：政治权利来自于社会契约论等以权利为中心的自由主义学说，道德义务则主要来自基督教等以义务为中心的信仰哲学。虽然有人主张基督教是西方宪政的信仰基础，但宗教之于宪政的作用毕竟是间接的；宗教自由确实是最重要的宪法原则之一，但是特定宗教信仰并不构成世俗国家的立国基础。事实上，政教分离的宪政实践严格禁止宗教干预政治，因而宗教只是一种影响政治参与的道德力量。

相比之下，儒家道德与政治学说是一体的。既然人人都有内在尊严与价值，那么建立国家的使命显然是为了更好地保护而非伤害人的价值。但与此同时，在道德层次上，尊严意味着权利和义务对等；人的尊严绝非仅仅在于个人被动接受国家的保护，更不在于向国家索取本该由自己劳动所得的利益，而在于积极履行自己的社会义务并行使自我管理的政治权利。对于儒家来说，依赖施舍是无能的，懦弱无为是可耻的；人生的终极价值不在于获取功名利禄，而在于用自己的行动最大程度地发扬与彰显人性的尊严，用人所特有的禀赋再造值得骄傲的文明，至少做自己命运的主人，过值得人过的生活。事实上，在中国这样本来就没有宗教传统的世俗国家，如果再没有儒家的道德信仰，人人都是苟且偷生的理性动物，没有人愿意为民主与法治承担哪怕是一点点代价，那么宪政文明只能是望梅止渴的意淫。

在我看来，儒家是可以为中国宪政文明的构建作出独到贡献的，但前提是和早已没落的政治文化划清界限，并从自己的道德哲学根基中找到不朽的种子，直接植回当代大众生活的土壤当中，在日常生活的点点滴滴中发芽生长。因此，《尊严》对于梳理儒家政治传统没有体现太大的兴趣。虽然传统政治并非像革命史书中歪曲得那么一无是处，但是皇权政治毕竟极大压抑了人性的自由发展。假如清末宪政改良成功，皇权从专制统治转变为君主立宪，或许儒家传统政治得以平稳进化到现代宪政文明，但是这一切都被两次革命中断，共和国体的建立长久切断了儒家政治脉络；袁世凯称帝和张勋复辟的下场早已显示，当代复兴传统政治文化既无社会土壤，也明显不合时宜。要真正复兴儒家精神，只有发掘永恒的儒家核心价值，并将其直接适用于当代道德与政治生活；每一次个案适用和具体诠释都是对儒家精神的发扬光大，都是儒学生命的当代接续。我猜想，这和秋风主张的"人民儒学"相当接近。至于儒学究竟能否能放下身段融入大众，并真正实现"大众化"、普及化、现代化，就要看当代新儒家的造化了。

如田飞龙的评论指出，《尊严》只是为儒家核心价值观念奠基；对于这本三十万字不到的小书来说，要展开尊严观念的当代适用及其对于宪政构造的作用，未免"野心"太大了一点。其实，儒家尊严观的展开就是用现实生活书写新的《礼记》；当代中国宪政就是"礼"的新生，只不过这一次不是自上而下的，而是由普通百姓自觉自愿形成并接受的新契约、新规则、新秩序。

儒教不等于国教

自从儒学或"国学"再次成为热点以来，社会反响褒贬不一，不少人对"儒教"这个提法很反感。五四运动的时候，无论是李大钊、陈独秀这些"左派"还是胡适所代表的"右派"，也都反对"儒教"。这其实是一个误解，儒教本身是一个"好东西"。真正需要反对的不是儒教，而是把儒教变成"国教"。

在此，我想表达三个意思。第一，全力支持真正有志于倡导儒家理念的人士大力弘扬儒学。如果有人要把儒学变成儒教，我乐观其成。基督教、佛教、伊斯兰都是宗教，中国道家也宗教化了，为什么儒家不能创设自己的教派？这是儒家的权利，甚至可以说是义务。如果有人致力由儒学入儒教，应该是好事而非坏事。事实上，儒家在中国的未来命运及其和国家关系的正常化，均取决于儒家们能否成功开拓出儒教。

这是因为"儒学"归根结底是一门学问、一种学术，是学者在自己的圈子里写写文章、发发议论。这当然有意义，但是影响范围很小。这也是中国儒学历来的一个局限性，我甚至认为它是儒学国家主义倾向的起源。儒学之所以一直作为官方正统而依托国家力量，很大程度上是因为儒学是以"学"的姿态出现，自己不能在民间普及并立足。儒家既不像墨家那样有较强的宗教色彩，也不像道家那样在各个地方设道观。作为一门学术，它一直只是学者的产物，缺乏民间的传播渠道。只有和国家结合在一起，依附国家强力推行，儒家才能将自己的信念传播到民间。孔子周游列国，纯粹走"上层路线"，并不指望田间野夫会接受仁义礼这套东西。到了汉初，儒家终于说服统治者"独尊儒术"。这不仅意味着儒学成为国家统治的工具，也决定了儒学之于统治者的依附角色。

　　儒家之所以不得不和国家连体，不只是一件需要责怪的事情，而可能是人的本性使然。儒家的这套形上学和道德伦理在很多学者看起来很好，但是它比较高深，没有什么"亲民感"，不容易为普通的市井百姓所接受。因此，儒家便不得不通过国家机器来推行儒学，进而造成了儒家和国家主义的千丝万缕的联系。但是这样做解决了一个问题，却造成了更多的问题，其中之一就是儒家伦理不可能普及民间，因为国家纵然力量大，但是除了像毛泽东那样搞"群众运动"，其塑造信仰的力量其实是相当有限的。其后果是中华民族作为整体历来是一个道德感不强的民族。士大夫有儒家伦理，但是这套东西没有深入多数普通百姓。按儒家学说，有没有道德也是区分"君子""小人"的标准，而君子总是少数，"小人"是大多数。《水浒》上描述的十字坡孙二娘等游走于法律边缘的人物，就成了市井百姓的代表。不是说他们没有道德伦理，而是说他们的道德义务一般局限于自己的家庭，至多是朋友小圈子里，对于社会一般成员则缺乏类似于公民的道德责任感。由于儒家伦理不能充分深入民间，市井百姓除了家庭伦理之外就没有多少道德信仰。

　　要让儒家伦理广为接受，儒家必须走出书斋，走向民间社会。儒学则必须通俗化，由儒学而变儒教，使之能在民间社会广为传播，使更多的百姓接受儒家信仰，成为具有强烈道德感的责任公民。没有儒教，则儒学或者成为象牙塔的古董，或者继续谋求"独尊儒术"，走依附国家力量的老路，但无论哪条路都只能是邪路或死路。

　　我要表达的第二层意思是坚决反对把儒教变成任何意义的"国教"。在这个问题上，我们必须回到政教分离的宪法原则。不论宣传何种思想或信仰，都一定要坚守这个截然分明的基本底线。政教不分会产生数不清的问题，中国历史上"独尊儒术"的后果不用多说。近年埃及的民主转型为什么屡屡发生危机？原因可以很复杂，但根源就是政教不分。一个世俗政权的总统要推行自己那个教派的教义，其它教派或世俗民众自然不干，这样矛盾就来了，甚至会爆发内战。如果统治者不把政治和宗教混为一谈，埃及转型危机的危机是完全可以避免的。

儒家尤其要注意这个问题，因为我们长期以来没有政教分离传统，而是实行"独尊儒术"和思想专制。近年来，有些学者提倡"儒家宪政"。这本身也是好事而非坏事，中国宪政当然可以有儒家特色，但是一定要明确一个基本原则，那就是儒家宪政也是宪政的一个分支，必须遵循宪政的一般原则，而政教分离就是宪政的一个基本原则。基于这个原因，我毫无保留地支持儒教，但也同样毫无保留地地反对把儒教和国教混为一谈。

在此基础上，我要表达的第三点意思是弘扬儒学（或儒教）任重道远，因为今天的儒家不能再期望像传统儒家那样走"上层路线"，通过国家的力量实行道德与政治专制。这条路不能走，怎么办？弘扬儒学之路只有靠儒家自己身体力行。西方的基督教、印度佛教、中国自己的道教，不也是凭他们自己的力量发展壮大吗？儒家以后要发展壮大，也只有自食其力，不能指望国家施舍，所以说"任重道远"。这对于儒家来说是一项不小的挑战。如何把高深的学问变成通俗的伦理、信仰、理念，对老百姓的日常行为发挥一种指导作用，让他们像儒家"君子"那样过有尊严的生活，这是当代儒家面临的重任。

"人能弘道，非道弘人。"没有人的努力，任何学说都是一堆僵死的教条。要将儒学发扬光大，惟有靠儒家自己的身体力行。

"师德"标准必须去政治化

在 2013 年的"五四青年节"，中共中央组织部、宣传部和教育部党组联合发布了《关于加强和改进高校青年教师思想政治工作的若干意见》（教党[2013]12 号）。其中提到"少数青年教师政治信仰迷茫、理想信念模糊、职业情感与职业道德淡化、服务意识不强，个别教师言行失范、不能为人师表"，要求"把师德建设作为学校工作考核和办学质量评估的重要指标，将师德表现作为教师年度考核、岗位聘任(聘用)、职称评审、评优奖励的首要标准，建立健全青年教师师德考核档案，实行师德'一票否决制'。"

不久，这项规定即在某些高校得到落实。华东政法大学因该校民法教研室教师张雪忠发表"两种国家命运的抉择：2013 反宪政逆流的根源及危险"一文，认定其违反了宪法序言中的"四项基本原则"和上述《若干意见》中的师德规定，并给予全面停课处罚。事实上，早在 2008 年，华政就有过两名女生控告古汉语专业的杨师群老师是"反革命"的先例。且师德规定的影响范围也不限于高校，而似乎是针对一般的"青年教师"。前不久，杭州市良渚实验中学因青年教师谌卫军的言行"不符合主流价值观"，认定其年度考核不合格。在各地学校，一场以"师德"为名的意识形态"扫荡"已现端倪。

当今中国世风日下，重振师德确有必要。然而，"师德"究竟是什么？《若干意见》没有具体定义，但是中华民族历来重视教育，这个问题其实是有"标准答案"的。我们通常理解的"师德"底线是校长不能和学生开房，教师不能和学生发生不正当关系或交易……众所周知，教师的本职工作是教书育人，传道解惑，对一名合格教师的基本要求是把书教好；如有余力，把研究做好，把文章写好。张雪忠即便思想"反动"，但是作为一位民法教师，他有什么机会在课堂上传播"反动"思想？如果他在课堂上教授的内容和民法无关，那么他就没有达到作为教师的基本标准，可以警告、处罚甚至剥夺教师资格；但如果他在课堂上是一名完全称职的教师，那又有什么理由剥夺他上课的权利？因为他政治思想"有问题"，而停止其和政治思想完全无关的教学活动，显然既不合法，也不合情理。把政治思想作为衡量"师德"的标准，无疑是不适当的政治化。

实际上，华政对张雪忠的处罚和他的教学无关，而是起因于那篇批判"反宪政逆流"的文章。这篇文章对毛泽东创建的"斯大林体制"有激烈抨击，对当政者也有善意的"微词"，但主旨是批判五月以来大行其道的"反宪政逆流"。文中固然不乏言辞激烈之处，或涉及个别"敏感"问题，但是其思想观点并无出格的"反动"之处。在言论高度多元的网络时代，这类观点在网上并不鲜见。说实话，今日中国学术界的主流力量都在批判这股"反宪政逆流"，其中有些已在党报旗下的主流媒体发表，只是言辞比较温和而已。在这种舆论环境下，发表一篇可能在某些领导看来有些激进的文章何罪之有，竟然招致学校的停课处罚？

值得注意的是，《若干意见》本身强调"学术研究无禁区、课堂讲授有纪律，杜绝有损国家利益和不利于学生健康成长的言行"，可见学者的学术研究和发表观点是自由的，只是不应在课堂上发表过于激进的观点，以免"不利于学生健康成长"。至于什么是"国家利益"，正是学术自由研究的对象，不能作为限制教师言论的理由；否则，如果动辄以不符合"国家利益"为借口干预教师言论，那么任何话题都可以成为学术研究的禁区。

不容忽视的是，教师在课堂上言论"有纪律"，但是在课堂之外和普通人有同样的言论自由。即便宪法序言第七段规定了"四项基本原则"，但是这一规定必须和正文第 35 条保障的公民言论自由联系起来解读，才能获得合宪的理解。许多人认为这些原则"左"，其实它们只是描述了一种现实或未来状态："中国各族人民将继续在中国共产党领导下，在马克思列宁主义、毛泽东思想、邓小平理论和'三个代表'重要思想指引下，坚持人民民主专政，坚持社会主义道路，坚持改革开放，不断完善社会主义的各项制度……"既然未规定谁不得或必须如何，其规范效力是很有疑问的。即便序言的这一规定有法律约束力，约束对象也是掌握国家发展方向的党政机关，而不能限制普通公民的言论自由；否则，什么是"社会主义"、什么是"改革开放"、共产党如何"领导"、如何"完善社会主义的各项制度"等一切重大问题，都只能是谁掌权谁说了算。

即便宪法规定了某项基本原则，也不意味着这一原则不能受到公开讨论和质疑，否则宪法本身就无法进步。曾几何时，现行宪法规定过"反革命"罪以及和改革开放不相适应的经济制度；如果没有讨论的自由，就无从质疑和修正这些过时的规定。即便质疑或批评错了，也不能限制质疑和批评的自由。事实上，真理是不怕质疑的，正确的言论是不需要宪法保护的，需要保护的恰恰是看似错误的言论。众所周知，"失败是成功之母"；没有试错探路，也就不可能通往正确，至少不可能对正确选择产生真正的自信。不保护错误言论的自由，正确言论也不会有自由。

既然质疑正确、探索真理是教师的天职，自由思考并发表言论即不仅是教师的权利，也是教师的义务。以此衡量，张雪忠、谌卫军恰恰是十分称职的教师。一个称职的教师不是唯唯诺诺、人云亦云的应声虫，而是积极践行宪法权利的责任公民；至少，他不能因为观点激进或"不符合主流价值观"就被认定"师德不合格"。如此政治化的"师德"标准必将扼杀宪法赋予教师的言论自由，而在提倡民主自由的"五四"出台如此解读的规定，又将是对历史的莫大讽刺。

"幸福"是个错误的问题

2012 年 11 月，央视设问"你幸福吗"，似乎道出了全体中国人心照不宣的追求。多少年来，追求幸福一直是天经地义的个人目标和国家使命。看看当代中国人活得多累，领导有领导的累，百姓有百姓的累，富人有富人的累，穷人有穷人的累，下一代从幼儿园开始就累。我们的生活幸福吗？这好像还真是一个问题。不过我要说，这个问题是错的。之所以如此，是因为它是多余甚至有害的、不明不白的、本末倒置的，并带有极大的误导性。

追求幸福作为一种伦理或政治原则首先是多余的，因为这本来就是我们的天性，是无需别人指导或提醒的。我们之所以一日三餐，是因为吃饭对于绝大多数人来说是一件"幸福"的事情，谁都知道饿了不吃饭是很痛苦的，因而显然没有必要把"吃饭"作为一条伦理规则。事实上，如果单纯是为了满足口腹之欲，人往往会贪食或贪杯，吃撑了、喝高了会得高血压、糖尿病，反而伤了身体。你当然可以说，吃撑了的感觉本来就不好，而且一时尽兴很可能留下长期病痛，所以理性的人应该会为了长期幸福适可而止。但人的理性毕竟是有限的，往往不足以克服强烈的贪欲。如果吃多了的害处显而易见，那么贪多了的害处则未必那么显然，虽然贪官每次出手都有一定的风险。有用的伦理规则应该有助于指导理性的人类生活，帮助人类克服过于强烈的物欲，而不是纵容人类无节制地发挥与生俱有的追求幸福和快乐的天性。

当然，"幸福原则"可以提醒人们追求可持续的长期幸福，而不是图一时之乐。但是作为指导日常行为的原则，"幸福"本身就是一个不清不楚的概念，不仅因为对它的感觉和理解因人而异，而且因为幸福和快乐无法截然区分，长期幸福（或快乐）受制于太多的不确定因素。在体制漏洞百出的环境下，用极有限的犯罪风险去说服贪官收手，未免显得疲软无力。贪官"幸福"吗？如果被抓获，显然是不幸福的，但是如果没有受到法律制裁，甚至仍然位高权重、呼风唤雨，难道就"幸福"吗？海南环保斗士刘福堂受到当地公检法迫害，显然不能说是幸福的，但是假如他和其他人一样隐忍沉默，难道就"幸福"吗？假如他有机会再选择一次，如果明知出于良知为民呼吁将身陷囹圄，幸福原则又该建议他如何行为呢？

幸福原则之所以是错的，归根结底在于它是本末倒置的。幸福和快乐一样，终究只是一种感觉而已，而人并不只是为了感觉而生活。我们之所以吃饭，首先是为了健康地活着，而不是单纯为饱口腹之欲。如果美食和健康并不矛盾，那么未尝不可两全齐美；但如果某种美味其实是慢性毒药，难道还要为了它而牺牲健康乃至生命吗？当然，你可以说不健康的生活方式迟早会带来痛苦，因而是不值得追求的，但是与其如此拐弯抹角地诠释"幸福"，为什么不能直截了当地追求健康的生活，而把幸福或快乐作为健康的副产品呢？

人在本质上是一种实体的存在，而不只是七情六欲的感觉结合体；感觉是上帝赋予人类或进化过程中自然形成的行为导向机制，其作用是帮助人类趋利避害，自动选择健康的生活方式。快乐的事情对人一般是有利的，譬如吃饭；痛苦的事情则一般是要回避的，譬如烧伤、撞伤、摔伤等各种伤害。感觉病痛要及时医治，一个得了病而不知痛的人是不可救药的；如此不知自救的人种会很快灭绝，自然界剩下的动物都有趋利避害的正常感觉系统。但人的感觉只是一个大体正确的自动调节系统，在个案中往往会出错。譬如跑步不是我的长项，并不会给我带来什么快乐，但是我还是会坚持跑步。事实上，在决定是否跑步的时候，我就是为了健康，而根本不会绞尽脑汁地去想健康会给我带来什么样的快乐。

健康的生活当然不限于身体，而且也包括情感、道德、政治等各个方面。孔子和亚里士多德都说过，人是一种群居的动物。众人生活在一起，人和人之间、公民和国家之间不能没有一种正常和自然的关系。如果人类的社会和政治权力关系调整不好，就和一个人的生活方式不健康一样，是会产生许多问题和苦难的。我们之所以选择一种合乎自然理性的道德和政治生活，并不只是因为我们要回避苦难、追求快乐，而是因为这些社会苦难正表明我们的道德和政治生活不正常、不健康，而我们希望像人那样健康地活着，过值得人过的有尊严的生活。事实上，在一个不健康的社会或政治环境下，快乐的生活未必是健康的，而道德上健康的行为则反而可能是不快乐的，譬如规劝人们守法可能会遭白眼，为民呼吁可能会遭到既得利益的打击报复。我们之所以仍然选择这种看似吃力不讨好的行为方式，并不是为了追求什么快乐或幸福，而是为了保持一种健康的良知，如同保持健康的身体一样。

有人说，我们之所以要自由，是因为没有自由就没有幸福。错了！自由不是为了幸福，而是为了像人那样有尊严地活着。在这个意义上，即便不"幸福"，我们依然要争取自己的自由。当代中国很多人都不争取宪法与法律赋予自己的自由，看似没有代价、没有风险，挺"幸福"的——事实上，他们恰恰是为了"幸福"而放弃自由。正是因为多数人放弃自由，争取自由才变得那么艰难甚至痛苦。然而，天下没有免费的午餐，放弃终究是有代价的。为了眼前的小利或小害而放弃人的自由和尊严，我们会发现自己的地被征收、房屋被拆毁、公款被挪用、环境被污染……一言以蔽之，我们终究是会因为不健康的道德与政治生活而感到痛苦的；单纯地无节制地追求"幸福"，最后反而是很不幸福的。

因此，人活在世上难道不是为了幸福吗？对于这个看似无需回答的问题，我的回答也许会让你吃惊：不是。我们活着，是为了过值得人过的生活，做值得人做的事情；至于幸福，那是在一个正常社会的正常生活所自然产生的结果，是没有必要去刻意追求的。既然如此，国家的基本任务也不是为人民"谋幸福"，而是让人民自由地发挥自己的才智，自由地追求有尊严、有德性的生活。国家需要做的首先是防止自己损害人民的尊严和幸福，其次是为人民的自由追求创造必需的物质与社会条件：为社会提供安全与秩序，为孩子提供基础教育，为老人提供养老服务，为病人提供医疗保险，为贫困者提供基本的生活保障……不是把他们养着、给他们"幸福"，而是让他们在免于痛苦的环境下自由追求他们认为值得过的生活。

这样的国家未必把"幸福"挂在嘴上，却必然是一个充满幸福的国家。

"天堂是座图书馆"
——悼任东来教授

"任老师去天堂图书馆了。"2013 年 5 月 2 日下午 6 时许，任东来教授的博士生江振春给我发了这则短信。东来教授曾在病榻上对人说，死亦不足惧，因为在他看来，天堂就是一座图书馆，到那里可以继续读书写作。对于凡夫俗子来说，图书馆可是一个够寂寞、够清贫的去处，但东来是一位纯粹的读书人，图书馆正是他的理想安息地。临终前，他虽然承受着身体的巨大痛苦，大脑却异常清醒冷静，表情亦十分刚毅镇定，完全没有癌症末期病人那种昏沉凄苦的样子。我想，这一定是因为他把天堂这个图书馆当做自己的寄托才表现得如此从容无惧。中国人祭奠死者，通常是烧纸钱、供菜肴，仿佛就怕冥间没饭吃、没衣穿、没钱花；日后祭东来，却很简单，放几本书足矣。能把图书馆作为自己的安魂之所，足见东来作为读书人的底色。

我不记得第一次认识东来是什么时候，大致是在 2000 年前后。东来和我都属于"书虫"型，我比他还更严重一点。东来性格比我更开朗，也更擅于生活和交际，但是他和我交往从来是为了学术上的那点事，因而平时联系并不多，可以说是"书生之交淡如水"。现在印象比较深的一次是他帮着南大中美中心的新任主任张罗，邀请我和几位学者去他公寓做客。当时，中美关系因坠机事件骤趋紧张，国内民族主义情绪高涨。聚会上，东来谈笑风生，一口流利的英语让人印象深刻。从他那里，我第一次听到了"爱国贼"这个称呼。还有一次请一位来访的美国教授吃饭，最后竟实行 AA 制。我在美国呆得久，当然一点不惊讶。其实我在南大召集学生吃饭，也都是实行 AA 制，学生也没有意见。但是在"江湖"上混久了，已很难在国内看到这么有个性的做法。东来就是一个有个性的人。他从来是快人快语、直来直去，不恭维、不文饰，说话充满热情，颇有美国风格。有一次在紫金山开会，轮到东来主持，会场气氛一下子就活跃起来。那时我已来北京工作，看到久违的东来风格，倍感亲切。

东来爱读书，但绝不是不关心世事的书呆子。他是一个热爱生活、充满激情的人。据我观察，他一直有一个美国版的"中国梦"。追求幸福生活是每个人的天然权利，而东来追求的不只是他个人的幸福。在他的看似幽默的言谈中，不时闪现着一位书生对社会底层的关怀。好几年前的一次经历让我记忆犹新，他和我都参与了南大历史系钱乘旦教授组织的一次项目评审；当时正值孙志刚案发生不久，晚上吃饭的时候，他大谈起农民的迁徙自由和农民工在城里的不公待遇。席间有人挪揄他说，用他的美国标准来要求中国，未免太不现实；不信，放几个农民工在他家楼下住着，每天支起煤炉生火烧饭，看他受得了不。也许大量农民进城确实会乱，但当代学者最稀缺的不正是东来对弱势群体的同情心吗？如果一个社会的成功人士不能为社会公正作出一点牺牲，甚至没有基本的道德是非，哪怕对弱势群体表示一点同情都不愿意，这样的社会还有什么希望？

我原以为，东来也和我一样是"四体不勤，五谷不分"的白面书生，虽满口"自由""民主""法治""公正"，遇到需要亲身投入的日常事务则退避三舍，绝不敢轻易接招，理由一概是"没有时间"，却没想到他居然为所在小区的业主自治投入了大量精力，亲自设计方案、起草文件、打印选票，而且乐在其中。后来他成了小区名人，以至下楼散步总是被业主拉住聊天，迟迟回不了家。我相信他这么做并不是出于"大公无私"，而首先为了自己家庭的生活更加美好，让小区治理更符合自己和多数业主的愿望，但这种理性的利己主义正是民主自治的要义。健康的幸福不是靠独善其身修来的，当然也不是从政府那里讨来的，更不是靠自己的霸权夺来的，而是在共同维护社群生活环境的一点一滴中积攒起来的。以这个视角看，东来既有点像中国传统士绅，也有点像美国地方精英；他们都是"成功人士"，但是他们都积极投身地方公共生活之中，绝非只是坐而论道的"君子"或闷声发财的"小人"。

东来教授文如其人，他的文章带着热情、生动、轮廓鲜明的个人性格。他长期研究美国宪法，但是他的研究路径和宪法学相当不同。他还不只是单纯探索司法判例的历史，而是将影响判例的政治与社会因素连带写出来，也把法庭内外的逸闻趣事讲出来。这种研究特色在其大作《美国宪政历程——影响美国司法的 25 个大案》体现得淋漓尽致，记得当时也是手不释卷，一口气读完，只觉得每个大案都写得栩栩如生，全然没有平时阅读宪法判例时那种艰深晦涩的感觉。初学者读了精心挑选的 25 个宪法判例，即能在欣赏故事之中轻松了解美国两百多年宪政的里程碑。当时就想，这本书肯定能畅销！对于普及宪法知识来说，历史学者很可能比宪法学者更合适。

东来和自己指导的博士生江振春合著的《比登天还难的控抢路》是其治学之道的延续，也是国内探讨持枪权的第一部系统专著。它以丰富的素材和详实的数据，探讨了美国持枪—控抢之争的来龙去脉及未来趋势。对于一个宪法学者来说，这本书的尤其可贵之处在于对美国联邦宪法第二修正案的形成、发展及最高法院的判例演变提供了极为清晰的梳理。完稿后，他在病榻上专门打电话来嘱我作序，表现了东来对学术的一贯认真。当时他已经相当虚弱，说话很吃力，只说了两分钟就挂了电话。其实，这点事让振春和我打个招呼就行了。但是对他来说，学术无小事，即便重病在身还是亲自过问每一个细节。东来这种兢兢业业的治学精神体现在他的每一本书里，值得我们每一个人学习。

但愿东来找到了自己的归属——天堂图书馆。此时此刻，也许他正在那里注视着自己的家人，注视着自己奉献过的小区，注视着我们每一个人，默默地为我们的共同事业祈福。

这样的年轻人太少了
——悼念王科力

2013 年 12 月的一天，微信上传来科力的不幸消息，我正在家中自饮，当即把酒倒了。这个消息来得太突然，不敢相信，又不能不信。年初，我去共识网办公地点取书，他还带着一群年轻人帮我把书搬到车上。没想到大半年不见，他竟永远离开了我们。其实他发表《病中碎语》已有一段时日，都怪我平日孤陋寡闻，以至在他生病期间竟未能去看他一次。

我和科力的直接交往不多，但他那张和善、开朗、沉稳、自信并永远带着微笑的脸一开始就给我留下了深刻印象。之前我并不知道他信教，只是一直觉得这么一个清纯小伙在中国这片为尘土和雾霾笼罩的灰色土地上是很少见的，总是给人"出淤泥而不染"的感觉。他是共识网的内容总监，这个职责对于网站的重要性是不难想象的。共识网在过去几年的宽松尺度固然是取决于其领导的定位，但是也离不开科力及一批年轻人在网站的日常运行中对时代脉搏的精准把握。对我来说，他们总是那么"给力"，在处理我的某些"出格"言论时总是"枪口抬高一寸"，有时还不止"一寸"。现在每每想起共识网，眼前就自然浮现科力那张纯真的脸。

科力刚刚"三十而立"，即匆匆离去，让人感叹"好人命短"。近年来，随着蔡定剑、任东来等学者英年早逝，"好人不长寿"几成中国社会的规律。也许这只是错觉，也许只是因为我们对好人夭寿尤其刻骨铭心；也许坏人或庸人也一样早死，只是未引起人们的注意而已。但是"好人早死"在我们这里是不难理解的。因为是好人，所以他们承受的比一般人更多。科力是这群好人中的典型，他的故事自有更了解他的人述说。在我看来，他追随基督背起了生命的十字架，而且为自己挑选了过于沉重的一副，以至在艰难前行中倒下了。

作为"中庸之道"的传人，我们总是以心疼乃至责备的语气教导科力这样的人要"善待"自己，处理好"大我"和"小我"的关系，却忘记为他们分担一些重量和责任。其实，这点道理谁都懂的。我们与其不疼不痒地动动嘴皮，不如身体力行做点事，把属于自己的那副十字架背起来——即便可以捡一副轻的，至少不要丢弃不管，帮他们分担一点重量，让他们轻松一点。这个国家之所以某些人的责任过重、压力过大，正是因为大多数人没有承担起自己的责任。

当然，对于一个相信灵魂的人来说，死并非那么可怕。"求仁得仁"，这是为什么科力走得那么安详。耶稣受难的时候，也只有三十三岁。年逾七旬的古希腊智者苏格拉底因言获罪，本来认罪就可以善终，但是他却偏偏选择死亡，在雅典陪审团面前拒不认罪。他为自己的辩护词成为千古传诵的绝响。他在两次被陪审图被判处死刑之后，依然从容淡定地说："我去死，你们活着。我们之中谁的归宿更好，谁也不知道，除了上帝。"他之所以选择前者，也不是为了什么看似惊天动地的事业，而只是不愿意背弃自己的思想。在他看来，"没有经过反思的生活是不值得过的"，因为那样活着并没有意义。

生命的意义不在于长短，而在于其能否留存于人们的记忆之中，并以什么方式留存下来。科力的一生或许是平凡的，却是有意义的。他用自己的付出谱写了一曲短暂而充实的生命乐章，他的音容笑貌必将留存在我们众人的记忆中。他对于生命的担当本来应该是一种做人的常识，只可惜在当代中国社会这样的年轻人实在太少了。

徐灿精神激励中国法律人前行

2014 年 10 月，徐灿律师英年早逝，令人万分痛惜。作为同行朋友，他平生给我的最大印象就是"实"——实诚、实在、实干。这样人从来不会夸夸其谈，但是他所做的任何承诺都会全力兑现。第一次见面，他未必给你留下深刻印象，但是进一步接触，你必然会为他的真诚、热诚、执着、善良所感动。

徐灿是一位职业素养很高的律师，本来完全可以凭自己的专业过更加舒适和优裕的生活，但是他却义无反顾地选择了公益律师之路。他的生命虽然短暂，但是他的所作所为无愧于"公益律师"这个称号，因为一个国家最大的公益就是宪法，因为宪法关系每个人的基本利益，但是中国没有宪法诉讼，律师不可能靠宪法挣钱——关注宪政不仅不能挣钱，反而会让律师赔钱甚至面临各种莫名其妙的风险。然而，徐灿却毅然选择了吃力不讨好的宪法专业。他顶着各种压力主持北京律协宪法专业委员会的工作，成就有目共睹。我认为他是北京律协的骄傲，全国律师的楷模。

我和徐灿最近一次合作是 2013 年一个积压了三十年的刑事案件，当时请他关注，他毫不犹豫地列入了宪法专业委员会的议题，并做了非常周密的论证和安排。令人痛心的是，就在关于这个案件的研讨会上，他首次向我透露了自己的病情。我非常震惊，因为他看上去如此年轻，但是外界却从不知道他内心承受了多大的工作压力。我后悔把这个案件交给他，因为他的工作负荷已经太重了。他为社会做得太多，正是因为我们做得太少；假如我们每个人都可以多做一点，为他分担一点，也许他的病情不至于发展到这么严重。

中国今天有 20 万律师、20 万"法官"（有待分类改革）和十几万检察官，以及若干法律学者，加在一起至少有五六十万人之众。

但是每次违背宪法、侵犯人权的事件发生，我们法律人在哪里？这五六十万人中有多少人能够站出来抵制或呼吁？假如中国法律人能有 1%像徐灿那样，恪尽职责、名实相副，做一个法律人该做的事，中国的法治绝不会是今天这种状况。

我们今天来到这里，更多的不是为了悼念徐灿，因为他求仁得仁，没有留下太多遗憾。我去医院见他最后一面的时候，握着徐公子正则的手说，你爸爸是英雄，不要太为他难过。我们每个人终将一死，活得长短不是什么大问题，关键是怎么一个活法，如何像徐灿那样活出生命的意义、活出人生的价值、活出人的尊严。我们此时此刻为他送行，更多是让我们自己面对他、缅怀他，学习他刚毅、木讷、仁爱的精神。

徐灿虽然走了，他会在天国默默注视我们，给我们信心与力量。我相信，在徐灿精神的激励下，我们终将共同完成他生前未能完成的中国宪政大业。

徐灿兄弟一路走好！

柒、地域及族群平等

作为教育公平的一个方面，我的一个关注重点——随迁子女就地高考——到 2013—14 年基本上画上句号。我们的呼吁取得了一定的效果，全国绝大多数地方都制定了相对合理的政策，但局限性也很明显——恰恰在最需要放开的北上广，限制不仅没有放开，反而收得更近了。组织家长聚集上访的许志永博士还受到拘捕。表面上，这是一个社会压力倒逼政府改革的例子，但是在消除户籍歧视的过程中，新的歧视悄然产生。只要不落实宪法第 33 条规定的平等原则，中国永远走不出压迫—动乱的历史循环。

孔子会如何对待随迁子女

　　2012 年前后，我帮助随迁子女呼吁在就读地高考和录取的权利，据说招来不少京籍家长在网上骂我"背叛"了北京人的利益。有记者问我，"你也是北京人，为什么提出的主张对北京人不利？"我回答她，以户口为标准，我确实是"北京人"，应该对北京忠诚，但我首先是中国人，首先要对中国忠诚。同为一国人，你歧视我、我歧视你，这算什么事儿？如果北京人的利益是正当的，有需要的话我当然会帮助争取，但是不正当的利益不能要，就和偷来的东西不能要一样，否则看上去对自己一时有利，其实最终是害了自己。

　　至少儒家是这么看的。如果我们问问中国第一位大教育家——孔子，他会怎么看随迁子女的高考问题呢？对他来说，这根本不是一个问题，而今日居然成为一个困扰中华民族的问题，他会感到匪夷所思，因为远在两千多年之前，他就提出"有教无类"的伟大思想。只是因为父母的户籍不在当地，就不收人家的孩子上学，甚至不能在当地参加考试，这是什么道理？作为教育家，他的目的很单纯——得天下英才而教之。即便他老人家的私塾声誉日隆，报考人数剧增，也自然是谁都可以来考，试卷统一、择优录取，和爹妈的户口有什么关系？

　　当然，我们未必都有孔子那样的博大胸怀，但是作为一种大气的传统，儒家至少教导我们做人要堂堂正正。这并不意味着我们必须大公无私、舍己利人，而只是要求我们尊重他人的基本利益，不贪不义之财、不谋不义之利。儒家是反对争利的，但是如果不得不争的话，也要像君子那样遵守规则。当然，规则首先要公平。如果你和别人竞赛百米，自己在起跑线上已领先别人五十米，最后赢得比赛又有什么光彩？儒家对这种偷来的"胜利"自然是十分不屑的，觉得太丢自己面子了，仿佛自己技不如人才需要规则上的"特别照顾"。人人都有尊严，不公正的竞争规则不仅损害了败者的权利，也让胜者颜面扫地。胜者看起来得利了，实际上却亲手用不正当手段贬损了自己的内在尊严，就和盗窃把自己降格为小偷一样。

目前的大学招生考试就是这样一场不公平的比赛，京沪等教育发达省市的考生在起跑线上就已领先其它地区一大截。这还不说，对于邻居家的孩子，即便平日学在一起、玩在一起，可是到了高考的时候，就因为他们父母的户籍不在本地，硬是让他们回老家考试。如此不义，情何以堪？又有何颜面面对倡导"有教无类"的祖先？每年高考都是近千万青年参与的白热化竞逐，但竞争规则却是明显不公平的。京籍学生即便在这样的竞赛中取胜，进了北大清华，又有什么值得骄傲的呢？北京的家长也许会说，是他们对北京的贡献让他们的孩子获得考试和录取上的优先权，但是长年在京工作的外来人员难道没有对北京作出贡献吗？更不用说，北大是中国而不是北京的北大，不能因为它在北京就特别照顾北京的孩子。

前不久，有人送北大"北京人大学"的牌匾，不仅被拒收，而且被拘留了。这种做法也是十分不大气的。大气的做法是把牌匾收下来，像我们祖先那样反躬自省，有错即改。北大固然不纯粹是"北京人大学"，但是录取过程中特别照顾京籍考生则有数据为证，不可否认。事实上，我不仅主张北大应该率先取消大学招生的地域歧视，而且还建议废除大学行政化以及北大在此体制下享受的特权。这样，是不是又有人要指责我"出卖"北大的利益呢？我认为，自己如此主张的动机和效果都恰好相反。取消特权、公平竞争不仅有利于改善中国大学教育的整体格局，而且对北大自己也好。真正的品牌从来是在自由竞争中产生的，特权保护只能造就"八旗子弟"，如何能创造北京自己一直要追求的"世界一流"？

事实上，我们的不大气不仅让自己成为不义之人，而且也让我们每个人都为这种不义付出了沉重代价。教育部长袁贵仁坦承，中国教育面临的主要矛盾是优质高等教育资源的稀缺。但是改革三十多年，为什么中国人的物质资源极大丰富，惟独教育资源还是一如既往地稀缺呢？归根结底，中国的经济增长源自于改革打破了计划经济，而教育停滞不前则是因为我们仍然以计划模式管制教育。在这种管制模式维持的三六九等之下，清华北大永远是其它大学无法望其项背的"龙头老大"，仅在招生过程已占尽先机。民办吉利大学则永远只能吃些残羹剩肴，以至不得不在北京火车站做招生广告；只要教育行政化管制不变，它们永远无法成为受考生青睐的名牌大学。歧视性的教育管制模式扼杀了中国教育资源的增长力，使我们的孩子永远只能"千军万马"争夺雷打不动的那几所获得册封的"顶尖大学"。和山东、河南的考生相比，北京考生的压力也许小一些，但是他们的日子难道就好过吗？通过自以为得利的歧视，我们极不明智地把自己的孩子放在生存狭缝中。

我相信北京的学生是大气的，是不屑任何特殊"照顾"或"保护"的。一旦他们知道现行招生与考试制度的不义，他们不会留恋这个制度赋予他们的特权；他们会选择和全国各地的同学在同一条起跑线上，按公平的招生和考试规则平等竞争。其实，即使以目前极其有限的教育资源，各地大学对京沪学生的大门仍然是敞开的。北京青年不要总是蜗居于一隅，有志者要放眼天下。整个中国都是属于你们的。只有中国变得更好，北京才能延续自己的繁荣。一个有活力的中国必须是公平竞争、人才流动的国家。北京考生可以走出去，外地考生也可以走进来，至少不能排斥随迁子女在当地参加高考。

异地高考方案应开门立法

2012年"两会"期间，教育部主要领导在回应媒体追问时宣布，随迁子女学籍地高考方案正在研究制定中，并承诺上半年出台方案。然而，上半年早已过去，异地高考方案却千呼万唤不出来。面对北京的随迁子女家长持续请愿，教育部副部长曾透露，有关方案已经获得国务院批准，引来众人翘首期待；但又过一阵子，教育部工作人员出来"辟谣"，将说法更正为方案"一经国务院批准，将适时发布"，让全国各地随迁子女家庭再次陷于遥遥无期的等待中。异地高考方案的制定翻来覆去、一波三折，现在不禁令人怀疑它是否已经胎死腹中。

随迁子女高考问题涉及方方面面的利益，尤其是高等教育资源集中的发达省市必然以各种理由抵制，因而方案"难产"并不奇怪。但是异地高考方案事关全国成千上万随迁子女的去留和命运，不能因为少数几个省市的既得利益阻碍就束之高阁。如果各地政府及教育部门出于既得利益的考虑而不能被指望积极作为，那么主管全国教育行政的教育部至少应该言而有信，不应被地方既得利益绑架。然而，在异地高考方案采用"关门"立法、外界对方案进展一无所知的情况下，方案决策者很容易在强大的地方压力面前让步，而放弃制定公平教育政策的基本职守。

毋庸置疑，一个文明国家的基本决策应该服从公义和理性，而不只是一场耗子之间的力量角逐。如果各人都放利而行，凡是对自己有利的就支持、不利的就反对，那么这个国家就永远没有是非，也永远不会有太平，更不可能繁荣。德、得谐音，"德"即"得"也；就和一个没有德行的人不配富裕一样，一个没有德行的民族也不会真正富强。如果中国教育政策不能保持基本公正，以至随迁子女在学籍地高考的基本权利都得不到承认，那么中国教育是永远搞不好的，因为我们会永远限于"窝里斗"，永远不会在一个保障公平竞争的环境下把共同的注意力投向整体教育质量的提升。其实在相互歧视和仇视的环境下，且不说长期生活在不安和焦虑中的随迁子女，即便是发达省市的既得利益家庭又能接受什么质量的教育呢？各级教育行政部门不能主持正义、维持公道，任由各类教育乱象丛生，又如何面对全国每一个被劣质教育贻误的青少年和含辛茹苦的家长？"彼君子兮，不素餐兮！"

随迁子女学籍地高考及就地录取本来是公共领域的政策议题，其正当性已在公开讨论中充分确立。虽然现体制的既得利益者也提出过不同版本的反对理由，但这些理由是经不起公共理性检验的。迄今为止，异地高考的反对者只是表达了既得利益受到挑战之后的本能反应，并没有提出任何摆得上桌面的理由。譬如有人担心允许异地高考会加剧"高考移民"，却绝口不提"高考移民"正是发达省市招生与考试特权的自然产物。一方面要维持各种教育特权，另一方面又怕吸引更多的人来分享这些特权，所以要继续维持对随迁子女的歧视——这种"理由"能成立吗？当然，放开异地高考可能确实会对一些发达省市的教育资源乃至人口容量等方面产生长远影响。如果某些地方一时确有困难、需要时间调整，那么就应该在公开场合下提出切实的理由并接受全社会检验。在反对理由不公开、各方立场不明朗的情况下，地方既得利益很容易在暗中施压并迫使异地高考方案流产。

异地高考方案需要开门立法，因为只有过程公开才能保证中国教育决策为经过社会检验的正当理由所主导，而不至沦落为既得利益幕后斗争的牺牲品。

异地高考
——起步良好，任重道远

2012 年 8 月 30 日，国务院办公厅转发教育部等部门《关于做好进城务工人员随迁子女接受义务教育后在当地参加升学考试工作的意见》（国办发〔2012〕46 号），要求各省原则上应于年底前出台有关随迁子女升学考试的方案。各省应根据进城务工人员在当地的合法稳定职业、合法稳定住所（含租赁）和参加社会保险年限，以及随迁子女在当地连续就学年限，确定其在当地参加高考的具体条件。之后，教育部召开座谈会，邀请北京、上海、广东等 9 省研讨"异地高考"政策，进一步提出以人为本、统筹考虑、因地制宜的"三大原则"。对于京沪等随迁子女数量较大的省份，教育部、发改委将适当增加高校招生计划，保证当地高考录取比例不受影响。

上述《意见》正式启动了异地高考改革，对于各地落实随迁子女的受教育权利具有决定性的推动作用。《意见》的积极意义主要体现于以下三个方面。首先，《意见》明确了承认和落实随迁子女异地高考权利的大原则。虽然享受异地高考的随迁子女必须符合一定的条件，但是《意见》所确立的原则意味着这些条件不能过于苛刻，而《意见》指明的三个条件——稳定职业、稳定住所、参加社会保险——也可以得到合理的解释。《意见》还特别说明，"合法稳定住所"包含租赁，因而地方显然不能要求外来人口在当地购房才能参加高考。其次，《意见》明确了各地制定异地高考具体方案的时间表，因而地方不能再无限期拖延或推诿。虽然京沪等"高考洼地"出台政策难度更大，但也不能违背适时出台方案的大原则，尤其是京沪均为全国"首善之区"，显然不能在落实公民基本权利问题上落后于全国其它地区。

最后，《意见》不仅明确规定符合条件的随迁子女有权在当地参加高考，而且还隐含了他们和当地户籍的考生同样按当地标准录取的原则。《意见》特别提到，将对京沪等随迁子女数量较大的省份增加招生名额，以免增加当地考生的升学竞争压力。假如随迁子女只是在当地参加高考，录取还是占用其户籍所在地的招生指标，那么就不存在影响当地录取比例的问题。由于在分省命题体制下不可能公正合理地折合不同地区、不同试卷的考分，对随迁子女只能实行"在哪里考试、在哪里录取"的原则。换言之，异地高考必然意味着同等录取，符合条件的随迁子女必须享受和当地户籍考生同样的录取机会。为了体现统筹考虑、多方协调，这才需要增加当地招生指标。

当然，《意见》也存在一定的局限性。尤其和2012年5月15位法律学者上书国务院的"公民建议"相比，《意见》存在以下三方面的不足。一是《意见》规定的异地高考条件弹性较大，为地方政策的制定保留了过多的自由空间。二是《意见》虽然规定了地方制定异地高考方案的时限，却未明确规定地方落实方案的期限，可能助长某些地方拖延异地高考方案的落实。三是《意见》未能规定自身的强制约束力以及针对违规地方政策的制裁，不利于《意见》精神的贯彻执行。因此，在各地制定和实施异地高考方案过程中，相关部门、媒体和公众需要关注以下三方面问题。

首先，随迁子女参加高考的条件不能过于苛刻。教育部在座谈会上明确，这类条件包含两个安防那个面——学生的条件和家长的条件。学生必须有连续就学的年限，一般是完整的高中三年学历。对于京沪等随迁子女数量较大的地区，或许可以适当提高门槛，譬如要求完整的高中学历加上一年的初中学历，但是门槛不宜过高，譬如显然不宜要求小学学历。家长则须有"稳定"的职业和住所及参加社保的记录，但是要求的年限不宜过长，而应该和学生的学历年限基本接轨。毕竟，"以人为本"就是以随迁子女的受教育权为本，而不是以父母的工作、收入或房产为本。对社保记录及稳定职业与住所的要求本来是为了保证外地学生是真正的"随迁"子女，而不是"高考移民"，因而不能蜕变为限制随迁子女高考权利的借口。如果某些符合条件的农民工因雇主过失而没有社保记录，应该要求其雇主代缴社会保险并提供相关证明。

其次，虽然《意见》未统一规定地方落实异地高考方案的期限，但是各地显然不宜拖延太久，因为每年都有成千上万的随迁子女等着高考，他们是拖不起的。率先出台的"山东方案"将于2014年起正式实施，其它地方似乎也没有理由推迟实施异地高考方案。即便对于京沪等特殊地区，在年底前制定相关方案后，一年多的时间足以为妥善落实方案做好各种准备。事实上，对于一直在这些城市就学、马上就要读完高中并报名高考的随迁子女，明年即应接纳这些学生在当地高考。由于这个人群数量有限，接纳他们在当地高考和录取并不会对当地户籍的考生造成显著冲击。最后，如果有的省市对随迁子女参加高考设置了不合理的限制，或故意拖延落实方案的时间，违背了《意见》的原则和精神，导致广泛的社会批评和负面影响，那么利益受到损害的公民应有权向国务院及其有关部门对方案的合法性与合理性提出复议，中央相关部门则有义务责令地方改正。

总之，随迁子女的异地高考已经获得了良好起步，但是依然任重道远。

上海"积分制"将制造新歧视

2012 年 11 月，上海市政府在其官方网站上全文公布了《上海市居住证管理办法（草案）》的征求意见稿，征求意见阶段将于 12 月 2 日结束。其中第六条对外来务工人员规定了两种类型的居住证："A 证"持有者需要"在本市有合法稳定职业和合法稳定住所，参加本市社会保险，且积分达到规定分值"，具备其它条件但积分未达到规定分值的则只能领"C 证"。作为取代"绿卡"和暂住证的户籍改革措施，居住证制度无疑具有进步意义，按积分区别不同类型的外来人员或许未尝不可。然而，这个征求意见稿却将父母积分和随迁子女的受教育权利挂钩，必将制造新的教育不公。

征求意见稿第 26 条规定，父母持 A 证的随迁子女"可以按照本市有关规定在本市参加中考、高考"，父母持 C 证的随迁子女则只能"在本市参加全日制普通中等职业学校自主招生考试"。换言之，只要父母积分不够，其子女只能就读"职高"，而不能参加高考。事实上，这正是上海目前的随迁子女考试政策："绿卡族"的子女可以参加高考，父母没有绿卡的随迁子女则只能报考职高。至少在随迁子女高考问题上，居住证变了名称和形式，实质却是换汤不换药。随迁子女能否参加高考，依然是一场和他们自身能力或努力无关的"拼爹"游戏。

由此可以看出，居住证制度实际上就是上海市的异地高考政策，只有获得 A 证人员的子女才能参加上海市高考。然而，这一政策并不符合教育部等四部委颁发的《关于做好进城务工人员随迁子女接受义务教育后在当地参加升学考试工作的意见》，因为《意见》只是要求进城务工人员在当地具备合法稳定职业、合法稳定住所（含租赁）并参加社会保险，其子女即可在当地参加高考，而上海市的异地高考政策则将在此基础上，进一步对外来人员进行打分，并按积分高低决定其子女能否参加高考。这种做法无疑将随迁子女按照其父母的条件分为三六九等，进而对其接受高等教育的宪法权利造成任意歧视。

当然，四部委的《意见》也提到"城市功能定位、产业结构布局和城市资源承载能力"等因素，但是正如 30 位学者提交国务院、教育部的建议方案指出，这些极为笼统的因素只能适用于未来城市发展规划的制定，而不能适用于现有的随迁人口认定，否则就将授予地方政府将现有随迁子女分为三六九等的任意权力。在很大程度上，城市资源承载能力问题本身就是歧视性政策造成的；京沪等大城市之所以人满为患，至少部分是因为严重的教育资源分布不均衡与大学招生地域歧视形成了这些城市的受教育特权，进而吸引源源不断的"高考移民"。歧视造成的问题不能再以新的歧视来解决，否则只能制造新的矛盾和冲突。

目前，上海市尚未公布具体打分标准。征求意见稿第 10 条只是笼统规定："积分指标体系由基础指标、加分指标、减分指标等指标组成，各指标项目中根据不同情况划分具体评分标准。"可以想见，未来出台的积分体系可能是十分复杂的，或许看似"科学"合理，但实际上每一条标准都可能构成任意歧视。譬如积分制很可能将犯罪或劳教记录作为获得 A 证的障碍，但是为什么父母有不良记录，孩子就不能考大学呢？我们有什么权利用父母的错误来惩罚孩子？

积分制也很可能将父母一方的大专文凭或学历作为获得 A 证的条件之一，但是设想两个孩子都同样符合随迁子女的条件，他们的父母都同样在上海有合法稳定的职业和住所，也都参加了社保，凭什么其中一个因为自己的父母没有大专文凭就不能参加高考？如果这样的政策持续实施下去，这个孩子在上海读了职高，长大了在上海成家立业，他的孩子将因为他没有大专文凭而照样不能在上海高考……教育歧视代代延续，我们究竟在制造什么样的社会？这是我们希望看到的"文明""繁荣"的大都市吗？如此下去，上海将复制古代印度的种姓社会。

归根结底，积分制衡量的是父母的条件，而不是随迁子女自身的条件，因而任何让父母积分来决定孩子未来的规定都构成歧视，并将严重阻碍中国社会的人才流动。一个有活力的社会必须是机会均等、自由流动的社会。如果父辈的境遇决定了后代的命运，那么这个社会只能走向僵化、保守、呆滞、懒惰、骄横、愤激。我相信，这不是上海人民想要的社会。

上海市可以规定居住证，甚至也可以计算外来人员的"积分"，但是不能将父母积分和随迁子女的高考权利挂钩，进而变相违背中央《意见》，对随迁子女在当地参加高考设置不平等的门槛。

谁来遏制地方歧视？

2013 年 4 月，北京市属中学纷纷召集初三随迁子女家长开会，要求签署报考中职的协议，否则不允许在北京继续就读。这项措施当然是在落实 2012 年底北京市出台的异地考试政策，但是它对于北京市的所有随迁子女释放了一个长期歧视的危险信号：不仅今后两三年内正在北京上高中的随迁子女就读地考大学的问题无法解决，只能考高职，而且北京市高中将从此对没有京籍户口的学生关闭大门；如果在初中之后想继续在北京就读，只能读中职。换言之，非京籍随迁子女将不能指望在北京上高中、考大学。

北京市的这项政策明显违背了 2012 年 8 月底《国务院办公厅转发教育部等部门关于做好进城务工人员随迁子女接受义务教育后在当地参加升学考试工作意见的通知》。该工作意见的目标是为了"做好进城务工人员及其他非本地户籍就业人员随迁子女接受义务教育后在当地参加中考和高考（以下称随迁子女升学考试）工作"，可见国务院及其部委明确要求各地政府解决随迁子女的中考与高考；工作意见中的"升学考试"就是指中考与高考，而绝非仅限于中职与高职考试。虽然工作意见确实授权地方考虑"城市功能定位、产业结构布局和城市资源承载能力"，但是无论地方考试条件如何苛刻，这种考虑总不可能授权地方完全剥夺随迁子女在就读地参加中考考的权利。

北京市的有关方案不仅只限于规定随迁子女的中职与高职考试，完全没有提到随迁子女的中考与高考，从而构成明显的政策不作为，而且在落实过程中明确要求随迁子女放弃中高考，只能选择中职或高职，否则就必须回原籍上学。这是对随迁子女受教育权的严重剥夺，显然不符合工作意见关于各地考试方案必须"有利于保障进城务工人员随迁子女公平受教育权利和升学机会"的要求。众所周知，绝大多数随迁子女肯定不会满足于中高职教育；他们的求学目标是在父母工作所在地读高中、考大学，获得和本地户籍子女同等的受教育机会。然而，这一机会却被北京市的考试方案完全剥夺了。即便随迁子女选择就读收费昂贵的私立高中，他们仍然没有资格参加北京的高考。

更令人惊讶的是，北京市方案对随迁子女的中职考试设置了父母在本地工作、居住和参加社保满三年的苛刻条件，对参加高职考试的随迁子女则要求其父母在本地工作、居住和参加社保满六年。中央工作意见确实要求各地考试方案"根据进城务工人员在当地的合法稳定职业、合法稳定住所（含租赁）和按照国家规定参加社会保险年限，以及随迁子女在当地连续就学年限等情况，确定随迁子女在当地参加升学考试的具体条件"。这一要求对于随迁子女在就读地中高考方案是必要与合理的，而北京市却将此条件沿用于中高职考试。事实上，许多中职或高职学校因为生源有限、招生困难，原来对外来人员就学并没有设置此类条件。北京市方案不仅没有解决随迁子女的考试问题，而且为他们就读中高职人为设置了更高障碍，加剧了对随迁子女受教育权的歧视。

应当看到，中央工作意见出台后，全国大多数省市的考试方案合理有效地解决了当地随迁子女的中高考问题。然而，北京市的方案表明，中央政策显然未必在全国每一个地方都能自动得到有效实施，"上有政策、下有对策"的现象并不鲜见。对于北上广等高等教育资源相对集中的地方，地方歧视是十分自然的现象。事实上，即便民主与法治国家也不能幸免地方歧视，因为地方民主只能让地方政府对当地选民负责。外来人员往往不能参与地方选举等政治过程，因而无从影响地方决策，也无法保护自己免于地方歧视。地方"民意"不仅对防止地方歧视无能为力，反而很容易成为歧视政策的借口。例如北京就有相当一部分"土著"居民公开反对随迁子女分享他们的受教育特权，而他们的声音也对北京市教委等政府部门构成了一种压力，甚或为政府部门歧视随迁子女的受教育权提供了一种"底气"。

既然平等在地方歧视的自然冲动面前成了一种奢侈品，谁来遏制地方歧视？答案只有一个：中央政府。既然中央出台了保障随迁子女中高考权利的工作意见，就有义务将其贯彻落实下去，尤其是督促北上广如实履行工作意见的要求，而非坐视任何地方在眼皮底下公然蔑视自己的权威，任其剥夺随迁子女的平等受教育权。维护平等、遏制歧视不仅是中央的权力，而更是其责无旁贷的宪法义务。我们希望新一届政府能主动履行自己的宪法职责，及时纠正北京市考试方案对随迁子女受教育权的歧视。

北京入学资格审查有违《义务教育法》

北京市教委 2014 年义务教育阶段入学工作意见（以下简称"工作意见"）及各区县制定的实施细则规定了严格的入学资格审查，致使该年将有相当多的非京籍适龄儿童因为不能通过审查而无法在北京就读。这种结果明显背离了宪法与《义务教育法》的精神，并将造成严重的社会问题，因而有必要引起全社会与各级政府部门的充分关注。

宪法第 46 条规定："公民有受教育的权利和义务"，而义务教育首先是政府的义务。《义务教育法》第 4 条规定，适龄儿童少年不分性别、民族、种族、家庭财产状况、宗教信仰等，依法享有平等接受义务教育的权利。第 12 条规定，地方各级政府应当保障适龄儿童少年在户籍所在地学校就近入学。如果父母或者其他法定监护人在非户籍所在地工作或者居住，而适龄儿童少年在其父母或者其他法定监护人的工作或者居住地接受义务教育，那么当地政府"应当为其提供平等接受义务教育的条件。具体办法由省、自治区、直辖市规定"。《义务教育法》的要求是具体而明确的：只要父母能够证明在北京工作或居住，北京市政府即有义务为非京籍适龄儿童提供平等的义务教育，而不附加任何其它条件。事实上，北京市教委的工作意见本身即为实施《义务教育法》的"具体办法"，而不应再进一步授权区县制定实施细则并附加更多条件。

然而，北京市教委 2014 年的工作意见规定，非本市户籍的适龄儿童少年因父母或其他法定监护人在本市工作或居住，需要在本市接受义务教育的，由其父母或其他法定监护人持本人在京务工就业证明、在京实际住所居住证明、全家户口簿、在京暂住证、户籍所在地街道办事处或乡镇政府出具的在当地没有监护条件的证明等"五证"，到居住地所在街道办事处或乡镇政府审核，通过审核后参加学龄人口信息采集，并到居住地所在区县教委确定的学校联系就读。各区县按照北京市非本市户籍适龄儿童接受义务教育证明证件材料审核指导要求，结合实际制定实施细则。在制定实施细则过程中，有的区县增加了诸如必须提供完整的子女防疫接种证明，父母双方在本区县工作证明，父母双方在本区县的社保、纳税证明，社保年限，工作年限等附加条件，而审核环节又受到诸多人为因素影响，产生了极大的不确定性。据报道，按此规定需进行审核的非京籍适龄儿童近八万人之多，其中相当一部分无法通过各区严苛的审核环节。

北京市各区县教委的入学资格审查剥夺了部分非京籍适龄儿童接受义务教育的权利，明显违反了《义务教育法》规定。事实上，北京市教委工作意见规定的"五证"已经比《义务教育法》要求更多。《义务教育法》第12条仅要求父母"在非户籍所在地工作或者居住"，而工作意见则要求符合"工作并且居住"乃至更多条件。即便按照更高的要求，在京务工就业证明、在京实际住所居住证明、在京暂住证也足以证明父母在当地工作或居住，户籍所在地出具的证明似无必要。各区县附加的父母社保与纳税证明、社保年限、工作年限及子女的防疫接种证明更是节外生枝，人为排斥本来符合条件的非京籍适龄儿童在北京入学，侵犯了他们受宪法保护的受教育权。

北京市的入学资格审查制度不仅有违宪法和《义务教育法》，而且会产生严重的社会后果。剥夺非京籍适龄儿童就地入学的直接后果是产生大量"留守儿童"，而大量调查表明，留守儿童在成长过程中极易产生各种心理问题并成为社会不稳定因素，在此无需赘述。在严苛的入学要求面前，许多非京籍家庭已经对孩子的何去何从产生了巨大焦虑。在这种情况下，诉诸维权是非京籍家长的自然反应，也是宪法与法律赋予他们的权利。为争取在居住地入学，北京某些地区出现了非京籍家长连续聚集的维权现象。如果严苛的入学审查资格导致这种现象进一步蔓延和激化，那么不仅将影响北京作为全国首都的形象，而且也会对社会与生产秩序造成不良影响。

当然，北京市面临巨大的人口压力，因而确有必要控制或分流特大城市的人口，但是要实现这个目标，需要通过提高用人标准、调整产业结构等手段，而不能把牺牲现有的非京籍适龄学童的受教育权作为手段。北京的治理模式必须对中国的未来和长远利益负责，而不能再延续以往那种利用进京务工人员的劳动力而不为其家庭承担公共服务的治理方式。事实上，由于京籍学龄儿童呈现逐年递减的态势，北京市的教育资源完全可以容纳现有非京籍适龄儿童的义务教育。换言之，目前完全没有必要规定如此严苛的入学审查资格，迫使相当数量的非京籍适龄学童成为"留守儿童"。由于北京市的异地高考政策实际上并未放开，相对宽松的入学资格审查并不会导致非京籍适龄儿童人数大量增加。

值得强调的是，和大学教育相比，义务教育对于儿童身心成长发挥着远为重要的作用，并直接关系到这个国家的未来，需要引起各级政府与全社会的充分重视。教育部有义务贯彻落实宪法与《义务教育法》，监督并保证各地尤其是首都的教育政策合宪合法。北京市政府及教委同样有责任按照宪法与《义务教育法》的要求，尊重与保护非京籍适龄儿童的受教育权。因此，教育部有必要履行监督职责，北京市政府与教委则应立即停止各区县教委针对非京籍适龄儿童的入学资格审查，取消所有对于证明非京籍务工人员的工作地与居住地而言不必要与不合理的附加条件，确保非京籍适龄儿童能够及时入学。

中央需承担推动教育公平的重任

2012 年底以来，北上广等省市先后公布了随迁子女高考方案，引起了北京等地非本地户口家长的不满。之后，教育部领导对随迁子女在就读地参加考试的标准各地不同，表示"完全理解，也充分尊重"。[1] 但是人们不会忘记，就在 2012 年 8 月底，国务院办公厅转发了教育部等部门《关于做好进城务工人员随迁子女接受义务教育后在当地参加升学考试工作的意见》，其中规定各省原则上应于 2012 年底之前出台随迁子女在就读地高考的方案。各省应根据进城务工人员在当地的合法稳定职业、合法稳定住所（含租赁）和参加社会保险年限，以及随迁子女在当地连续就学年限，确定其在当地参加高考的具体条件。虽然中央将具体方案的制定权下放到各省，但是这并不表明中央只有出台一个《意见》就可以高枕无忧，等着地方落实就行了，因为地方显然未必有足够动力推进就读地高考，让户籍不在本地的随迁子女分享当地教育资源。

事实上，北京市教委工作人员已经公开放话：北京市政府就是为"北京人"服务的！其实这句话并没有说错，一个称职的地方政府理应为当地人民的利益服务；中国社会当前的问题不是对地方人民负责的政府太多了，而是太少了。然而，在一个法治统一的国家，地方政府的地方服务意识并不是无底线的。尤其在涉及地域歧视领域，这种地方服务意识不仅不会让地方自动走向平等，反而容易加剧地方歧视。北京的"异地高考方案"本身就是证明，因为正如某些非京籍家长指出，这份"方案"只有一个"异地高考"的标题，内容则仅涉及中职与高职考试的有限放开，而没有规定随迁子女的"高考"。准确地说，北京的随迁子女高考方案尚待制定，因而未

---

1 "教育部：尊重各地'异地高考'标准不同"，《新京报》2013 年 01 月 13 日。

能满足 2012 年底出台方案的中央要求。在这个意义上，说北京方案在随迁子女高考问题是行交了份"白卷"，并不过分。而且从北京教委的姿态来看，未来的高考方案即便出台也不容乐观。至少，目前对于在北京就读高三的随迁子女没有任何放宽考试的打算。

由此可见，要落实随迁子女就读地高考的权利，不能光靠地方政府。虽然全国大多数省区的就读地高考方案是相当合理的，但是京沪等地域平等的"老大难"存在诸多问题。中央的《意见》明确要求各地于 2012 年底之前出台随迁子女的高考，北京市却偏偏用"异地高考"的"标题党"敷衍差事；《意见》明确规定随迁子女资格认定只需要满足合法工作、稳定居所及社保要求，北上广的方案偏偏再将符合上述要求的随迁子女分为三六九等，将一大部分本来符合中央要求的随迁子女挡在高考门外；《意见》明确要求"以人为本"，各地方案要以解决随迁子女的升学考试需求为中心，而目前在京沪就读高三的随迁子女人数极为有限，让其 2012 年在就读地高考根本不是问题，而将他们打回原籍则必然会因为教育模式和考卷差异而产生巨大的不适应，在本已严重不公的招生指标歧视之上又加上考试不公，可是京沪却偏偏表现出"寸步不让"的强硬姿态，让这些就读高三的随迁子女家庭处于极大的紧张和焦虑之中……

如果我们不能期望地方政府自动落实随迁子女的高考权利，那么就只有依靠中央政府加大实施力度。自古以来，中国的央地关系一直受"上有政策、下有对策"困扰；中央政策一出台，往往即被各地政府出于自我保护需要"肢解"得面目全非。之所以如此，部分原因在于缺乏有效的中央政令实施机制。但是法治发展了三十年，当下中国对于地方违法或不作为并非一筹莫展。对于北京等地对随迁子女高考规定得不到位的方案，利益受到损害的学生和家长可以提出行政复议乃至行政诉讼，而教育部等国家机构应承担起推动教育公平的重任，督促地方政府及时出台真正的就读地高考方案，纠正现有方案中的法律缺陷，并明确要求对目前就读高三的随迁子女规定 2012 年在就读地参加高考的补救措施。

高招需要摒除地域歧视

2012 年，高考制度步入第 35 个年头，但是招生考试带来的问题却似乎有增无减。

高考是中国教育制度上的最后环节，却对整个教育体制影响深远。它不仅是大学教育的入场券，而且还是中小学教育的指挥棒。甚至可以说，高考和招生环节的质量直接决定着我们这个民族的命运，决定着中国以后的国际竞争力。然而，高考的指挥棒作用并没有发挥好，甚至还不如以前，因为它对时下教育模式的畸形发展进行了推波助澜。很多家长都在问：为什么中国的中小学生这么苦？为什么二三十年之后，中国大学数量和升学率都显著上升，而高考压力却跟着上涨？事实证明，中国招生考试制度已经到了非改不可的时候了。

有两个说法必须厘清。一是考试和录取是两个分开的环节。很多人在谈及高考的时候，容易将考试和招生合二为一。事实上，考试和招生是性质不同的两个过程；考试是手段，录取才是目的。中国高招制度的首要症结在招生，把招生体制理顺了，考试体制也自然会了。二是各省招生指标分配主要是由各个大学确定，教育部只是确定大学的招生总量。有人以为，招生体制雷打不动，每所学校招生人数在全国各省市的划分主要是由学校自行确定的，因而如果想改，大学是完全有能力改的。

2012 年的高考人数继续呈现下降趋势，同时高考录取比例将接近 80%。可是中国学生的高考压力和 30 年前比没有下降，反而急剧上升，由此可见，人们已经不是满足于有学上，而是要上好大学。尤其在就业压力加剧的情况下，人们希望上的大学仍然是数量极有限的那些学校，尤其是那 40 多所"985"高校和 100 多所"211"高校。其中大多数是直属中央、由全国纳税人供养的"国立大学"。这些大学不仅数量少，招生人数太有限，而且在全国分布极不均衡。众多名牌大学集中在京沪等发达地区，有的地区却连一所985高校都没有。优质高等教育资源严重供不应求，是高考压力加剧、素质教育难以推行的根本原因。

当然，如果国立大学对各地考生平等录取、公平招生，那么经济相对落后、教育资源稀缺地区的考生还有通过高考改变命运的机会。然而，这些学校在高考招生中存在明显的地域歧视。同样一所大学在录取本地学生和外地学生的时候执行了截然不同的标准。我们对这个问题研究了两年，并出版了《大学招生与宪法平等》。根据2011年的录取数据，每万名考生中考入北大的比例，安徽为1.27，北京为52.5，北京学生考上北大的几率是安徽考生的41倍。

有人说，高考招生没法一碗水端平，少数民族等教育欠发达地区需要得到照顾。这当然不错，发达国家也有照顾少数族群的"纠偏行动"。问题在于，现在的招生制度首先照顾的恰恰是不该照顾的既得利益者，也就是基础教育资源已经很丰厚的发达省市。虽然西藏、新疆等地区确实受到照顾，但是像安徽、河南、贵州、广西等大部分欠发达地区的考生却受到严重歧视。这样的"照顾"显然是不公平的。

更有甚者，以前的高考全国用的是一份卷子，现在则是半数省市考自己的试卷，全国考试失去了统一的衡量标准，似乎中国比美国还强调"地方差异"。美国的SAT就是全国统考，全美乃至其它国家的大学都将SAT成绩作为录取学生的重要参考。虽然美国高校在录取学生的时候会参照教授推荐力度、社会活动能力等其它因素，但绝对不会把地域作为考虑因素。大学招生的目的是得天下英才而教之，学生户籍地显然是风马牛不相干的无关因素。

因此，招生考试改革必须先从摒除地域歧视开始。对全国各地考生，必须实行统一考试并原则上实行平等录取。考试方式和内容可以改革，但是考试和评分必须保持全国统一。只有这样，才能为大学录取各地考生提供客观标准。少数名牌大学可以在统一高考之后，再进行一次自主招生考试进一步筛选，但是试卷和标准也必须对不同地区的考生保持统一。对于少数族群聚集地等欠发达地区，大学可以按其全国平均录取比例和当地考生数量，实行同比例录取。这才是真正意义上的公平合理的纠偏行动。

"高考扶贫" 须以公平为前提

　　2016 年高考在即，牵动着每一个考生家庭的神经。但就在这个当口，教育部、国家发改委发布《部分地区跨省生源计划调控方案》，引发江苏、湖北等部分省市考生和家长的高度关注乃至抗议。这一方案要让湖北、江苏等 12 省市让出总共 16 万招生名额，给录取率低于全国平均水平的中西部和广东、江西 10 省。我宁愿相信，教育部方案的动机和目的良好。中国的高等教育资源分布严重失衡，亟需资源均衡化的"纠偏行动"，但是从方案在江苏、湖北等省导致的后果来看，它显然不是实现良好目的的适当手段。

　　首先，显而易见的是，各省出让名额的负担分配严重不均。湖北和江苏 2016 年必须分别出让 4 万和 3.8 万个名额，二者相加即占了 16 万指标的近乎一半！相比之下，上海只需要出让 5000 个名额，北京则似乎一个都不用出让。相对于中西部等教育欠发达地区来说，湖北、江苏的高等教育资源确实比较丰富，但是真要比的话，无疑是京沪的优质高等教育资源更加雄厚。拿优质高等教育资源的一个重要指标——"211"工程大学数量——来说，北京独占鳌头，在全国总共 116 所"211"高校中占了 26 所之多，后面依次是江苏 11 所、上海 9 所、湖北与陕西并列 7 所。既如此，这次出让高招名额应该按照高等教育实力，在高等教育资源相对丰富的省市公平分配。如此失衡的名额分配方案究竟有何理由呢？

　　其次，出让名额的高校分布也涉嫌不公。教育部的方案并没有披露各地出让的招生名额出自哪些高校，但估计它们不可能全都是部属高校（即"国立大学"），相当部分将来自地方性院校。这些大学虽然也接受部分国家部委资助，但主要的财政来源是所在省乃至市政府，譬如南京师范大学是"211"高校，但是属于江苏省的地方性院校。这些院校主要由本省纳税人供养，因而可以优先招收本省考生。我们至多要求地方性院校对来自省外的考生采取一视同仁的录取标准，但似无理由强求教育发达的省份将属于省内的资源无偿支援其它省份，否则就是对省内纳税人不公。换言之，教育部可以调整大学录取名额的分布，但是其权力应主要限于全国纳税人供养的"国立大学"，它们对全国教育资源的均衡分配承担更为直接的义务。固然，中国是单一制国家，中央决策权并无明确界限，但是如果中央权力完全没有边界，很难防止公权行使过程中的任意性。此次严重失衡的招生名额出让方案即可算为一例。

最后，限制公权滥用必须建立在确定原则的基础上，而招生名额的分配本身就带有很大的任意性，并无合理可行的标准可供依据，因而长远来说，取消计划体制的"最后堡垒"——招生指标——势在必行。只要存在招生指标，即意味着不公与任意，招生指标就是一块可以被行政部门随意分割的"软肉"。江苏家长抗议这次出让指标过多，其实北京等许多外地高校都对江苏考生设置了很高的录取线。要从根本上防止教育行政权滥用，必须取消计划体制的招生指标，实行统一高考、公平录取。面对来自全国四面八方的学子，至少国立大学必须主要按考分等合理可靠的统一标准平等录取。当然，对于中西部等欠发达省区，国家可以予以一定的特殊照顾，但是一定要明确"纠偏行动"是例外，统一高考、公平录取是原则，否则必然造成教育不公乃至民怨沸腾。

事实上，招生公平和纠偏行动并不是一个简单的"零和游戏"。既然中西部教育有特殊照顾的客观需要，而江苏、湖北等许多地方的家长又对"减招"有意见，"扩招"不就行了嘛！当然，现在"扩招"似乎早已是一个贬义词，成了大学教育质量下降的替罪羊。这种误解主要是混淆本科和研究生两种不同性质的教育造成的，因为早在本科扩招之前，研究生招生规模就已经开始扩张，而且势头迅猛，确实降低了研究生质量，应该对大学教育质量的下降承担主要责任。然而，本科扩招和研究生扩招是两个不同概念，因为本科教育和研究生教育的目的大相径庭。中国大学可以去冲刺诺贝尔奖，但这主要是研究生教育的任务。本科教育对天才的发现和发掘当然也有帮助，但这并不是本科教育的主要目标。否则，为了挖掘一两个"天才"，会牺牲多少人的高等教育机会？因此，研究生应当严格控制规模，但是中国没有理由不进行本科扩招；本科扩招非但不会明显降低大学教育质量，而且将給庞大的中国考生群体增加宝贵的优质高等教育资源。目前，北大、清华的招生规模类似于美国的哈佛、耶鲁，要实行"精英教育"，但是不要忘记，中国的人口是美国的 5 倍。即便以美国为样版，也应该把每年的录取人数乘以 5。至于同样优秀的加州大学伯克利分校、密西根大学等公立学校，每年录取的本科人数动辄过万，也没有听说谁在抱怨它们的"教育质量下降"。

需要强调，我主张的本科扩招主要局限于基础设施较好的"985""211"等重点大学，也惟有这些大学的扩招才能有效增加教育资源供给，让包括中西部在内的各地学子有更多机会享受优质教育。在高度发达的通讯设备帮助下，本科扩招并不会导致大学教育质量的明显下降。目前大课规模一般限于一两百人，这个规模可以扩大数倍。我不久前访问日本规模最大的日本大学，给本科生做讲座的大教室可以容纳 900 名学生，是国内一般院校大教室的三四倍，但也并不显得大得不可控。小班上课的质量固然比大班好，但是通过多媒体教学和更完善的助教制度，基本上可以解决大班授课质量，保证教与学的适度沟通。如果中国重点大学可以实行扩招，并把扩招获得的多余名额主要投入到中西部等欠发达省份，而不减少本省的招生指标，那么既可以显著缓解中国优质高等教育资源稀缺和分布不均衡状态，也不会触动各地现有的利益格局。如此两全其美的方案，为何不深入研究并尝试一下？

教育乱象源自计划式管制

2013 年 6 月，北京某地段高达 32 万/平米的"天价学区房"引发社会热议。人们感叹如今少年求学之艰辛，素质教育之难行，择校费等现象屡禁不止……这些现象和高价学区房同出一源，根子都是义务教育的校际不平等。这种不平等不只是城乡或不同省市之间的不平等，而是在同一座城市的不同地区甚至同一地区内不同学校之间的不平等。设想一下，假如各中小学校质量基本平等，上哪所学校都差不多，就近入学不就行了，还要交择校费、起大早跑老远上学做什么？之所以还有人愿意交要价不菲的择校费，少数学校附近的房价高，部分原因是许多城市不接受外来务工人员的子女就近入学，但主要原因还是当地居民对附近的学校不满意，宁愿到更远、更贵、更好的学校上学。

要批这种现象很容易。我们的讨论对象是中国义务教育的主体——公立学校。公立学校受市政府管辖，由市财政支持，因而应适用现行宪法的相关要求。宪法第 33 条规定了平等原则，第 46 条规定了公民的受教育权，足以表明教育平等是宪法基本要求，所有公立学校都应当在生均经费、设施硬件、师资软件等方面达到基本平等。美国内战之后，南部仍然搞种族隔离，但是由于宪法第十四修正案要求平等保护，对于义务教育等公共设施也不得不实行"隔离但平等"政策。当今中国各大城市连这个要求都未必达到。即便同在"天子脚下"，北京市不同地区甚至同一地区不同学校的师资力量差别巨大。国外其实也有"学区房"一说，但远没有发展到像我们这样离谱。这种状态显然不符合宪法平等要求。

然而，这种批评并不解决问题，因为中国义务教育的不平等主要还不是法律问题，而是经济学意义上的供需失衡造成的。各级政府固然需要更加重视教育平等，强化校际财政和师资平等，但是在目前供需失衡的情况下，即便它们严格做到了财政投入等硬件方面的平等，也难以实现师资、品牌等"软实力"的平等，你仍然会看见择校费、天价房等现象层出不穷。

事实上，你都不能说不同学校的教育质量有多么不平等，因为多数中国家长都很"功利"，他们送子女上学的终极目的不是为了"教育"，而是为了考试——考大学。我们所说的"教育质量"，实际上是以考上重点大学的学生比例来衡量的。在应试教育模式下，"好学校"的标准即能否提供扭曲孩子天性的"魔鬼训练"，早已违背了义务教育的本意。从人格自然发展的角度看，难道北京实验二小或人大附中提供的教育就一定比一所普通中小学更好吗？难道在教育部三令五申的情况下，首都各中小学的老师都提供不了像样的素质教育？然而，对于不能送孩子出国的多数家庭来说，"素质教育"固然好，但是如果不能帮助孩子考上一所像样的国内大学，那一切都是白搭。

因此，中国义务教育问题发生在基层，但是根源在上面——是高考把每个家庭都害苦了！对于中国绝大多数家庭来说，含辛茹苦、十年寒窗，9年义务教育加3年高中的全部意义都凝聚在高考那两天的考卷上。一旦说起高考，人人谈虎色变，"一考定终身""千军万马过独木桥"都是形容高考不人道的专门用语。高考制度确实有不合理乃至"不人道"之处，譬如每年只有一考，考砸了得复读等下一年；譬如在知道考试成绩甚至在考试之前就要填报志愿，第一志愿不录取就可能被其它志愿认定"不忠"而当年"踏空"……要解决这些技术问题其实不难，但是即便解决了这些问题，仍然无法消解每年高考对每一名考生的巨大压力。

由此可见，怪高考是没用的；对于中国这样的考生大国，读大学不可能没考试。世界上绝大多数国家的大学也要考试，也有"高考"，但是人家高考的压力并没有那么大，可见高考更多是问题的果，而不是因。中国高考压力来自何处？归根结底，这仍然是一个经济学问题——无非是像样的大学太少，招生规模太小，不足以吸收每年近千万考生。否则，如果中国大学也和欧美一样，大学招不满、任你挑，考试分数还有那么重要吗？考试不那么重要，考试压力又从何而生呢？因此，中国高考压力之所以大，关键在于优质大学教育严重供不应求，由此产生的竞争压力一直延伸到中小学乃至幼儿园，直接造成畸形的应试教育。

让人纳闷的是，中国发展了三十年，GDP 年年突飞猛进，原先短缺的米、肉、油、布等基本物品都不缺了，有的物资如煤炭、钢材还不时过剩；惟独教育没有改善，不仅高考压力依然巨大，而且中小学应试教育的压力和过去比有增无减。照理说，改革开放以来，高校数量剧增，许多学院乃至专科学校都升格为大学，高考录取率已接近发达国家水平。恢复高考后的几年中，考大学基本上是十里挑一，现在全国平均录取率已超七成，京沪乃至山东、辽宁等省市更是达到90%以上，几乎人人都可以上大学，为什么今天的考生还那么十年如一日地玩命呢？

其实答案不难找，也是个简单的算术题。虽然大学数量增多，大学的财政投入、硬件设施和知识结构也得到很大提高，但是在考生和家长眼里，值得上的大学仍然只有原来那么几所，北大、清华等名校还模仿哈佛、耶鲁等私立学校的"精英教育"，压缩招生规模。全国的一百多所985、211高校加起来不过几十万的招生规模，其中最好的大学又多数集中在京沪等大城市，其招生指标分配歧视和排斥外省考生。每年900多万考生在不公平的竞争规则下争抢几十万招生指标，竞争怎么会不激烈呢？

但是为什么这么多年来中国像样的大学就只有这么几所？这又把我们从经济问题带回到制度问题。大学教育就是本科那点ABC，而非前沿高端研究。中国人的智商不比世界上任何民族差，为什么连本科教育都搞不好？中国的博士毕业生数量应该世界第一，名牌大学每年向各高校输送那么多博士，难道连本科都教不了吗？诺贝尔奖拿不到不说了，为什么我们连自己的本科教育品牌都建立不起来？为什么我们的大学评价体系要把本科基础教育和研究水准捆绑在一起？

一句话，教育行政部门管得太多了，而且管得不合理。从办学准入到招生次序到财政投入，中国的教育管理不仅严重限制和歧视民间办学，而且也把公立学校分为三六九等。进入985、211序列的大可养尊处优，进不了这些国家圈定的"名牌大学"就永无出头之日，以至考生仰望的大学"星空"中永远只有寥寥几颗星星。放开办学、取消歧视，你会发现北大、清华头上的固有光环消失了，它们不得不放下身段和那些名不见经传的非著名高校竞争，这样它们才有压力和动力不断提升自己的质量；你会发现原来那些"没戏"的大学一下子看到了成为"一流大学"的希望，它们会憋足劲和北大、清华竞争，因为它们真的有机会。还有，现在欧美经济不景气，大学招生招不满，为什么不让他们进入中国办学呢？建立哈佛、耶鲁、牛津、剑桥……在中国的分校，招收中国的学生，不强过许多个北大、清华吗？这样，中国考生还愁没有好大学上吗？高考压力还会那么大吗？

真正的品牌是在自由竞争中建立的，我们从来没有看到哪个品牌能靠政府指定维持下去。企业是如此，大学岂能例外？中国经济发展了，是因为在一定程度上实行了市场经济，经济活动自由才能产生社会活力和财富。教育没有得到发展，是因为这么多年来还是沿用了计划管理模式。不打破这个模式，中国优质大学教育永远是"稀缺资源"，高考压力永远居高不下，素质教育永远办不起来，而各种择校费、"天价学区房"现象也必然是家常便饭。其实这些都还没什么，最要命的是这个民族将失去自己的最后希望，因为每个孩子从出生开始就注定是考试的奴隶。

消除族群暴力的宪政之道

2014 年"两会"前夕，昆明发生 3.1 事件，一群维吾尔族人持刀砍死砍伤多人。官方一如既往地迅速将其定性为"恐怖袭击"，国内网民们也跟着喊"杀"声一片，新一轮"严打"呼之欲出。暴力活动当然要谴责，但是如果仅停留于谴责和镇压，而无视造成族群暴力的制度根源，则不仅无助于消除此类暴力事件，反而会进一步恶化维族与汉族之间的情感并加剧族群暴力和分离主义倾向。就在此前十天，乌鲁木齐警方以"分裂国家"的罪名，逮捕了中央民族大学维族经济学者伊力哈木。讽刺的是，伊力哈木不仅从未宣扬暴力或国家分裂，而且因为其温和姿态而被维族极端分子视为替政府说话的"维奸"。两起事件虽然没有直接关系，却存在制度上的因果关联。它们说明，如果国家族群政策与宪法背道而驰，那么族群关系乃至国家统一都将岌岌可危。

事实上，越来越多的汉人已经认识到，造成 3.1 事件和族群仇恨的根源不是"恐怖主义"，而是九十年代后期开始在新疆、西藏等边疆地区实行的高压维稳政策。这种政策的效果是滋生常年靠"维稳"吃饭的庞大既得利益集团，并授予他们实际上的生杀大权，用于剥夺少数族群的自然资源、歧视其就业机会、侵犯其宗教自由并压制其表达正常诉求的言论自由，结果必然是少数族群的地位边缘化和情绪激烈化。正是在这个大背景下，"疆独""藏独"等分离主义势力不断发展壮大，一些对前途感到绝望的少数族群则诉诸暴力"恐怖"活动，譬如 2013 年 10 月 28 日发生的天安门撞桥事件就是因为南疆村庄的拆寺行为所致。由此，边疆维稳进入了不稳定因素触发高压维稳机制、高压维稳产生更多不稳定因素的恶性怪圈。如果执政者充分尊重少数族群的宗教自由、平等机会与言论自由——

——也就是落实他们享有的宪法权利，所有这一切原本均可避免。

为了维护族群和谐，1982 年宪法对族群问题规定得相当不错。不仅第 33 条规定了一般的平等原则，而且第 4 条特别规定了族群平等理念："各民族一律平等。国家保障各少数民族的合法的权利和利益，维护和发展各民族的平等、团结、互助关系。禁止对任何民族的歧视和压迫。"如果各族群通过人员、物资和资金的自由流动实现逐步融合，少数族群对自然资源的使用权和就业平等机会得到有效保障，加上第 36 条规定的宗教信仰自由得到充分尊重，他们自然会感到自己是这个国家主体的一部分，完全可以在保留族群认同的前提下形成牢固的整体国家意识，有什么理由诉诸族群暴力甚至国家分裂？只要上诉宪法规定的任何一条得到实施，"疆独""藏独"等分离主义势力就不会有发展空间。如今族群暴力和分离主义愈演愈烈，只能表明宪法未得到实质意义的实施。

美国今天的社会歧视仍然普遍存在，但是为什么没人鼓噪成立"黑人共和国"或"西班牙裔共和国"？根本原因在于美国政府对于保障少数族群的平等权利付出了真诚的努力，最高法院的经典判例拆除了大量体制性歧视，因而虽然私人歧视仍然存在，但是在国家层次上基本做到了族群平等，奥巴马当选总统就是一个标志性里程碑。美国黑人之所以不闹独立，关键在于他们完成了从奴隶到公民的身份转变，其各项宪法权利都得到了相当程度的平等保障。事实上，他们是维护宪法的主力，因为他们看到宪法是保障自己平等权利的守护神，而维护一部统一国家的宪法就是最大程度地维护国家统一。相反，假如宪法形同虚设，少数族群的权利和尊严受到歧视，生存空间受到挤压，那么这个国家必将陷于分离主义和暴力反抗的"四面楚歌"之中。

由此可见，消除族群暴力和分离主义倾向并不难，关键在于落实现行宪法并从根本上反思和调整边疆维稳政策。为此，必须让少数族群政策摆脱维稳既得利益集团的绑架，而要打破既得利益障碍，首先要落实宪法和《民族区域自治法》等法律规定的地方自治。

就和"港人治港""澳人治澳"一样，对于少数族群地区也要落实"藏人治藏""疆人治疆"等地方自治制度。这里"藏""疆"并不是一个族群概念，而是一个地理概念。其实，治理新疆的官员没有必要是维族人，而只要是生活在新疆的选民推选出来的官员，如果大多数维民自己选择由一位汉人担任自治区主席或人大常委会主任，有何不可呢？虽然少数族群地区一般聚集着少数族群的人口，但是在经济一体化的驱使下，各地人口不断流动，少数族群地区未必存在一个特定族群独占的多数群体。在这种情况下，"疆人治疆"无非就是指新疆地区实行有效的地方自治而已。只要落实现行宪法规定的民主自治模式，那么族群和谐就得到了最可靠的制度保障。

地方民主自治对于族群和谐与稳定的作用是显而易见的。如果少数族群被剥夺了民主自治的权利，那么就自然产生了外族统治和压迫的直观，从而很容易激发少数族群的抵触情绪和分离意识。民族区域自治的初衷正是在于为少数族群保障基本政治权利，通过自治化解敌意。事实上，也只有保证地方官员对当地选民负责，才能保障少数族群的宗教、财产、语言和文化权利，防止这些宪法权利受到各级政府的任意侵犯，并化解少数族群的误解和敌对情绪。如果少数族群真正掌握管理和统治自己的权利，那么他们就没有理由也没有必要主张独立，从而大大削弱分裂势力的吸引力。

目前，汉族与少数族群隔阂太深，当务之急是依照宪法第35条开放言论，让不同族群自由交流，唯此才能产生真正的理解和同情，化解双方的极端情绪和暴力倾向。维族和藏族应被允许表达自己的困境和诉求，通过和汉族的自由对话寻求理性的解决方案。既然绝大多数少数族群都不支持分裂，任何观点均应被允许自由表达，即便最极端的分离主义言论也不会产生可怕的后果。

相反，压制言论必然产生敌意、不信任和疏离感，反而成就了分离主义的社会基础。压制或扼杀维族内部的理智力量、维护现有的既得利益格局、延续激化族群矛盾的维稳政策，恰恰是族群暴力和国家分裂的幕后推手。

捌、域外宪政之启示

　　最后，放三篇域外宪政的文章。世界之大，无奇不有，各国宪政故事比中国近代精彩，我也花了不少笔墨，但囿于篇幅，这些故事只能另行叙说。这个四卷本只能包括"宪政中国"的当代叙事，但这里的三个故事是和中国直接相关的。它们分别关于法国、德国与日本，告诉我们过度集权会有什么风险，管控新闻又有哪些后果。"中国崛起"要避免重蹈覆辙，不仅要学习借鉴其它国家的成功经验，还要汲取其它国家失败的教训。

托克维尔究竟想告诉中国什么

2013 年，在新晋中纪委书记王岐山的推荐下，托克维尔的《旧制度与大革命》炒得火热，受到很多人的关注。不过大多数人似乎是在人云亦云地看热闹，公众乃至学者对这本书的讨论只是停留在表面，甚至存在一些明显的误读。比如有人竟然说法国革命前夕和中国目前一样，房地产泡沫也很严重。其实托克维尔根本就没提到这个问题，他那个年代也许压根不存在这个问题。他只是提到了法国土地的碎片化，即土地因为历代继承分割得越来越小，致使私人土地最终无法承载独立的生计。这有点像中国农村，因为家庭人口不断增加，承包土地面积越来越小。但是法国革命无论和中国革命还是中国当下都是很不一样的，不能用我们当代面临的问题想当然地去套 18 世纪的法国。我看许多人的评论，应该是没有认真读过这本书就跟着起哄，至少是没有读完，也许只读了一个目录或摘要。这种风气是很让人忧心的，因为它很说明一个民族的素质。如果连白纸黑字摆在那里的东西都读不懂，那我们还能把什么做好呢？幸好托克维尔是本好书，以讹传讹害处有限。前几年国内盛传纳粹法学家施密特的著述，我看很多人也是没有怎么读过他的原作（或许只读了别人的评论）就在那里跟着叫好。把糟粕当精华，这当然要比误读托克维尔更危险。

《旧制度与大革命》确实对中国有很重要的启示，值得深入挖掘。这本书的贡献主要有三点。一是公众期望攀升律，有人称之为"托克维尔定律"。这是大家都已关注到的，无需赘述。托克维尔是反经济决定论的，在这个意义上和韦伯一样都对长期受意识形态影响的中国读者有所启示。原来一个社会是否发生革命或暴乱，不一定是在它经济最糟糕或社会最压抑的时候。相反，恰恰在改革进行了一段时间之后，人民生活水平有所提高，反而容易发生革命，因为社会期望的上升速度超过了实际生活的改善，而人民有了一定的思考和行动自由。中国"大跃进"的时候，经济状态糟糕到极点，甚至连饭都吃不上，饿死了那么多人，却完全没有革命的迹象。现在冻死几个流浪儿都会变成轰动全国的新闻，饿死人的事一般不会发生了，大家却都在谈论革命。

二是"治权特权合一律"。托克维尔比较了英法两国，得出了一个很有意思的结论：如果享受特权的精英同时也掌握实际统治权，这样的社会比较稳定；如果两者发生割裂，就容易发生革命。严格地讲，英国不是完全没有革命，但总的来说历史演化比较延续，而法国却发生了大革命。为什么？根据托克维尔的分析，英国由贵族统治，同时贵族享受着特权。相反，法国贵族有特权而无治权，他们在大革命之前已经很长时间不履行治理社会的职能。这样就形成了一个恶性循环：法国贵族之所以非常看重自己特权，就是因为他们没有实际统治权，所以把特权看作是丧失治权的一种补偿，但是在老百姓看来，这帮人什么都不干，却在那里养尊处优，社会不公的感觉油然而生。他描写的当年法国贵族有点像我们今天的"官二代"和"富二代"，很容易成为社会的众矢之的。

以上两点都容易产生一些误读。既然改革让公众期望不断攀升，是不是不改革反而江山永固？如果没有改革，人们就没有期望，没有期望不就不会发生革命了？既然治权特权统一有助于社会稳定，是不是统计者把权力牢牢抓在手里就万事大吉？这显然不是《旧体制与大革命》的结论。凡是在改革之前三十年中生活过的人，都知道中国不存在改或不改的选项。改革是不以个别领导人意志为转移的必然。以中国当时的经济和社会形势，不改革只会更快触发革命或暴动。随着改革的进行，公众期望攀升是不可避免的，问题是如何防止社会不满酿成革命。至于治权特权合一论，托克维尔是想说英国贵族比较明智，希望通过一种开明统治来永久维持自己的特权，而不像中国现在各级官员把人民当作供自己渔肉的对象。英国贵族知道自己只能在适当治理社会的前提下享受特权，而这种特权又不能过于招摇，还必须适当照顾老百姓的利益，所以有时不得不牺牲部分特权。如果比较英国中世纪到 18 世纪的税收变化，会发现英国税收后来实际上是对穷人有好处的。

当然，托克维尔的解释可能夸大了两国贵族的差异。善治完全取决于贵族的自律或觉悟，恐怕也不太现实。另一种可能的解释是，英国在现代化过程中不断民主化，市民越来越多地参与政治，从而产生对自己更有利的税制。托克维尔也注意到，税赋问题在任何一个国家都存在，只是不同体制的结果截然不同。民主体制的税赋必然是对大多数人或者穷人有利，必然会加重对富人的征税，就像今天的美国或者欧洲的情况一样，富人都叫苦不迭，都认为自己受到了"剥削"，但多数人受益是民主体制的一个基本特征，而多数一般来说是穷人，至多是中产阶级。专制社会则恰好相反，国家决策永远是让少数既得利益者受益，税负当然不例外。大革命前的法国就是这种情况，税收分配是越来越有利于富人，两极分化愈加严重。

"社会期望攀升律"和"治权特权合一律"虽然富于启示，却并非《旧体制与大革命》所要论证的重点。托克维尔真正想要着力论证的是第三点，那就是法国大革命的根子在于中央集权专制。"大独裁者"路易十四众人皆知，但作者的雄心是要追根求源，找到法兰西文明的集权文化基因。他最终因为身体等原因，并未完成这一自我赋予的使命，但书中已经揭示了路易十四之前的种种集权主义端倪。托克维尔致力论证，中央集权是万恶之源；它导致法国社会严重割裂，而社会割裂正是革命的前兆。他花了很大篇幅论证法国社会的割裂是怎么发生的，为什么贵族、平民和新兴资产阶级变成了"老死不相往来"的陌路人。在他笔下，当时的法国已经变成一个各自为政的社会，每个人只想着怎么去得到更多的特权和好处。法国贵族这样的既得利益阶层变本加厉地为自己捞好处，很容易遭到社会底层的憎恨。税收体制之所以在大革命前变得越来越不平等，就是因为贵族等富裕阶层都只想着自己从这个国家得到好处，却不愿意承担相应的责任。处于社会底层的农民以前在封建体制下过着一种贫困但有保障的生活，有点像我们以前的"大锅饭"时代。到了 18 世纪工业化革命以后，他们不仅没有分享工业革命带来的财富，而且基本生计、教育越来越得不到保障。这样导致富人和穷人之间越来越没有共同利益、交往和相互同情，造成彼此不能相互理解、共同生活的局面。这种局面本来是集权体制造成的，现在反过来加固集权专制。一个严重割裂的社会不能自治，只有依靠一个更加集权的政府来统治社会。

托克维尔还探讨了政治言论自由对于社会稳定的重要性。他认为法国早先是比较自由的，但到了后期因为中央集权加剧而变得越来越不自由。这导致各个阶层之间不能相互沟通，进而阶层割裂和相互仇恨埋下了隐患。一旦国家陷入这种困境，就特别容易发生革命。如果说专制体制最害怕革命，那么它也最容易产生革命。专制从一开始就为自己播下了革命的种子，并为其茁壮成长供应肥沃的土壤和养分，最后收获革命的苦果。

在我看来，《旧体制与大革命》对当代中国的最重要启示的恰恰是以上第三点，也就是集权体制给这个社会带来的危险，而这偏偏成了中国读者的盲点，似乎无论官员还是学者都在回避这一点。然而，托克维尔想要告诉中国就是革命容易在专制社会中发生，尤其容易在法国这样的中央集权国家发生。法国和中国确实有不少相似之处，最明显的共同点在于两者都是中央集权国家。这难道还不足以让中国朝野正视和反思吗？

法西斯并未离我们远去

在各国纪念反法西斯胜利七十周年之际，中国也举行了规模庞大的阅兵式。中国深受日本侵华战争之苦，自然有必要纪念胜利，但是纪念不应停留在欢庆胜利、谴责侵略的层次上，更应当反思这场法西斯战争之所以发生的原因。如果只是简单认为自己是战胜国和受害者，军国主义、法西斯是日本、德国的事儿，仿佛这些国家就是特别残忍好斗，这些民族存在发动战争的"文化基因"，那不仅是肤浅的，而且是危险的。事实上，当年发动侵华战争和太平洋战争的日本正是以一战的战胜国姿态出现的。日本之所以走上军国主义道路，不是因为日本人特别"坏"或天然具有某种侵略性，而是它的自由民主宪政制度受到彻底颠覆。如果国家制度出了根本问题，谁都可能成为下一个法西斯。

今天虽然已离战争七十年之久，战争的阴影却并未远去，中日关系仍不时处于紧张状态。庆祝战争的结束，更要探讨当年何以开战，并从制度上防止战争重演，才算不忘前车之鉴。影响基本国策的因素当然很多，但真正决定一个国家是否走上战争道路，关键因素还是在于这个国家的制度。因为我们首先要问，这个国家到底是谁想打仗？又为什么能把这场仗打起来？这个制度分析框架很简单，但是它能从本质上解释一个国家会或不会发生什么事。2015 年早些时候，国内翻译出版了日本学者前坂俊之的《太平洋战争与日本新闻》，可以说是揭示日本侵华制度原因的一部力作。这本篇幅不长的小书用一个个故事，很直观地反映了战争和新闻的关系，生动展现了一个国家要走向法西斯主义，首先就是要废掉民主、管控新闻，因为这两者是国家法西斯化的最大障碍。当年日本之所以走向战争，新闻管控下的媒体失职难辞其咎。

　　战争是国家行为，决定战争与和平的关键在于国内政治制度。真正的民主国家之间之所以不会打仗，归根结底是因为国家的重大决定最终要对多数选民负责，而人民不想主动打仗；人民不想主动打仗，是因为平民百姓承受着战争的代价，而得不到战争的好处。即便当代战争的高科技武器已经大大减少了人员伤亡，即便宪政国家的战时新闻报道也会受到一定限制，但至少一个民主国家对另一个民主国家发动战争是难以想象的，发动战争的政客必然面临巨大的道义压力和国内民众的大规模抗议。2015 年早些时候，苏格兰举行独立公投，最后失败了，但是无论结果是什么，英格兰和苏格兰都会心平气和地接受，谁也不会为此闹到动刀动枪的地步。如果哪位领导因为苏格兰独立而对它发动战争，那么人们一定认为这人得了精神病，这么离谱的政客第二天就要下台。自由民主国家的人民一般不会对领土主权过分在意，因为他们首先想到的是这些问题跟自己的生活有什么关系。其实关系不是那么直接，无论统一独立都还一样要过日子；而为了领土打仗却和自己关系很大，因为自己或子女是要冒着生命危险上战场的。有意思的是，恰恰是自由国家的领土比较容易扩张，至少没有什么分裂的威胁，因为国家不靠武力维持主权，而是依靠优越的制度。这套制度能够给老百姓提供幸福美好的生活，国内没有各种特权、歧视、冲突、危机，大家都愿意同在一个国号下过日子。只要让人民来决定战争与和平，这个世界本来是可以没有战争的。

　　然而，专制国家天生就是要打仗的，因为专制国家的决策由统治者说了算，而统治者自己并不直接承担战争的代价。仗打赢了，自己扩充疆土和财宝；即便打输了，一般也是割地赔款了事，只要不做亡国之君就不会危及自己家族的生活。既然战争对统治者利多弊少，专制国家之间很可能打仗，专制国家和民主国家之间也不好说。对于专制者来说，是否打仗从来不是一个道义问题，只是一个实力问题。如果国家贫弱或受制于国内危机，明智的统治者会选择韬光养晦；一旦觉得自己已经强大"崛起"，则很快就会忘乎所以。

专制者不仅自己想打仗，而且会利用掌控的宣传机器对人民洗脑，把他们也忽悠起来认同领土主权的重要性，心甘情愿替自己做炮灰。侵华战争前夕，日本一直流行"满蒙权益论"，说"满蒙是日本的生命线"，好像不占领东三省，日本就活不下去。现在看来，这些说法当然是纯粹瞎扯。战后日本也没有满蒙，资源跟原来一样贫瘠，不也发展得很好吗？诸如此类的"理论"只是专制者炮制出来蒙骗人民、发动战争的借口，但在当时却糊弄了一大批人。今天围绕钓鱼岛等问题，这类言论似曾相识，不能不引起警惕。

1920 年代，日本明治宪政秩序已经遭到军国主义势力破坏，原本相对独立的新闻媒体也遭到政府干涉和管控。《太平洋战争与日本新闻》总结了日本战时控制新闻的两种手段。一种是政治手段，一种是经济手段。政治手段就是政府对媒体的直接管控。和中国相比，日本有相当漫长的新闻史，既有一定程度的新闻自由，也有一定程度的民主政治，但是两者都不完善。譬如早在二三十年代，日本的媒体就曾和反对党联合起来，通过报道政府的丑闻，监督首相的行为，甚至成功逼迫内阁辞职。但是这种机制不够稳定，尤其是当时对新闻还存在着某些恶法。民主体制遭到破坏以后，军部就可以通过这些恶法来管控媒体、扭曲新闻。

经济手段则是军部通过右翼黑社会发动抵制运动，拒绝购买批评军国主义政策的报纸。《朝日新闻》是日本比较具有批判性的报纸，但右翼团体联合政府对发表反战言论的报纸发动"不买运动"，导致报纸的发行量急剧下滑。报纸市场化本来是日本媒体的优势，但是也使之在经济压力面前显得非常脆弱，经济制裁甚至比政治手段还管用。两者双管齐下，日本的全国性大媒体最终完全屈服了，甚至从战争的反对者变成了军国主义的宣扬鼓动者。媒体失守，舆论失衡，日本国民就成了聋子瞎子，很容易被军国主义宣传玩弄于股掌之上。

侵华战争时期，日本绝大多数国民相信政府发动的是一场正义的战争。"九一八"事变明明是日本间谍挑起，日本媒体一开始报道却说是中国人挑衅，日本予以反击是"正义之举"。南京大屠杀这么残酷的暴行，当时日本国内却根本不知道，到了东京审判的时候才知道。当时攻破了中国的首都，日本国内一片欢呼，都以为是皇军的伟大胜利。这就是日本政府操纵宣传机器给民众洗脑，掩盖战争真相造成的后果。假如当时能及时报道南京大屠杀的真相，把反映侵略者暴行的照片发表到报纸上，日本国内就会产生一定的反战压力。美国之所以停止越南战争，和国内反战压力有很大关系。日本发动侵华战争之后不仅没有收手，而且在偷袭珍珠港之后全面扩大到太平洋战争，都是在新闻严格管控的情况下发生的。

讽刺的是，管控来管控去，日本政府把自己国民的眼睛耳朵堵得严严实实，对于战争的真实情况一无所知，真正的国家机密却被英美悉数破译，毫无"秘密"可言。珍珠港袭击的发动者、海军大将山本五十六就是因为航程信息被破译，而被美国空军击毙的。新闻控制可以使军国主义政府发动战争，却挽救不了战败的命运。

当然，即便在军国主义登峰造极之时，日本政府的新闻管控也并非完全铁板一块，新闻界也绝非死水一滩，尤其某些地方小媒体仍然坚持对战争进行毫不留情的批评。即便放到今天，这些言论也是非常有远见的，体现了当时日本少数记者、编辑和知识分子对言论和新闻自由的深刻认识。他们的担当和勇气是今天的中国媒体人所不具备的，而日本政府对他们的批评似乎还有所忌惮，并不敢把他们直接打入大狱。

日本学术界也有相当的学术自由和勇气，一些著名学者和公知敢于批评军部的政策。东京大学宪法学教授美浓部达吉曾屡次批评军部政策，包括满洲事变，虽然受到很大压力，但是政府也不能撤他的教职。还有一位京都大学左翼法学教授，因宣扬马克思主义理论而被日本教育部勒令停职，而京都大学法学部的 16 位教授、副教授和讲师等 39 人竟提出集体辞呈，抗议这一决定。最后，京都大学的校长本人也辞职了。在人格独立上，今天中国知识分子还远不如当年的日本。如果当年日本残存的新闻自由和学者良知都未能阻止国家走向军国主义，今日中国的和平前景难道不更令人担忧吗？

《太平洋战争与日本新闻》向我们生动展示，日本侵华战争是如何在政府管控新闻的情况下发动并持续进行的。在世界反法西斯胜利的七十周年之际，我们要反思这场战争的制度原因和我们自己的制度现状。法西斯好比一种病毒，一度侵袭过日本和德国，而它的变种也相继侵袭了俄国和中国。如今，德日都已经成为宪政民主国家，从根本上摆脱了这种病毒。虽然安倍政府似乎也试图加大对新闻的管控，但是和上世纪二三十年代毕竟不可同日而语；日本的新闻自由早已确立，不可能再走回头路，国家大政方针也不会发生近百年前那么离谱的事情。反过来，新闻自由的缺失已经让我们自己付出了沉重代价。"大饥荒""文革"这样的悲剧之所以发生，首先就是因为没有基本的言论和新闻自由。没有言论和新闻自由，一个国家可以发生任何事情，包括战争。不要以为战争结束七十年，法西斯就离我们远去了。只要新闻自由和民主制度没有确立，任何人都不能打这个保票。

其实，要永久保障中日和平、彻底修复两国关系是不难的，前提是两国人民要在没有政府干扰的前提下，通过自由的交流去相互了解、增进感情，让更多的中国人了解真实的日本，让更多的日本人了解真实的中国。只要国家不刻意塑造或限制新闻、不参与炮制各种"抗日神剧"，让人民之间在没有人为隔阂与误导的环境下自由交流，那么误解和仇恨终将消除。极左或极右的法西斯势力在两国仍将存在，但是他们不可能主导自由民主政体的大局。

管制新闻是战争罪魁

2015 年是世界反法西斯七十周年，世界各国都举办了纪念活动，中国也不例外。中国深受日本侵华战争的苦难，自然有必要纪念胜利，但是纪念不应停留在庆祝、狂欢或谴责的层次上，更应当反思战争之所以发生的原因，因为虽然七十年过去，但是战争的阴影并未远去，中日关系仍不时处于紧张状态。今天庆祝战争的结束，更要探讨当年何以开战，才算不忘前车之鉴。

2015 年 2 月，新星出版社出版了日本学者前坂俊之的《太平洋战争与日本新闻》，揭示了日本发动侵华的一个重要制度层面。这本篇幅不长的小书用一个个故事，很直观地反映了战争和新闻的关系。之所以要翻译这本书，是因为我相信当时日本之所以走向战争，新闻媒体一定难辞其咎。影响基本国策的因素当然很多，但真正决定一个国家是否走上战争道路，首要因素应该是这个国家的制度。因为我们首先要问，这个国家到底是谁想打仗？又为什么能把这场仗打起来？我用的这个分析框架很简单，但是它能从本质上解释一个国家会发生什么事或不会发生什么事。这本书非常生动地给展现了一个国家要走向军国主义、法西斯主义，首先就是要废掉民主、管控新闻，因为这两者是国家法西斯化的最大障碍。

一、真正的民主国家之间是不会打仗的

我在编注一本中国经典的时候，看了《孟子》的一则对话，说墨子的学生正去楚国说服楚王罢战，路上碰到了孟子。读过《墨子》的都知道，楚王曾请能工巧匠公输盘，也就是我们曾经大力宣传的鲁班，制造了很多攻城利器，打算攻打宋国。而墨子主张"非攻"，

所以他听说以后，连夜赶路到楚国去阻止，在楚王面前摆阵，最后战胜了鲁班。楚王一看，墨子防守严密，依靠"先进武器"不能获胜，就同意了休战。墨子通过这种方式告诉楚王，为什么不应该打仗、为什么要和平。孟子却说：从利益的角度说服统治者不要打仗，这是很不可靠的。万一墨子输给鲁班了呢？难道这就意味着这一仗该打吗？所以他一开始就跟梁惠王讲："王何必曰利？亦有仁义而已矣。"让梁惠王不要去谈利，只要施行仁义，利益迟早自己会来的。对就是对，错就是错，如果这场战争是非正义的，那么无论结果是什么都不该打。

在中国的历史上，无论是孟子也好，墨子也好，都没能成功地说服君主放弃战争。孟子后来骂梁惠王"不仁"，因为他为了土地，逼迫自己的子民上前线送死。孟子肯定也从道义角度劝阻过梁惠王打仗，但还是失败了。可见无论从道德还是利益角度去说服统治者，成功希望都很小。为什么？因为这个国家里最想打仗的就是统治者，人民是不想打仗的。皇帝是国家的所有者，不仅拥有土地，还拥有人民。对皇帝来讲，地越大越好，人越多越好。打仗如果能够攻城掠地，给他带来更多的财富，当然好；如果失败了，除非亡国，皇帝承担的成本也很有限，无非就是像清末时割地赔款，统治的地盘虽然小一点，但皇族的待遇不会变，战前过什么样的生活，战后基本上还过什么样的生活。倒霉的是人民，因为人民没有别的选择，只有给他当炮灰。神奇的是，专制国家还有人心甘情愿当炮灰的，甚至以此为荣。

因此，专制体制天生就要打仗的，中国历史上所谓励精图治的皇帝往往都穷兵黩武。要不打仗，只有让人民来决定战争与和平，因为平民百姓承受着战争的代价。西方的国际关系理论近二十年来流行一种说法：真正的民主国家是不会打仗的，因为归根结底是人民不想打仗。专制国家的决策由统治者说了算，所以专制国家和专制国家之间很可能打仗，专制国家和民主国家之间也可能打仗，不成熟的民主国家也不好说，但是成熟的民主国家之间是不会打仗的，因为重大决定最终要对多数选民负责。前一段时间发生了苏格兰独立公投，当然最后失败了，但是无论结果是什么，英格兰和苏格兰都很心平气和，完全没有闹到动刀动枪的地步。如果有谁因为苏格兰独立而对它发动战争，那人们一定认为他得了精神病，这么离谱的政客第二天就要下台。这说明真正自由民主国家的人民一般不会对领土过分在意，因为他们首先想到的是领土问题跟自己的生活有什么样的关系。其实关系不是那么大，而为了领土打仗却和自己关系很大，因为自己或子女是要冒着生命危险上战场的。

有意思的是，恰恰是自由国家的领土比较容易扩张，至少没有什么分裂威胁，因为他不是靠武力在维持领土，而是靠优越的制度。这套制度能够给老百姓提供幸福美好的生活，所以大家心悦诚服。这有点吊诡，世界上越是那不断强调主权、领土的国家，主权、领土就越容易出现问题，就好像一个专制家长不断要把子女留在家里，但是子女偏偏要离家出走。那些从来不谈这些事的国家，比如美国，这么多年来领土、主权都非常稳固，因为他的制度放在那儿，人民该得到的权利都能得到，该得到的幸福都能得到，他要离开这个国家干什么？

和民主国家相反，专制国家永远会夸大领土的意义和作用。侵华战争前夕，日本一直流行"满蒙权益论"，说"满蒙是日本的生命线"，好像不占领东三省，日本就活不下去。现在看来，当然纯粹是瞎扯。战后日本也没有满蒙，资源跟原来一样贫瘠，不也发展得很好？诸如此类的理论只是专制者炮制出来蒙骗人民、发动战争的借口，但在当时却糊弄了一大堆人。今天围绕钓鱼岛问题，这类言论听上去也很熟悉，大家要警惕。

二、新闻自由与真实与民间交流是避免战争的良方

目前的中日关系基本上没有跳出传统逻辑。为什么法德可以修复关系？可能有多种原因，但最根本是因为他们的制度具有同样的

本质，都是民主国家。而中日关系却出现了波折反复，在毛泽东、邓小平时代都发展得不错了，胡耀邦时代达到了鼎盛，但到了现在还不如以前，反而记起仇来了。邓小平通过访问日本、引进日本电影等等修复中日关系，是走在了时代的前面。当时很多中国人，甚至日本也有很多人认为，中国不应该那么容易就放弃了对日本赔偿的追讨。但是在没有制度保障的时候，这种修复或促进就会很不稳定，容易出现波折甚至倒退。

刚才讲到，民主国家之间的关系不会差到哪里去，至少不会发生战争。既然对普通大众来讲，战争是一场得不偿失的游戏，那为什么还要打仗呢？民主国家是不想打仗的，但如果国家被少数人控制了，例如日本大正时期的后期，这个国家就很危险了，少数军部好战分子可能把国家带向战争。假定有了民主，没有新闻自由，行不行？还是不行，这个国家还是可能选择打仗，因为政府可以通过操控新闻来扭曲民意。日本历史上其实有一定程度的民主，更有相当程度的新闻自由。早在明治维新之前，日本的新闻业就相当发达。日本新闻最大的优势在于媒体的私有化，朝日、读卖、每日新闻等大报都是私有的。不像我们的媒体，基本上都是国有，都是"党的儿子"，"老子管儿子"是没商量的。日本政府管控新闻就比较难，但当时日本的新闻自由是不完善的，报业存在着"四大恶法"，为后来政府操控新闻埋下了伏笔。

侵华战争时期，日本绝大多数国民相信政府发动的是一场正义的战争。"九一八"事变明明是日本间谍搞的鬼，日本媒体的报道却说是中国人挑衅，日本予以反击是"正义之举"。南京大屠杀这么残酷的暴行，当时日本国内却根本不知道，到了东京审判的时候才知道。当时攻破了中国的首都，日本国内一片欢呼，都以为是皇军的伟大胜利。这就是日本政府操纵宣传机器给民众洗脑，掩盖战争真相造成的后果。即便发动了战争，但假如当时能及时报道南京大屠杀的真相，把反映侵略者暴行的照片发表到报纸上，日本国内的反战压力就会相当大，但是没有。美国之所以停止越南战争，和国内反战压力有很大关系。日本发动侵华战争之后不仅没有收手，而且在偷袭珍珠港之后全面扩大到太平洋战争，都是在新闻严格管控的情况下发生的。

三、新闻控制的手段与局限

《太平洋战争与日本新闻》这本书总结了控制新闻的两种手段，一个政治手段，一个经济手段，线条非常简单。政治手段就是政府对媒体的直接管控，日本有很漫长的新闻史，有一定程度的新闻自由，也有一定程度的民主，但是两者都不完善。比如，日本的媒体曾经和反对党联合起来，通过报道政府的丑闻，监督首相的行为，甚至逼迫内阁辞职。但是这种机制不够稳定，尤其是当时对新闻还存在着某些恶法。民主被破坏以后，军部就可以通过这些恶法来管控媒体、扭曲新闻。

经济手段是右翼黑社会发动抵制运动，拒绝购买批评军国主义政策的报纸。比如《朝日新闻》是日本比较具有批判性的报纸，但右翼团体联合日本政府对发表反战言论的报纸发动"不买运动"，导致报纸的发行量急剧下滑。报纸市场化本来是日本媒体的优势，但是也使之在经济压力面前显得非常脆弱，经济制裁甚至比政治手段还管用。两者双管齐下，日本的大媒体就完全屈服了，甚至从战争的反对者变成了军国主义的宣扬者、鼓动者。

很讽刺的是，管控来管控去，日本政府把民众的眼睛耳朵都堵得严严实实，对于战争的真实情况一无所知，真正的国家机密却被英美悉数破译，毫无"秘密"可言。我们知道，珍珠港袭击的发动者、海军大将三本五十六就是因为航程信息被破译，而被美国空军击毙的。新闻控制可以使军国主义政府发动战争，却挽救不了战败的命运。

即便如此，日本的新闻管控仍然是不完全的，尤其是地方上的小媒体，坚持对战争进行毫不留情的批评。这些言论放到今天来看是非常有远见的，日本少数记者、编辑和知识分子当时就对言论和新闻自由有十分深刻的认识，他们的担当和勇气也是今天的中国媒体人所不具备的。我觉得真的非常了不起，而日本政府对他们的言论似乎还有所忌惮。中国媒体人读了这本书，应当有所感触、有所觉悟。当然，这也表明即便在军国主义登峰造极的时候，日本新闻界也绝非死水一滩、铁板一块。

日本学术界当时也有相当的学术自由和勇气，一些著名学者和公知敢于批评军部的政策。美浓部达吉可能是日本历史上最著名的宪法学教授，他就曾屡次批评军部政策，包括满洲事变。他当然受到一些压力，但是政府并不能把他怎么样，他依然是东京大学法学教授。还有一位京都大学左翼教授，因宣扬马克思主义理论而被日本的教育部门勒令停职，而京都大学法学部的 16 位教授、副教授和讲师等 39 人提出集体辞呈，抗议这一决定。最后，京都大学的校长本人也辞职了。对于一名中国学者来说，这些事件很震撼，让我感佩日本知识分子的独立气节。我们今天的境界还远不如当年的日本，类似于京大法学的集体辞职当然也是不能指望的。和日本学者相比，中国学者群体应该为自己的懦弱人格感到羞愧。

四、启示与反思

读了《太平洋战争与日本新闻》这本书以后，我至少得到了三点启示：

第一，我们要明白战争为什么会发生。这本书向我们生动展示了日本侵华战争是如何在政府管控新闻的情况下发动并持续进行的，我想这一点比较有意义。2015 年是世界反法西斯胜利的七十周年，但我们对这一次战争的认识仍然只是停留在谴责、发泄的层次上，把战争原因片面归结为日本人坏，好像日本这个民族就是有侵略扩张的基因。当然，武士道文化方面的原因的确不可忽视，但我们更要注意，千万不要陷入战胜国的狂欢，而忽视更加根本的制度原因。

第二，日本在战时环境下，仍然有少数记者、编辑、作家、学者发挥了难能可贵的作用，对我们是一种激励。我在读那些故事的时候，非常能理解他们的处境，时常能感受到一种心心相印。今天至少有网络，我觉得我们的总体环境还是要比他们宽松，不要因为恐惧而无所作为。即便少数派的抗争未必能拯救国家，至少也能让自己免于耻辱。

第三，我们要反思这场战争的原因，反思我们自己的制度现状。现在，安倍政府似乎也在试图加大对新闻的管控和干扰，但是跟上世纪二三十年代已经不可同日而语了，日本的新闻监督已经确立，不可能走回头路，所以这个国家不会发生太离谱的事情。反过来，新闻自由的缺失已经让我们自己付出了沉重代价。"大饥荒""文革"这样的悲剧之所以发生，首先就是因为没有基本的言论和新闻自由。一个没有言论和新闻自由的国家可以发生任何事情，包括战争。对此，我们一定要有清醒的认识。

另外值得注意的是，日本"向右转"和中国"向左转"互为因果、互相激化。日本对中国的立场往更不友好的方向转变，跟中国对日本的态度也有一定关系。中国媒体过于宣扬反日情绪，只会让更多的日本人感觉受到威胁。中国有三百多部"抗日"电影电视剧，银幕镜头总是把日本人刻画得那么猥琐不堪，你说日本人会对中国有什么样的印象？于是反中的右翼言论越来越受到社会同情，而这又被中国媒体当作日本舆论"右倾化"的表现来宣传，更加激化了反日情绪。这种左右两极相互激荡非常危险，一定要予以充分警惕。

其实，要修复中日关系是不难的。最根本的一点在于，两国人民要在没有政府干扰的前提下，通过自由的交流去修复感情，让更多的中国人了解真实的日本，让更多的日本人了解真实的中国。比如说旅游，虽然反日情绪甚嚣尘上，中国人还是很愿意去日本旅游，旅游人数不断创历史新高。倒是越来越多的日本人不愿意到中国来，不是因为歧视中国，而是因为中国雾霾越来越重，反日情绪也很严重。我 2013 年访问日本时碰到一位大学老师，她说有一次在中国买火车票。当她表明日本国身份之后，售票员竟要求她公开声明钓鱼岛是中国的，否则就不卖票给她。你说这种做法离谱到了什么程度？不愉快的经历也会让更多日本人不愿意来中国，交流越少必然误解越多。尽管如此，只要国家不刻意塑造和干预新闻，让两国人民之间自由交流，那么误解终将消除，我对中日关系和感情的正常化仍抱有充分的信心。这是我们能从《太平洋战争与日本新闻》这本书中得出的正面启示。

作者介绍

张千帆：美国德克萨斯大学奥斯汀分校政府学博士，曾任南京大学法学院教授、博士生导师、《南京大学法律评论》主编、中国宪法学会副会长，现任北京大学法学院教授、博士生导师、北京大学人大与议会研究中心主任。主要研究宪政原理、比较宪法、中外政治与道德理论，代表作有《西方宪政体系》（上下册）、《宪法学导论》《宪政原理》《为了人的尊严》《新伦理》《宪政中国——迷途与前路》《宪政三论：自由·法治·民主》等。

www.ingramcontent.com/pod-product-compliance
Lightning Source LLC
Chambersburg PA
CBHW031956150726
47990CB00005B/1729